中国生态文学丛书

相信自然

李青松 著

黄山书社

图书在版编目（CIP）数据

相信自然 / 李青松著 . -- 合肥 : 黄山书社 ,
2021.7
（中国生态文学丛书）
ISBN 978-7-5461-9686-2

Ⅰ . ①相… Ⅱ . ①李… Ⅲ . ①故事 – 作品集 – 中国 –
当代 Ⅳ . ① I247.81

中国版本图书馆 CIP 数据核字 (2021) 第 130216 号

相 信 自 然 李青松 著
XIANG XIN ZI RAN

出 品 人 贾兴权
责任编辑 刘莉萍
装帧设计 私书坊 _ 刘 俊 张俊香
出版发行 时代出版传媒股份有限公司（http：//www.press–mart.com）
黄山书社（http：//www.hspress.cn）
地址邮编 安徽省合肥市蜀山区翡翠路 1118 号出版传媒广场 7 层 230071
印 刷 安徽联众印刷有限公司
版 次 2021 年 7 月第 1 版
印 次 2021 年 7 月第 1 次印刷
开 本 787 mm × 1092 mm 1/16
字 数 280 千字
印 张 18.25
书 号 ISBN 978-7-5461-9686-2
定 价 42.00 元

服务热线 0551–63533706
销售热线 0551–63533761
官方直营书店（https：//hsss.tmall.com）

目录

哈拉哈河

向西向西向西。偏北偏北偏北。

拐拐拐。向北向北向北。偏西偏西偏西。

——哈拉哈河

初始右岸石壁如屏，石片棱棱怒起，一路崖壁参差，水倾之底处平阔，其势散缓，汩汩滔滔，流霞映彩。至急流处，水流汹涌，浪如喷雪。用徐霞客的话说：“耳目为之狂喜。”遗憾的是，徐霞客没来过这里，徐霞客说的是别处的河。

别处的河不同于此处的河。哈拉哈河的水头——源自大兴安岭蛤蟆沟林场的摩天岭。它汇集了苏呼河和古尔班河等支流，全长蜿蜒 399 公里。说长不长，说短不短。

哈拉哈，不是哈哈哈。哈拉哈——蒙古语，屏障之意。哈拉哈河的河水坚韧、寡言、无畏，能清除一切阻塞它的东西。即便是岩石，即便是倒木，即便是泥沙。在阿尔山林区，哈拉哈河有两条，地上一条，地下一条。地上的，是我们能够看得见的，清澈平缓，鱼翔浅底。地下的，是我们看不见的却能感觉到的，神秘莫测，沉默不语。它布局巧妙，层次分明。那些蓄水的湖泊，比如达尔滨湖、杜鹃湖、仙鹤湖、鹿鸣湖、天池、乌苏浪子湖也是哈拉哈河的另一种存在形式。久旱不涸，久雨不溢。地上河的河水突然上涨和下降，都是地下河的暗劲儿呈现的异象。

地球母腹，广阔而丰盈，正是靠着火与水的平衡，才得以生生不息。从里往外看，地球是火球；从外往里看，地球是水球。没有火，就没有水。要认识这一点，就必须认识另一点。

火山是地球自我减轻和释放能量的有效手段，可以防止内部窒息，也可以防止因能量过度而导致的痉挛。地球的内部永远在活动着，吐故与纳新，毁灭与创造，没有片刻停顿。古希腊人认为，火山是地球母腹的口，自然不可少。如同昆虫嘟嘟放屁的气门，如同贝壳双扇微张的嘴。或者是用于呼吸的，或者是用于排泄的，如果堵上，就会把它们憋死。如果地球瞬间痉挛，那就是发生了地震。那些憋在地球腹部里的水蒸气压缩成“球”，可就麻烦了。因为，它要找一个出口减压，就会在地下剧烈地运行，甚至发出呜呜呜的震耳欲聋的轰鸣声，引发地震，引发海啸，引发火山喷发。

就空间而言，过满，或者过空，都是问题。空虚和丰沛之间有一个奇妙的度，地球自己知道，地球自己能够平衡。火山熔岩喷发的时候，那股巨大的力量，造就了地下的河，却将火山岩和砾石覆盖在河面上。其上生长着白桦、赤桦、黑桦、红柳、青杨、榛子、蓝莓等乔木和灌木，曰之石塘林。这些植物的根紧紧抓住火山岩，并排出强酸去腐蚀它，把它变成土。砾石在一旁冷漠地观望着，却无路可以逃遁。因为苔藓已经抛出千千万万根绳索把砾石缚住，它不能移步，不能叫喊，只能束手就擒。那些植物就是在火山岩的废墟里长出来的。植物吞噬了废墟，吞噬了废墟底下的肉和骨头，吞噬了能够成为它能量的一切，且长势巨旺，饱满强壮。渐渐地，它们就成了这片世界的主角。

啾啾啾！啾啾啾！

石塘林里有鸟在穿梭忙碌，寻虫觅食。

也许，世界不是在某一时刻创造的，而是在可变的运动中慢慢创造出来的。

偶尔，也飞起两只花尾榛鸡，落到哈拉哈河的对岸去了。

花尾榛鸡是学名，俗名叫飞龙。在阿尔山林区，说花尾榛鸡没几个人知道，可一说飞龙，人人皆知。花尾榛鸡似雉而小，黑眼珠，赤眉纹，利爪，短腿。体长盈尺，羽色清灰，间或有黑褐色横纹。远观，如同桦树皮，不易被发现。起飞时需助跑，一飞二三十米，不能高翔。

因之肉的味道极美，清代，花尾榛鸡被列为“岁贡鸟”。康熙、乾隆均喜欢喝飞龙汤，当然，更喜食飞龙肉。据说，满汉全席是断断不可少了飞龙汤的。飞龙汤一端上来，报菜名的太监的声调也跟着提高了不少。俱往矣，今天的餐桌上是断不可以有飞龙汤的。因为，在20世纪90年代，花尾榛鸡就被列入国家重点保护野生动物名录中。这就意味着，花尾榛鸡是受刚性的法律保护的野生动物。

花尾榛鸡性情温和，潜踪蹑迹，寂静无声。大部分时间它都栖息在树上。也许，在它看来，唯有树上是最安全的吧。

觅食时，一般不发出叫声，可一到发情季节则鸣叫不止——克克克克！克克克克！克克克克！节奏简明，声如金属响器。鸣叫时，也伸脖子，也俯首，也振翅，也翘尾，使出各种本领，向对方传递爱的信号。

花尾榛鸡喜欢在松林中觅食，落叶松和白桦树的混交林中也常光顾。其食物是昆虫、松子、榛果、忍冬果、蓝莓果及桦树的花序和芽苞。食物匮乏的日子里，也食乌拉草的草籽。它的巢有些简陋粗鄙——树下落叶中挖一个土坑，再衔来一些松针、乌拉草、树皮屑和羽毛，垫在坑底，就算是巢了。繁殖期一过，巢就废弃了。

阿尔山林区的冬季，意味着寒冷和冰雪。

花尾榛鸡往往选择林间雪地开阔的地方过夜。厚厚的积雪就是厚厚的棉被。它一头扎进深雪里，然后用尖嘴捅开一个小口，用来呼吸。有微微的气息排出口外，结成薄薄的霜。在这里，霜与雪很难区别。霜，落在雪里，也就成了雪。而花尾榛鸡尾巴的羽毛刚好堵住入口，严严实实，顺便也堵住了入口里的秘密。悄无声息，极其隐蔽。

然而，危险无处不在。它还是经常遭受那些夜间出来觅食的动物的袭击。猫头鹰、紫貂、青鼬、猞猁、狐狸都是它的天敌。防不胜防啊！

对岸的森林一望无际，森林固定着哈拉哈河两岸的山体。阻止任性的沟壑随意改变方向，防止浅根的植被剥离山体。森林也在不断地修复残破的地表，缝缀撕裂的生态，拼接断折的筋骨。

森林犹如强大的呼吸器官，吸附了漂浮的物质，释放着氧气，净化着空气。洗心润肺。在这里，生命可以尽情地呼吸。

——深呼吸。

森林里充满生命的律动。

这里没有老虎，没有豹子，没有巨蟒，却有黑熊。黑熊常在哈拉哈河岸边出没，寻找食物。黑熊是杂食性动物，吃坚果、浆果、草根、蘑菇、木耳、鸟蛋、蜂蜜，也吃老鼠、蚂蚁、蚯蚓、蜜蜂、蜥蜴、草蛇。它喜欢翻腾森林里的石头、倒木，那些东西的底下往往有它要吃的美食。

呼的一下，石头掀开，小生灵们四处乱跑，慌不择路。它用爪子拍打着，啪！啪！啪！一些被它拍死，一些被它拍晕。

嘴里嚼着倒霉的老鼠，咯吱咯吱咯吱。

它好像永远吃不饱，缪尔曾写过一段话来形容黑熊的胃口：“它们把食物撕碎，悉数吞到它们那不可思议的肚子里，那些食物就好像被丢进了一团火，消失了。”——这是一种怎样的消化能力啊！

黑熊的武器是它的前爪。一掌掴去，再一掌掴去，必使对方非死即残。早年间，哈拉哈河岸边每年都发生几起勘探队员、伐木人或者猎人、采山货人被黑熊用爪子拍伤或者致死的事情。一个勘探队员在野外作业时，就曾遭到黑熊的袭击。当时，哈拉哈河岸边要建森林小铁路，他与队友正在勘测地形。突然，林子里冲出一只黑熊，一掌掴来，把他拍晕，并把他坐到屁股底下。队友傻眼了，抡起测量工具就同黑熊搏斗。幸亏其他队友也及时赶来，才把黑熊赶走。结果，那名被黑熊掴了一掌的勘探队员，鼻梁骨塌陷，七根肋骨骨折，一只眼睛失明，头永远歪向一边。

黑熊也常深更半夜光顾伐木人的工棚，专门到厨房里找吃的。头一天剩下的高粱米饭、窝头全都成了它的夜宵。当然，它可不是优雅的君子。它还把角落里的米袋子面袋子抓破，吃得满嘴满脸都是面粉。碗橱也被它掀翻，碗筷散落一地，一片狼藉。

有时，黑熊也到哈拉哈河的浅滩上溜达，眼睛却不时瞟一瞟河里。它可不是漫无目的地瞎溜达，而是鼻子嗅到了河里的鱼正在靠近岸边的腥味。时机来了，它会果断出爪，十有八九不会走空。

黑熊在树洞或灌木丛里睡觉时，如果有人搅扰了它的美梦，它往往会吼叫着发起攻击。立起身子，舞动利爪，狂抓乱咬——此种行为，与其说是因为受惊而自卫，不如说是因侵扰而愤怒。后果，不堪设想。

当然，黑熊也有被反制的时候。一只狍子从灌木丛里闪出来，一般情况下，黑熊是不予理睬的。可这天，它居然丢下石头下面翻出来的美味，撒腿就追赶那只狍子。前面是一个水塘，黑熊生生把那只胆战心惊的狍子赶进了水塘里。黑熊身壮体强，但生来笨拙。哪知狍子在水面上奔跑时突然反身，用前蹄狠狠向黑熊两只眼睛刨去，黑熊惨叫一声，两只前爪乱扑腾，在水里打着旋，水花四溅。

顷刻间，狍子早已无影无踪，逃之夭夭了。

黑熊用力抖了抖脑袋上的水珠，也只好踉踉跄跄离开水塘，悻悻而去。

松鼠是森林里的精灵。

它那漂亮的尾巴飘飘然，轻巧灵活，光亮闪闪，妩媚动人。一会儿在身后，如同拖着一朵云，在林间蹿来蹿去，活力无限；一会儿在身上，尾巴紧紧贴着后背，直立而坐，用前足当手，把食物送到嘴里；一会儿纵立伸直，停在树梢上，警觉地观察四周的动静；一会儿又优雅地卷起，翘过头顶，脑袋在尾巴的遮蔽之下，闭目养神。

它脚爪尖细，行动迅疾，身影转瞬即逝。从一棵树到另一棵树，从一根倒木到另一根倒木，从一个树洞到另一个树洞。它生性胆小，机警敏捷，时刻小心翼翼。它是爬树的能手，脚爪欻欻欻，像带着电一样，上上下下，时而跳跃，时而采摘，时而抓挠，总之，它一刻也停不下来，挖着，啃着，咬着，嚼着，总是在折腾。它是快乐幸福的。秋天，它将橡子果、松果、榛子果收集起来，藏在洞穴里，藏在倒木底下，藏在崖壁罅隙间，藏着藏着，自己也忘记藏在哪里了。无奈，冬天饥肠辘辘时，只得用前爪挖开积雪寻找食物。将积雪下挖出的坚果，一颗一颗带到树桩上，然后咬开，一点一点抠出里面的果仁。很快，树桩下，满是它扔掉的果壳苞片。几只喜鹊飞来，欢天喜地。喳喳喳！喳喳喳！喜鹊看见了果壳苞片里有东西在蠕动。

林学家说：“松鼠是播种能手。森林里，假如没有松鼠，树木的再生情况就会少之又少。”

松鼠本性惧水，但哈拉哈河两岸的松鼠泅水本领超强。从此岸到彼岸，抑或从彼岸到此岸，松鼠就抱着一块桦树皮跳进河里，用尾巴当桨，左右！左右！左右！顷刻间就划到对岸。有风的日子，它就御风而渡。尾巴直立水面上，分明就是风帆呀，挺着挺着挺着，一摆一摆一摆，甚是有趣。

哪里河段宽，哪里河段窄，哪里河段水流急，哪里河段水流缓，松鼠清清楚楚。在哈拉哈河的狭窄河段，松鼠过河就更不是问题了。它只需在此岸的高大落叶松上抓住一根长长的松枝，荡来荡去，然后将自己用力一抛，嗖的一声，一个弧线就抛到了对岸的树上。

松鼠虽然多疑，但领地意识极强，对于擅自闯入自己领地的同类冒失鬼，必驱之。如果对方飞扬跋扈不愿离开，打斗一番也在所难免。那是一场你死我活的打斗，枯叶乱飞，断枝横跌，叫声令人毛骨悚然。

入夜，山的翅膀合拢成寂静。森林，在黑暗中生长。

后半夜，月亮的牙齿咬碎了石头，哗哗哗！碎石落下来，惊醒了时间。

时间可以向前，时间也可以倒转。难以想象，哈拉哈河当初的一切都是液态，还有燃烧物，以及一片火海。火山岩和砾石表面呈现出大大小小的石臼和蜂窝。在石臼里，在蜂窝里，分明闪烁着躁动、发酵、渗透、磨蚀、膨胀、喷发等充满力量的词汇，这些词汇也许超越了矿物的范畴，无所不为，甚至不可为也为之。可以想象火山喷发时的场面是何等壮观啊！俯身捡回几块扁扁的布满蜂窝的砾石，拿回家做搓澡石吧，一定很耐用。火山石仿佛还在散发着硫黄的气味，空气像葡萄酒一样醉人。

站在高处望去，一切都骤然变了。

在粗大的蒙古栎和挺立的落叶松中间，闪着亮光的白桦，沿着山坡缓缓的斜面，一直延伸到河边。

在一处水流平缓的河段，只见几个渔人正在用拉网打鱼。网到的鱼多半是鳙鱼、嘎鱼、黑鱼，也有狗鱼、双嘴鱼、尖嘴鱼、鲶鱼、江鳕、鸭鱼、白鱼。岸上开阔地带，立着一排一排用木杆做成的晒鱼的架子，上面摆放着大大小小的鱼坯子。当然，如果运气好的话，网到了鲤鱼，是舍不得做鱼坯子的。

搬来几块火山岩，就架起了一口铁锅。找来一些枯树枝，用茅草点燃，木柴就噼噼啪啪地燃起来，一缕青烟袅袅升腾。慢慢地，青烟也飘进了林子里，林梢上就像罩住了一张网。不经意间，那张网却被树枝划破了——变成了一团棉絮，既不像雾，也不像云。

瞧，铁锅里的内容可不是虚头巴脑的，仅仅流于形式，而是务实的大块的鱼肉，野性、豪横、霸蛮、磅礴。咕嘟咕嘟咕嘟……暗红的酱汤翻滚酣畅，热气腾腾，一如阿尔山人的性格。这就是哈拉哈河岸边最著名的一道美食——酱炖鲤鱼。

哈呀——

空气里弥漫着鱼肉的香味，闻到的人馋涎横流。

然而，哈拉哈河的标志性鱼类并非鲤鱼，而是哲罗鱼。哲罗鱼生在哈拉哈河上游江汊子里，长在下游的贝尔湖和呼伦湖。哲罗鱼是食肉的鱼，最喜欢吃的就是水面上的飞蛾飞虫。傍晚，正是飞蛾飞虫群聚的时间，哲罗鱼便生猛地跳出水面，捕捉飞蛾飞虫。水面泛起层层涟漪，泛起朵朵水花。

个头大的哲罗鱼比渔民的木船还长。哲罗鱼的力气也大得很，啪的甩一下尾巴能把船掀翻。从前，渔人要想捕到大个头哲罗鱼是需要下"懒钩"的。先找好"鱼窝子"，头一天夜里布钩，次日清晨起钩。"懒钩"钩到哲罗鱼后不能急于把它拖上岸，而是要使其疲惫，消耗它的体力，等它精疲力竭了再拖上岸来。否则，暴躁的哲罗鱼会拼命折腾，人有可能不是它的对手，它会把"懒钩"咬断，也是说不准的事。

每年 4 月末至 5 月初，阿尔山林区冰雪开始消融的时候，哈拉哈河的河水开始迅速上涨了。哲罗鱼就成群结队，顶着水流，越过一道道障碍，越过一道道险滩，日夜兼程，遍体鳞伤，甚至不惜付出生命的代价，洄游到它的出生地——哈拉哈河上游的河汊子里。把鱼卵产在河底的石缝里、乱石中，然后疲惫不堪地守护着鱼卵，直到长出小鱼后，才开始返回贝尔湖和呼伦湖越冬。

早年间，哈拉哈河上有一个人，靠在河上捕鱼为生，也为过河人摆渡。有人过河，他就摆渡；没人过河，他就捕鱼。他捕鱼从来不用网，只用“懒钩”，钩大如镯，一串三五个。“懒钩”钩到的都是大鱼，他有意给小鱼留生路。此人，一年四季穿件老羊皮坎肩，出没于哈拉哈河上。他水性甚好，有时捕鱼，甚至连“懒钩”也不用。他知晓哲罗鱼的脾气，也知哓它藏在什么地方。他直接把老羊皮坎肩脱下来扔在船头，悄悄潜入水底，给哲罗鱼挠痒痒，挠着挠着，手就抠住了鱼鳃，一点一点就把哲罗鱼牵出了水面。他熟悉哈拉哈河上的风，他熟悉哈拉哈河的水声，他熟悉哈拉哈河的气味，他熟悉哈拉哈河上的星星和月亮。

他脸膛黝黑，鹰钩鼻子，面相凶狠，人送绰号“黑爹”。“黑爹”真名叫什么呢？没有人知道。河边崖壁下的撮罗子，就是“黑爹”的家。他没有女人，也无儿无女，就是赤条条一个人，无牵无挂。

“黑爹”的船是一条桦木船，没有桨，用一个桦木杆子撑船。那时，整条哈拉哈河只有这么一个渡口。从此岸到彼岸，从彼岸到此岸，过河的人就坐“黑爹”的船。“黑爹”有的是力气，三下两下，五下六下七八下，用力一撑，就把船撑到了对岸。哗！一根绳子甩出去，绕在渡口的木桩上，又悠回来，就拴了船。湿漉漉的桦木杆子戳在船头，见了阳光，一会儿就晒干了。

坐船的人起身时问船钱，他不言语，摆摆手。后来，人们也就不问了，下船就走了。因为，“黑爹”从不收费。

有几次，不慎落水的人，都是“黑爹”一猛子扎进水里救出来的。人们发现，虽然“黑爹”面相凶狠，其实内心很善良。

坐“黑爹”船的人，有伐木人，有淘金者，有猎人，有皮货商，有走亲戚的妇女。“黑爹”话很少，三五天说一句，七八天说两句，眼睛看着河面，只管撑船。“黑爹”唯一的嗜好就是喝酒。喝了酒，两眼就放出满足的亮光。常坐船的人，就时不时在他的船上留下一瓶酒。

有一年夏天，下暴雨，哈拉哈河涨水，波浪滔天，船不能渡。“黑爹”在撮罗子里，听到河中传来咚咚的鼓声，心疑为怪。出撮罗子，向河中探望，只见水面有一蛤蚌露出，大如笸箩。“黑爹”急持撑船的桦木杆子击之，蛤蚌死死咬住桦木杆子不放。“黑爹”使出蛮力，将杆子连同蛤蚌一同抛到岸上，用石头砸蛤蚌，双壳微开，桦木杆子才脱落下来。随后，他从蛤蚌中意外取出一珍珠，亮闪闪，圆滚滚，径长盈寸。

“黑爹”并无喜色。日子如常，“黑爹”照旧在哈拉哈河上捕鱼，照旧在哈拉哈河上摆渡。

可是，有一天，渡口的桦木船不见了，“黑爹”也不见了踪影。撮罗子里，除了篝火的灰烬，空空荡荡。哈拉哈河上，除了两只哀鸣的水鸟飞过，空空荡荡。

“黑爹！”“黑爹！”“黑爹！”

一声声唤，无人应。

三九严寒，滴水成冰，北方的河流皆封冻了。

而哈拉哈河的阿尔山河段，在零下36摄氏度的寒冷天气里，居然不结冰。不但不结冰，河面上还浮升着腾腾的热气。那情景就像谁家刚宰杀了一头肥大的年猪。大人们忙活着，正在一口烧开了水的大锅里给猪煺毛。小孩子进进出出，调皮捣蛋。灶里的柴火烧得旺旺的，满屋高声大嗓，洋溢着欢乐的气息。

冬天跟它没有关系吗？还是它拒绝冬天？很多野猪、狍子跑来取暖。哈拉哈河静静地流淌——这一段不冻河长40里。因了这条河，阿尔山的冬天则是另一番景象。

这里有足够厚的积雪，然而，让人吃惊的是，积雪下不是寂静，而是涌动的热流。热气形成长龙，在河面上滚动、升腾。热流充满神秘、朦胧和幻象。

突然，一声炮响炸碎了哈拉哈河的幻境。接着，是万炮的吼声和炮弹的嘶鸣。枪口放射出花朵，硝烟吞噬着硝烟。大地在颤抖，天空在燃烧。

哈拉哈河河水一度变成了红色，鲜血染成的红色。

1939 年 5 月至 9 月间，在哈拉哈河畔诺门罕发生了一场惨烈的战争，也称“诺门罕战役”。“那是一场陌生的、秘而不宣的战争。”1939 年 7 月 20 日《纽约时报》发表社论说，“苏联军队与日本军队在哈拉哈河岸边，在人们注意不到的角落里发泄着愤怒。”哈拉哈河战役，是亚洲历史上第一次坦克战。在 7 平方公里的战场上，近千辆坦克和装甲车相互厮杀，炮声隆隆，火光冲天，烟尘弥漫。在最后的决战中，日军坦克和装甲车很快成了一堆堆冒着黑烟的钢铁垃圾。日军有 7000 余名官兵命丧哈拉哈河两岸，尸休堵塞河道。血红血红的河水，滋生了大量苍蝇、牛虻、蚊子，幕布般遮天蔽日，恐怖至极。

哈拉哈河战役苏军取得了决定性胜利，改变了当时的世界局势。

苏军总指挥朱可夫一战成名。个子敦实、头戴大盖帽、腰间挎勃朗宁手枪的朱可夫，因此役获得“苏联英雄”称号，颇得斯大林赏识，后荣升苏联陆军司令。

哈拉哈河战役的惨烈程度超出我们的想象。凶猛的炮声一停，河面上漂浮的，除了人的尸体，尽是鱼，有哲罗鱼、鲤鱼、鲢鱼、华子鱼等。一些鱼被炮声震蒙了，昏厥过去；一些鱼的腹部被炮声震裂了，露出白花花的肠子；一些鱼的眼珠子被炮声震得鼓出眼眶，鲜血淋漓。

事实上，早在 1932 年，日寇就把魔爪伸向了阿尔山林区，大肆砍伐哈拉哈河两岸的森林。日本关东军 107 师团司令部设在五岔沟。日寇修建铁路和军事工事，一方面掠夺中国木材、煤炭等资源，一方面蓄谋进攻苏联。

战争摧毁了人性，也摧毁了河流里的生命。治愈创伤的唯有时间。治愈了自然，也就恢复了自然。

1949 年冬天，阿尔山林务分局成立。

办公地点就在哈拉哈河岸边阿尔山的伊尔施。白狼、五岔沟、西口、苏呼河作业所统归阿尔山林务分局管理。首任分局局长叫义热格奇，蒙古族。

当时，国家急需木材进行经济建设。建工厂需要木材，修铁路需要木材，开矿山需要木材，盖楼房需要木材，架桥梁需要木材。总之，举凡开工建设的工地，没有不需要木材的。

一声令下：开发林区。

此前，哈拉哈河支流苏呼河两岸尚未开发，森林还是原始林，林貌相当齐整完美，以落叶松、桦树及蒙古栎居多。

采伐队开进苏呼河施业区，以沟为作业点建立了采伐铺。据当时伐木人邓林生回忆，每个采伐铺有一名队长、一名记账员、一名检尺员、数十名采伐工。住宿是就地取材修建的木刻楞房子，房顶用桦树皮盖住，夏季防雨，冬季防雪。木刻楞里用大铁炉子烧柴取暖，铁炉子是用日本关东军丢弃的汽油桶改做成的，上面立一个烟囱，就开始生火。烧的是木柈子，火很旺，时不时往炉膛里加几块柈子，火焰升腾着，嚯嚯嚯！嚯嚯嚯！火蔫了，火犯困了，就用炉钩子捅一捅，提提神，火就睁开眼睛，又欢快地燃起来了。铁炉子上也烤白天伐木出汗湿透了的衣服、裤子、绑带、手闷子，热气乱舞，散发着一股异味，不怎么好闻。进入腊月，炉火一刻也不能停，若是停了，木刻楞就成冰窖了。

冬季，生活物资用马爬犁运送，菜多数是土豆、盐豆、卜留克咸菜、酸菜和冻白菜，粮食大部分是红脸高粱米，很少吃到大米和白面。可是，还是有白酒喝的，是那种土法烧锅酿制的小烧酒。度数很高，有60多度，是纯正的“高粱烧”烈酒。白酒在当时是林区劳动保护用品，不喝酒不行啊！当时，木材运输主要靠流送——就是河水里放排，伐木人大部分时间在水里作业，喝酒才能祛湿，才能舒筋活血。

苏呼河蜿蜒曲折，全长18公里，向南注入哈拉哈河。每年春天冰雪融化，桃花水“闹汛”之时，就开始木材流送了。流送是按工铺分段投放木材，每次要控制投放的数量，不然投放过多会堵塞河道。沿岸各铺的工人在水里用小扳钩调整木材走向，使其不“打横”，避免造成“插堆”。然而，各工铺投放木材量很难统一把握，每年总是有几次“插堆”

淤堵河道的事故发生。怎么办呢？也是有备用方案的——事先在上游修了一道木障拦河坝，里面蓄满水，在那里静静候着呢。打开闸口，坝里憋着的水汹涌而出。猛烈的冲击力，一下就把“插堆”淤堵的木材冲开了，河道重新恢复了通畅。

苏呼河的头道沟、二道沟、三道沟都设立了采伐铺。采伐铺得有个名字呀，是叫一铺、二铺、三铺吗？不是。是按照队长的名字起的。邓林生回忆说，头道沟的采伐铺有郭长明铺、李木春铺、孙石头铺；二道沟的采伐铺有宋木林铺、杨云桥铺、董永刚铺；三道沟的采伐铺有万学山铺、刘长江铺、包金荣铺。铺下设组，有伐木组、造材组、打枝组、归楞组、流送组。伐木工具是快马子锯，也叫大肚子锯、二人夺。伐木作业时两人对坐拉，嚓！嚓！嚓！嚓！锯末子从锯口吐出来，弥漫着木脂的香味。随着一声：“顺山倒啦！”轰的一声巨响，大树就躺在了地上。砸断的灌木、枯枝、枯草、枯叶四处喷溅。

接着，就开始打枝、造材了。锯掉梢头，锯掉枝杈，锯掉疤瘌节子，就是通直可用的木材了。河岸上选平坦的场地，作为楞场，把造好的木材，集中到这里归楞，准备流送。从各采伐铺把木材运到河边楞场，主要是靠马爬犁——这一工序也叫“倒套子”。

爬犁论张，不论辆。

每张爬犁由两匹马拉。林区冬季气温在零下 40 多摄氏度，赶爬犁的人身穿羊皮袄，头戴狗皮帽子，脚穿棉乌拉，也叫毡疙瘩，浑身上下包裹得还算严实。长鞭一甩，嘎！

“嘚驾！”马爬犁载着滚圆的木材，在雪地里在冰面上就欢欢地跑起来了。

一张马爬犁一般运三五根木材，来来回回地跑，马跑得汗气腾腾。马鬃上眉梢上挂满了霜，鼻孔喷出一团一团的热气。爬犁是用柞木做成的。柞木结实，性子稳定，不易劈裂。爬犁脚的底部镶上铁条，在雪里或者冰上跑起来就轻快无比了。

那时候，伐木人的生产作业还是有一些行话的。比如：“磨骨头”

就是用肩杠抬木头装车，“小套房”就是集材的意思，“大套房”就是运材的意思。“上楂子”是指从伐木、打枝、造材到归楞的多道工序的统称，而“下楂子”则是指顺着河道水运流送的过程。

楞场又分山楞、中楞、大楞。

山上伐倒的木头，简单集中到一起，叫山楞；把山楞的木材再集中运到路边，归成楞堆，叫中楞；把中楞的木材，用马爬犁运到苏呼河两岸归成楞垛，以备流送，称为大楞。据说，苏呼河大楞场，一个冬天要贮存木材达到三万立方米。

在阿尔山林区，像苏呼河那样的饱满丰盈的大楞场有若干个。楞场里木材堆积如山，一楞连着一楞，楞垛铺到天边。大楞场的木头，最后又通过苏呼河进入哈拉哈河流，送到阿尔山林务分局伊尔施贮木场。再经过检尺、打码、编号、造册，这些木材就成了国家计划供应的物资了。在伊尔施经统一调配，装上汽车和火车运往全国各地。

在那个年代，贮木场相当于林区的“金库”。

林区人吃的喝的用的，全都来自贮木场里的木头。故此，林区的经济又被称为“大木头”经济。

哈拉哈河的上游除了苏呼河，还有大黑沟、小南沟、金江沟水系，在伊尔施都汇集到一起。河面宽阔，河水澎湃，流送的木排首尾相连，蜿蜒数里，盖满河面，甚是壮观。

至今，哈拉哈河流经伊尔施的南北两岸，还有用水泥制作的大墩子遗迹立在那里，这就是木材流送的终点站了。上下两根钢丝绳横穿河面，河中间用若干木头三脚架固定，钢丝绳的两端分别系在水泥墩子上，用锁头锁牢。再沿着两根钢丝绳排列木板，用铆钉固定住，防止被河水冲掉。如此这般，就形成了一道拦截木材的屏障。

木材截住后，就出河，用绞盘机往上拉，每次拉一捆，一捆三五根。拉上岸后还要归楞，抬木工要大显身手了。一一、二二、三三、四四、六六，要根据木头大小及长短，确定几个人上手来抬。所用的工具有抬杠、扳钩、肩杠、把门子、压角子、小刨钩、油丝绳等。

一一就是两人一组，用一副掐钩、一副肩杠；二二就是四人一组，用两副掐钩、两副肩杠；三三就是六人一组，两副掐钩、一副把门子、三副肩杠；四四呢，就是太长太粗太重的木材要八个人一组，前面一副把门子，后面一副把门子，中间两副掐钩、四副肩杠。六六呢，就不说了吧，反正那是更大更粗更长的木头，要十二个人上肩了。

如果是直接装火车的话，还要在地面与火车厢之间搭跳板，有两节跳，有三节跳。抬木头时，动作要协调统一，步调一致，否则就会出差错，甚至发生危险。于是，喊号文化就在抬木头的行进中产生了。领头人（杠子头）喊号，其他人接号。以号为令，便于抬木头行走时迈步整齐，使所抬的木头悠起来，从而平分压力，运走木头。在号子的节奏中，同时弯腰、挂钩、起肩、运行、上跳、置木。

每首号子的领号声调特别重要。号声的大小、高低、粗细、强弱都决定着其他抬木人的劲头、步伐步态，甚至运送距离和时间的掌握，都是靠号子控制。 抬木是一种齐心协力的劳动形式，号子的作用就是用韵律来调节人的步伐，使大家“走在号子上”。

抬木号子是一种调律、多种内容的艺术。也就是说韵律是固定不变的，至于内容的变化，要看领号人触景生情，临场即时作词的能力和水平。

领号：弯腰挂呀！

接号：嘿吆！嘿吆！

领号：撑腰起呀！

接号：嘿吆！嘿吆！

领号：齐步走啊！

接号：嘿吆！嘿吆！

领号：脚下留神呀！

接号：嘿吆！嘿吆！

领号：上大岭呀！

接号：嘿吆！嘿吆！

领号：加油上啊！

接号：嘿吆！嘿吆！

人在重压下发声，这是一种生理需要，也是一种重体力劳动过程中寻求快乐的精神需要。

有数据记载，阿尔山林务分局在新中国成立初期流送木材产量是——1950年，28130立方米；1951年，2900立方米；1952年，30810立方米；1953年，3100立方米。

1954年，林区头一条森林铁路修通了，森林小火车取代了水运流送。之后，哈拉哈河上的木材流送场面便渐渐淡出林区人的视野。不过，那些老一辈伐木人，总要在傍晚黄昏时分来河边走走。他们望着空荡荡的哈拉哈河河口，总有一种说不出来的怅然的感觉。

喧嚣远去，哈拉哈河静静地流着，仿佛什么都没有发生过。然而，晚霞中，两岸的水泥墩子遗迹，以及几节锈迹斑斑的钢丝绳，还是那么真实地倒映在水里，若隐若现。

倒影是图景的回声，回声则是声音的图景。

“在森林里，最可靠的东西只有斧子和锯。”这是早年间，阿尔山林区流传的一句话。然而，经过半个世纪的砍伐之后，斧子和锯也靠不住了。光荣消歇，哈拉哈河沉默不语。也许，沉默也是一种忧伤。

若干年前，阿尔山林区就告别了伐木时代，进入了全面禁伐时期。作为一个时代的标志物，斧子入库了，锯子入库了，伐木人变成种树人和护林人。

哈拉哈河似乎有话要说，然而，它没有说。

黎明睁开了眼睛，在无奈和困惑中，林区人开始认真而理智地审视自己既熟悉又陌生的森林了。

森林是什么？一个声音说：“森林是一个生态系统概念，绝不仅仅是我们所看到的那些树。”是的，在森林群落中包含着许多生物群体，它们各自占有一定的空间和时间格局，通过生存竞争，吸收阳光和水分，相生相克，捕食与被捕食，寄生与被寄生，既相互依赖，又相互制约，构成了一个稳定平衡的生态系统。

最早把森林视为生态系统的，是德国林学家穆勒。穆勒说：“森林是个有机体，其稳定性与严格的连续性是森林的自然本质。”不应把森林看成木材制造厂，而应视为土地、植物和动物的融合，是持久的生命共同体。它是河流的源泉，也是生命的源泉。

人类在反思自身与森林的关系中，不断调整着自身对森林的认识和行为。

穆勒还说：“如果说我们不再需要用干燥木材供人取暖，那么我们就更需要这些绿意盎然、青枝滴翠的森林来温暖人的内心。”

森林具有三个层次：遗传多样性、物种多样性和生态系统多样性。森林包含了区域中生物种类的组合、生物与环境间相互作用的过程，以及经受干扰后的演变过程最为完整的记录。正如气候顶极类型提供的当地植被完整的演变历史那样。这些生态过程，是从人为干预下生长时间较短的人工植被中无法获得的。或许，天然林和人工林是完全不同的两回事。

森林就是森林。森林里没有多余的东西，更没有废物。即使森林中那些枯朽的老树也不是废物，正因为有枯朽老树的存在，才意味着一座森林的生长有着不同寻常的历史，才构成了完整的自然生态系统。

何况，在哈拉哈河两岸的森林里，枯朽的空洞老树，还是紫貂、青鼬、艾虎、花鼠、灰鼠、鼯鼠等兽类和原生蜜蜂栖居的巢穴。大空洞树是黑熊蹲仓冬眠的极好场所。猞猁也常常借助于大树窟窿而栖身。

森林的奥秘，也许就藏在那些枯朽老树的树洞里。森林有自己的秩序和逻辑。当一种现象超过某种确定的界限，森林就会调整内部的结构关系，重新确定秩序。这就是森林法则。

阿尔山林区朋友张晓超说：“天然林的自我恢复能力超出我们的想象。”他说，“保护天然林最好的办法就是封山育林。在天然林采伐迹地上，只要原生树木的根系没有被毁垦，只要封山育林的措施科学、得当，给它们充分的喘息时间，天然林就可以恢复创伤，郁闭成林，达到森林群落的完好状态。”

春去春又来。

正是凭借美的力量，灵魂得以存活，并且生生不息。

林区大禁伐后，寂静取代了喧嚣。而那些能量积蓄已久的根，在哈拉哈河的滋润下睁开新绿的眼睛，并用力拱出地面，占据着一方属于自己的空间。

哈拉哈河上起雾了，渐渐地，雾吞噬了森林。

然而，终究还是森林吞噬了雾。

哈拉哈河，向西向西向西，在阿尔山林区三角山北部流出国境，进入蒙古国，拐拐拐，向北向北向北，偏西偏西偏西，流入贝尔湖，歇口气，稳稳神，流出，继续向北，最后经乌尔逊河，汇入呼伦湖。至此，才算画上了句号。这是一条多么有归属意识的河呀——流出去，是为了流回来。是的，它居然义无反顾地流回来了。

有多少河，滚滚滔滔，一去不返啊！

哈拉哈河，这条从地球母腹中流出来的河，可能已经奔涌了一百万年。它，不同于别处的河流。别处的河流，无论怎样蜿蜒曲折，无论怎样澎湃汹涌，最终，都要流向大海。而哈拉哈河的终点——呼伦湖并不通着大海。这一现象，不是一天两天，不是数月数年，不是几个世纪，也不是数千年数万年。哈拉哈河，从来处来，到去处去。方向从来没有改变，目标从来没有改变。

它，节制而深沉，稳健而自省，从不张扬，从不炫耀，从不喋喋不休地讲述。长期以来，它的意义，它的功用，它在生态系统中扮演的角色被我们忽略了，以至于我们很少有人知晓它的名字。它，在动态中平衡着其流域的生态系统，在平衡中控制着生物与生物之间的关系。

它是无可替代的。

从地球来看，哈拉哈河是一个单独运行的生态系统吗？

不，地球是个整体，地球是个球。正如喜马拉雅山上一颗雨滴，同印度洋上的一场风暴也有联系一样。其实，哈拉哈河与地球的整个生态系统也存在着微妙的关系。终点，并不意味着停滞和完结，而是孕育着新生和开始。也许，空间是可以留置万物的，而时间则是在舍弃万物的同时又创造了万物。哈拉哈河并置了空间和时间。周而复始，循环往复，永不停歇。

万物即自然。

哈拉哈河的自我净化、自我修复能力是惊人的。它的创造力更是无须证明——它涵养着其流域的森林、草原、湿地、滩涂和荒野，它滋润着其流域的时令、生命、情感、灵魂和精神。

哈拉哈河，承载着时间和传奇，奔流不息。

汕尾之尾

> 山上鹧鸪羌，海里马鲛鲳。
>
> ——汕尾民谚

汕

海岸，是海的疆界，也是陆的边缘。

哗！拉开窗帘，汕尾品清湖尽收眼底。站在酒店的窗前，远眺富有诗意的蓝色海湾，海湾里泊着的渔船，还有海湾上空飞翔着的翩翩鸥鸟，有令人迷醉的感觉——那画面，实在太美了。

“葫芦头，沙坝尾”——就是指这里吗？

一道长长的沙舌，伸进海里，不经意地造就了一个天然的避风港——汕尾港。那道沙舌，是挡浪遮风的屏障，也是港口赖以存在的生命长堤。

海浪，一波一波涌来，一波一波退去。

品清湖为潟湖，潮涨时碧波荡漾，潮落时优雅安静。在潮涨潮落的时间更迭中，生长出一座汕尾城。

清初，汕尾开埠，连通八方，商贾云集，逐渐繁荣。也曾灯红酒绿，也曾风月欢歌，有“小香港”之称呢。

汕尾汕尾，何谓汕？当地朋友告诉我，汕，有三个意思。

其一，鱼在水中游动的样子。用汕造句，比如：鱼在水中汕汕然。其二，汕者，海滩高处也。其三，汕者，有山有海的地方。我听罢，禁不住笑了，或许，这三个意思在“汕尾”一词中都存在吧。

汕尾当地的语言，更接近闽南的“福佬话”——“美”“尾”不分，“线”“汕”不分。

在汕尾期间，我隐隐感觉到，汕尾人似乎不太喜欢本地“汕尾”的名字。一则，汕尾与汕头容易混淆，并常被误当成汕头。某年，某歌星在汕尾举办演唱会，面对热情欢呼的汕尾观众，他大声喊道：“汕头的朋友们，你们好！”汕尾观众闻之，很是不爽。二则，“尾”字在中国人的思维里，地位有点尴尬，宁做鸡头，不做凤尾嘛。

不过，对此，我却另有看法。

——暂且搁下，后面再说吧。

蚝塭

塭，如我一样的北方人，多半是不会知道此字是何意的。这并不奇怪，一方水土，养一方人；一方水土，也一定产生一方文化。到了汕尾，我才知晓：塭，跟温暖的温同音，有土地温暖之意。在汕尾，塭者，特指海水淡水交汇处有暖意的渔场也。亦唤作塭场。

塭场，有养鱼的，有养虾的，有养蟹的，一般几十亩至百多亩不等。塭场，与海相通，也与河相连。水口处设闸若干，潮来任其涨满，潮退晒塭。每天干塭不超过四个小时。潮涨时便在闸口置网，网网不空。网里网住的是鱼是虾是蟹，还是什么别的生猛海鲜，那要看运气了。

塭场，汕尾海岸浅滩上多有之。近年，汕尾长沙湾晨洲村在塭场里养蚝闻名遐迩。

蚝，别名牡蛎。在汕尾，把产蚝的浅海曰之蚝浦。而养殖蚝的蚝田，则称之为蚝塭了。养蚝的渔人呢，当然叫蚝民了。

早年，晨洲村只是一个自然岛屿。这里的陆地面积不足一平方公里。

然而，这里的浅海区域却阔达，水质优良，海水中浮游生物丰富。附近的生态系统完好，各种自然条件优越。水的盐度偏低，水温适中，在 15 摄氏度至 25 摄氏度之间，特别适合蚝的生长。当地朋友开玩笑说：“随便往水里扔块石头，都能长出蚝来！”

“真的吗？”我听得瞪大眼睛了。

走进晨洲村，真是大开眼界。这里用蚝壳砌墙，用蚝壳盖房子，用蚝壳屑铺路，用蚝壳屑筑堤堰……从村中心广场到村庄的角角落落，无处不弥漫着蚝的气息。

这里有中国首个（或许也是全世界首个）蚝文化博物馆。蚝的前世今生，用文字和实物，一一展示出来。看罢晨洲村蚝文化博物馆，我们来到晨洲村后的海滩，只见海滩上到处都是一块一块的蚝塭。戴斗笠的蚝民正弯腰在塭里劳作。托石，打桩，摸蚝，采蚝。见我们来访，便远远地招招手，算是对客人的问候了。晨洲村共有 14000 亩蚝塭。好家伙，每年产蚝 14000 吨呢！晨洲蚝，以其肥、嫩、鲜、美而饮誉四方。正宗的晨洲蚝肚子是白的，耳朵厚而黑，且有 6 片。非晨洲蚝，就难说了。

如今，晨洲村已经成为中国最著名的蚝乡了。

蚝，有“海底牛奶”之称。生蚝干，又被称为蚝豉。汕尾话“蚝豉”音近“好市”。早年，汕尾人往往开年时把发菜与蚝豉同烹，图的就是“发财好市”的好彩头。清代李调元曰：“蚝，生食曰蚝白，腌之曰蛎黄，味皆美。”汕尾人喜欢食生蚝——刚刚出海水的生蚝，还带着海洋的鲜度，肥硕鲜腴。把蚝肉抠出来，撒上几滴柠檬汁，或者蘸芥末食之，鲜美无比。

马鲛

马鲛，即马鲛鱼也。汕尾人称马鲛鱼时，“马鲛马鲛”地叫着，往往把“鱼”字省略了。

我们在碣石湾海滩时，正逢渔民赶海回来，一担一担的往岸上搬运，有带鱼、黄鱼、螃蟹、皮皮虾，还有鲳鱼、马鲛鱼。看到马鲛鱼时，倏忽间，我想起清代画家聂璜。聂璜曾画过一幅马鲛鱼图，图上还题了一行小字：“此鱼尾如燕翅，身后小翅上八下六，尾末肉上又起三翅。”

聂璜的记述准确吗？我蹲在沙滩上仔细观察渔民鱼篓里的马鲛鱼，数了数，小翅还真是“上八下六”呀！然而，尾末肉上并无三翅呢。怎么回事？是不是聂璜搞错了？我用手一摸，却明显感觉到那马鲛鱼的尾部有三个凸起的肉脊存在——这大概就是似翅非翅的“三翅”吧。

不知什么原因，聂璜对马鲛鱼却持着偏见，评价为：“最腥，鱼品下之。”啧啧，评价够低了。

然而，汕尾人对马鲛却格外偏爱。

“山上鹧鸪羌，海里马鲛鲳。”

“鲳鱼嘴，马鲛尾。”

这是两句汕尾民谚。瞧瞧，汕尾人把马鲛鱼与鲳鱼并列，并一语道出了马鲛鱼最好吃的部位。

好嘛，马鲛鱼在汕尾人的心里，地位是多么高啊！

马鲛鱼体形溜长，鱼头及背部呈蓝黑色，侧面有数列蓝黑色圆斑点，腹部奇白。背鳍与臀鳍之后有角刺。马鲛鱼尾巴肉厚，刺少，肉质洁白细嫩，糯软甘爽，味道鲜美。

当地朋友说，马鲛鱼一般生活在海洋的中上层，为了迷惑天敌或者猎物，才演化成这样的体色。

马鲛鱼是充满智慧的鱼。从上往下看，鱼体背部在自然光下与海水的颜色一致；从腹部下面往上看呢，马鲛鱼的腹部与水面颜色及天空的颜色，也几近相同，所以，即便离马鲛鱼很近，也不易发现它。

碣石滩上，很是热闹。摩托车往来穿梭，鱼贩子、餐馆的老板、海产品加工者均蜂拥而至，嘴里哇啦哇啦说着当地土话，挑三拣四地选购渔民刚卸下来的海货。几个小时后，广州、深圳等地的餐桌上，就可以吃到汕尾的马鲛鱼了。

——汕尾马鲛！鲜呢！

黄羌

我要说，黄麂就是黄羌，你信吗？

黄羌，跟“云朵上的民族”羌族无关，跟六音孔的羌笛乐器无关，它是汕尾山里的一处地名——汕尾东部的一个小镇。但我们去看的不是黄羌镇，而是黄羌林场。这里森林茂密，野猪、黄麂、水鹿、蟒蛇等野生动物出没其间。远远地，我们看到护林站小白楼的后山上立着一块牌子，上面写着两行大字：前人栽树后人乘凉，前人伐木后人遭殃。

当年，这一带绿色的山林里曾经是“红区”。

是的，汕尾东部山区及其海岸曾经是彭湃和杨其珊闹革命，建立中国第一个县级苏维埃政权的地方。彭湃当时是县教育局局长，在大树环抱的龙舌埔“得趣书屋”成立了“六人农会”。那时，彭湃就爱树木，爱自然。他带领学生上山植树的照片，至今仍挂在旧居的墙上。杨其珊懂医术，会武功。他广开武馆，办诊所，为农民习武或者就医提供方便。其实，武馆和诊所也都是秘密交通站，传递情报，联络地下党。海陆丰农民运动搞得轰轰烈烈，深得毛泽东的赞赏。

革命也要穿衣吃饭，为了改善伙食打牙祭，上山打猎是常有的事。那时，革命队伍里最先进的家伙就是“汉阳造”步枪了。不过，打猎是舍不得用的，那是杀敌的武器。打猎用的，往往是土造的鸟铳。

嗵！一家伙，猎到一两只鹧鸪并不稀罕。要是猎到一只“黄羌”，架上柴，火烧得旺旺的，热气弥漫地炖上一锅肉，香喷喷，还真是够队伍改善一顿伙食了。黄羌是什么呀？黄羌是汕尾土话，其实，黄羌就是黄麂。

黄麂，也称麂子、黄猄、山羌。早年间，海陆丰一带的海岸山林里，黄麂身影多有闪现，觅食时，黄麂机警灵敏，不时跳跃，躲避危险。黄麂为食草动物，以灌木嫩叶及嫩草为主要食物。喜欢独居，生性胆怯，遇敌害时会先静止不动，立耳观察动静，判断危险来自何处后，再蹭蹭跳起迅速逃窜。

黄麂皮熟制后，相当柔软，可制多种皮具。当年，寻一块麂皮，用于擦“汉阳造”，擦梭镖，擦长矛，擦药箱，擦眼镜，甚是讲究了。不过，如今黄麂已被列为国家保护的野生动物了，对猎捕行为一概说不。违者，要追究法律责任呢。

生态需要时间的积累。护林站的负责人告诉我，这几年，护林员巡山时，经常见到黄麂，野猪更是多得成灾。

我盯着“羌”字，看了好久，不住地点头——嗯，从字形上看，“羌”字还真像黄麂呢！如此，此地地名叫黄羌，必是与这种虽然腿细但机敏、弹跳功夫了得的野生动物有关了。

不过，我们这次来黄羌林场，却没有见到黄麂。

山林里寂静无声，偶有鸟语滴落，啾啾啾！啾啾啾！是鹧鸪吗？无人应。接着，一片空白，又静了。

突然，灌木丛簌簌一阵摇动。呀——呀呀。我屏息驻足，等待那个跳跃的灵巧身影出现。可是，等了半晌，却什么也没有等到。

怅然若失。

尾

海的尽头，是海岸。

海的起点，是海岸。

东方红，太阳升。太阳跳出海平面那一刻，新的一天开始了。

一般而言，按照太阳的运行规律，东上西下，东前西后，东头西尾。然而，汕尾毕竟不同，汕尾是与海洋息息相关的地方。在这里，尾，并非终点，而是陆地与海洋相遇之处，陆路与海路对接的端口。

汕尾的海岸，弯曲而复杂。这里有长沙湾、碣石湾、红海湾、遮浪滩、金厢滩等名字极具诗意的海岸，也有暗藏岬角、顽石、岛礁及悬崖峭壁等怪异险峻的海岸。

山那边还是山

岛的故事里弥漫着海的味道

岬角，是汕尾海岸出人意料的景观。岬角，往往是海与海的分割器，湾与湾的隔离点。岬角，以不变应万变。因之岬角，海的一边，可能是汹涌澎湃的喧嚣世界，而另一边呢，则可能是风平浪静的沉思之所。

海岸，从来就不是静态的，每时每刻都处在动态中。陆地生物和海洋生物都在海岸附近繁衍生息，一代一代，绵绵不绝。面对大海，海岸讲述陆地的故事。面对陆地，海岸讲述大海的故事。一遍一遍，一遍一遍。

哗！后边的浪，推着前面的浪。哗！哗！哗！无数涌来的浪，造就了海岸上的沙滩。可是，浪在用力甩出一个传奇后，竟在海岸上眨眼间消失了，留下的只有白白的沙，还有无数饱满的生命。海岸，长着牙齿吗？

汕尾汕尾，如果说汕尾是一尾鱼的话，那么，鱼之动力，不是取决于头，而是取决于摆动的尾了。

——汕尾汕尾。

——汕美汕美！

乌梁素海

一

乌梁素海一定是出了问题。

张长龙从浑浊的水里起出空空的网具，望着黄藻疯长的乌梁素海两眼发呆——鲤鱼没了，草鱼没了，鲇鱼没了，鲢鱼没了，胖头鱼没了，白条鱼没了，王八没了……甚至连顽皮的泥鳅也少见了。张长龙摘掉网眼上的水草，甩了甩上面的水，然后把湿漉漉的散发着腥臭味儿的网具架到木杆上晒起来。唉，如今十天半月也用不上一次网了。他蹲在海子边上，掏出枣木杆儿的白铁烟袋，装上几丝圐圙布伦的烟叶子，点燃，吧唧吧唧吧唧，吸上几口，一缕一缕的青烟便向芦苇丛里慢慢散去，散去。栖在芦苇叶上的蚊子们被烟熏得喘不过气来，纷纷逃窜。这几年，乌梁素海里蚊子的个头倒是越来越大了。张长龙心里想，蚊子要是变成鱼就好了。别的鱼没了也就没了，可鲤鱼要是没了，那乌梁素海还是乌梁素海吗？

20 世纪 80 年代之前，乌梁素海每年产鱼都在 500 多万公斤以上，光是黄河鲤鱼就占到一半还多哩。往事不堪回首喽！他蹲在架着网具的木杆旁边，眼睛眯成一条线，想着心事。吧唧吧唧，吸了几口烟，吐出一个一个烟圈圈。咳了咳，用粗糙的拇指压了压白铁烟袋锅子里的烟丝，嘴里便哼出了小曲，小曲的调子满是怅然的味道——

乌梁素海的芦苇
一眼望不到边
金黄金黄的大鲤鱼
惊动了呼市包头
临河陕坝
海勃湾乌达
石嘴山宁夏
十个轮轮大卡车一趟一趟地拉

唉，这唱词写的都是早先的乌梁素海了。如今，连一条鲤鱼也捕不到了。鲤鱼是乌梁素海的标志性鱼类，也是反映乌梁素海生态变化的“晴雨表”。如果鲤鱼没了，那乌梁素海一定是出了问题。令张长龙不解的是，鲤鱼虽然没了，可野鸭子、黑鹳、鹈鹕、白琵鹭、红尾滨鹬，还有漂亮的疣鼻天鹅每年春天还是照常飞来，产蛋孵化，繁殖后代。莫非，那些鸟类及漂亮的疣鼻天鹅有极强的抗污染能力？这是个问题。大大的问号，日里夜里挂在张长龙的心尖尖上哩。猛然间，那个问号仿佛拉直了。他心里打了个激灵，似乎意识到了什么。什么呢？乌梁素海的鱼没了，接下来没了的不会是鸟吧？不会是他心尖尖的鸟——疣鼻天鹅吧？不会的，不会的，断断不会的。然而，一个声音却问道：怎么就不会呢？

我不相信——我不相信——我不相信……张长龙讨厌一切与疣鼻天鹅有关的谶语。无论怎样，只要他听到空中滴落的那沙哑的鸣叫，只要他看到水中那漂浮着的倩影，便有一种酥酥的感觉，整个人就兴奋起来了。因为疣鼻天鹅，张长龙每天多了一份牵挂，也多了一份盼头。

乌梁素海何时能够一天比一天好起来呢？问天？问地？还是问自

己？张长龙自己也说不清楚了。

二

乌梁素海在哪里？

看看地图就清楚了。黄河流到了河套段不是呈“几”字形吗？“几”字最上方的“一”横处的左端偏里的地方，就是乌梁素海了。

乌梁素海，蒙古语意为“盛产红柳的地方”。我到乌梁素海时，曾留心观察，却没有发现一棵红柳，芦苇倒是多极了。乌梁素海是黄河改道的杰作，黄河先是在北边流淌了，不知哪一天却来了脾气，呼地拉了个弧线，往南移了许多。这一移不要紧，在造就了沃野良田的同时，却也丢弃了许多东西，鱼啦虾啦王八啦就不必说了，其中最大的一件东西就是乌梁素海了。好家伙！最初的乌梁素海阔气得很啊！有100多万亩水面，汪洋一片，甩手无边啊！

黄河真是犟脾气，把这么大的海子说丢弃就丢弃了，从来没有回头寻找过，也从来没有后悔叹过气。是死是活，乌梁素海全凭自己挣蹦了。不过，一切存在必有它的道理。内蒙古河套灌区管理局党委书记告诉我，乌梁素海是黄河流域最大的淡水湖，也是地球上同一纬度最大的自然湿地。乌梁素海对于调节我国内陆气候发挥着重要作用。它的西边，是嚣张的乌兰布和沙漠，有了乌梁素海便如同有了一道绿色屏障，把肆虐的风沙挡在一边。它的东边是高高隆起的阴山，正是因为有了乌梁素海的滋润，阴山的绿色才那么葱茏。它的北边，是羊群遍布的乌拉特草原，正是因为乌梁素海的哺育，草原上的牧歌才格外悠扬。

然而，偌大的海子里，活蹦乱跳的大鲤鱼怎么说没就没了呢？

张长龙把那杆枣木杆儿的白铁烟袋掖到裤腰里，蹲在海子边上，把手指头伸进水里，却不见手指头。水，黑红黑红的，浑啊！

——唉，乌梁素海一定是出了问题。

三

张长龙，58岁，属蛇的，小名叫长龙。鱼是离不开水的，龙呢？——龙当然离不开海呀！在属相中，民间把蛇称作小龙。小龙也是龙啊！

张长龙现任乌梁素海湿地保护区编外管护员。

张长龙的老家在白洋淀，白洋淀曾是雁翎队打游击的地方。抗日战争时期，在白洋淀的芦苇荡中，雁翎队用“大抬杆”（联排鸟铳）把日本鬼子打得吱哇乱叫，屁滚尿流。张长龙打小就爱听父亲讲雁翎队打鬼子的那些故事，过瘾。

1955年，乌梁素海成立了渔场，当地蒙古族牧民，不识水性，不吃鱼，更不用说打渔了。于是就从白洋淀迁来一批能打渔的把式，作为渔场的骨干。那批把式中就有张长龙的父亲，父亲身后那个像泥鳅一样的小家伙就是他——张长龙。那时他仅仅三岁，整天赤条条的，在海子里翻着水花，嘴里噗噗噗地吹着水汽，摸鱼掏鸟蛋，却也乐趣无穷。张长龙天生就是水命，离了水他就没有力气，浑身打不起精神。他还特别能潜水，嘴里叼根苇管，隔一会儿，咕嘟咕嘟冒一串泡泡，再隔一会儿，咕嘟咕嘟又冒一串泡泡，在水下潜上个把时辰不成问题。

刚来渔场时，这里只有七户人家，都是在乌梁素海周边草场放牧的蒙古族牧民。那时的乌梁素海里，水鸟和鱼多得超出想象。多到什么程度呢？水鸟多得飞起来遮天盖日，落到海子里见不到水面。鱼呢？那就更多了——套马杆插在水里，生生不倒——鱼多呀，把套马杆挤得立在水里了。瞧瞧，那阵势，那情形，啧啧啧！大鱼也多得是，1969年，张长龙还捕过一条两米多长的大鲤鱼呢！手抠着鱼鳃把鱼背在身上，鱼尾巴像墩布一样在地上扫来扫去的。啊呀，乌梁素海的鲤鱼就是好吃，舀海子里的水炖鲤鱼，那是河套一带远近闻名的美味。王八也多，大的王八有脸盆那么大。捕鱼要用“箔旋”布阵，俗称迷魂阵。张长龙是布阵的高手，布完阵，只消掏出枣木杆儿的白铁烟袋，装上一锅子囫囵布伦烟叶子，吧唧吧唧吧唧，吸上几口，吧唧吧唧吧唧，再吸上几口，就可收鱼了。冬天用冰穿打冰眼下网捕鱼，那场面也很壮观。鱼冻得直挺挺的装到驮子上用骆驼运到包头去卖，换回布匹、盐巴、陈醋、白酒和砖茶。餐餐有鱼虾吃，顿顿有酒喝。那日子，那时光，美得很呢！

早年间，除了捕鱼，张长龙还在海子里猎雁猎野鸭掏鸟蛋。父亲从白洋淀带来的那把曾打过日本鬼子的老鸟铳，到了张长龙手里威力不减当年。他的枪法极准，百步之内，一枪一个“眼对穿”。说到那段历史，张长龙的话便格外少了，只是吞吞吐吐地说了一句，他的左耳就是猎雁时被鸟铳轰轰的巨响震聋的。他说，这是报应。后来，他的鸟铳被公安部门收缴了，人也险些被带走。现在他的上衣口袋里揣着助听器，双耳戴着耳麦，听力倒也无碍。我几乎不用太大的声音讲话他也能听到。

一个人的出现令他改变了自己的活法。

那个人是一位鸟类学家，叫邢莲莲。作为内蒙古大学教授的邢莲莲带着研究生来乌梁素海搞鸟类调查，请张长龙当向导。邢教授学识渊博，待人谦和。在接触的过程中，张长龙跟她学到了许多鸟类知识，知道了自己过去猎鸟掏鸟蛋是错误的，鸟类是人类的朋友。从此，他成了乌梁素海湿地保护区一个不拿工资的编外管护员。他划着一条小木船整天出没于芦苇荡中，发现猎鸟掏鸟蛋的不法分子，或者上前制止，或者没收猎具将盗猎者扭送到森林公安派出所。起初，人们以为他是“吃官饭”的管护员，惧他三分。后来知道了，他不过是个编外人员，并无执法权，便不再把他当回事了。那些混混们还笑嘻嘻地送给他一个外号：鸟长。

鸟长鸟长鸟长。这两个字用河套话读出来并不怎么好听，何况，张长龙知道，那些混混们给他起这个外号心里是啥意思。可是，张长龙一点也不生气，鸟长就鸟长，鸟长也是官啊！

鸟长？——哎，是我。

鸟长吗？——哎哎！是我，我是鸟长。张长龙笑嘻嘻地答应着。

鸟长是什么级别的官呢？股级？科级？县团级？还是司局级？张长龙的脑子里莫非灌进水了吧。鸟长管的不是鸟，是管打鸟主意的人哩。管人？呸！呸呸！有那么容易吗？就凭你那点儿打鱼摸虾识鸟的本事，还能管住人？张长龙，你回家照照镜子吧。家里要是没镜子，你就一猛子扎到海子里呛几口水，清醒清醒吧！

四

真是灌进水了。

张长龙不但不清醒，脑子里的水反而灌得越来越多。他把家里的十几亩苇滩交给儿子照看，自己一头钻进芦苇荡，不见了踪影。

张长龙在芦苇荡里搭了个窝棚，安营扎寨了。他每天都划着小船，在海子上巡护……机警的眼睛瞪得大大的，神出鬼没的样子就像当年白洋淀里的雁翎队员。只是孤单单的，手里缺少壮胆的家什。

幸亏，裤腰里还掖着枣木杆儿的白铁烟袋。乏了，掏出囫囵布伦烟叶子，装进白铁烟袋锅子里，点燃，吧唧吧唧吧唧，吸上几口。累了，掏出囫囵布伦烟叶子，装进白铁烟袋锅子里，点燃，吧唧吧唧吧唧，吸上几口。困了，掏出囫囵布伦烟叶子，装进白铁烟袋锅子里，点燃，吧唧吧唧吧唧，吸上几口……三伏天，芦苇荡里的蚊子巨多，却没有一只敢叮鸟长张长龙的。他那杆枣木杆儿的白铁烟袋是他驱蚊的秘密武器。未及近前，蚊子们早被白铁烟袋锅子里散出的那股烟袋油子味儿熏晕了。

哗哗哗，哗哗哗，一片水域里，一对疣鼻天鹅正在觅食。瞧瞧，那白净的羽毛，长长的脖颈，在水面上形成的弧线多美呀！张长龙赶紧按灭白铁烟袋锅子里的烟，泊了木船，猫在芦苇丛后面静静观察。

张长龙从邢莲莲教授那里得知，疣鼻天鹅又名哑声天鹅。它的叫声沙哑，并不尖利。疣者，就是鼻端凸起的肉球球，所以，疣鼻天鹅也叫瘤鼻天鹅。这种天鹅体形大，个体重，有“游禽之王”之说。它的特征鲜明，嘴是赤红色的，在水中游动时，脖子常常弯成“S”形。在天鹅中，要数疣鼻天鹅最美了。远远看去，在水面上漂浮的疣鼻天鹅如同身披洁白婚纱、涂着红唇的新娘。据说，俄罗斯芭蕾舞《天鹅湖》中模仿天鹅的舞步，其艺术灵感就来源于疣鼻天鹅戏水的场面哩。

哗哗哗，哗哗哗，两只天鹅互相追逐着，水面上溅出无数水点。水波跟着水波，一圈一圈向四周扩散着。可惜，那些水点和水波有些污浊，黏稠稠的。水面归于平静，疣鼻天鹅用自己长长的喙清理着羽毛上的污渍。

忽然，两只疣鼻天鹅警觉起来，伸长脖子向芦苇丛中打量着什么。张长龙定睛一看，在离自己几米远的苇丛后面探出黑洞洞的枪口，正向天鹅瞄准呢。说时迟，那时快，张长龙从木船上一跃而起，扑向那个持枪人。“嗵！”“嗵！”枪口对着天空响了。“扑啦啦！”两只疣鼻天鹅飞走了。

干什么！你？是湖匪吗？

我不是湖匪，我是鸟长，不准你打鸟。

那个持枪人是有来头的，他专门开着一辆越野车来打猎，不想，却让张长龙坏了兴致。他说，我是某某单位的什么什么长，想吃天鹅肉，你走开，别碍事。张长龙说，你别打天鹅的主意，我不管你是什么什么长。要吃天鹅肉也行，可你必须先吃我的肉。那位头头说，你找死吗？张长龙笑了，说，是啊！就是想找死，不然你怎么能吃到我的肉呢？那位头头咔咔两下又装上了子弹，拿枪对准他的额头。那是一支双筒猎枪，枪筒锃亮锃亮的，透着寒气。张长龙拿出那杆枣木杆儿的白铁烟袋，不紧不慢地装上一锅子囫囵布伦烟叶子，点燃，吧唧吧唧吧唧，吸上几口，噗地把烟吐出来，说，你们这些什么什么长，打鸟猎雁，捕杀天鹅，祸害野生动物，这是违法的啊！我的老鸟铳都被收缴了，你的双筒猎枪是哪来的？你有持枪证吗？告诉你吧，你的车号我已记下了，别看你现在耀武扬威，过些天就会有人找你了。

终于，双筒猎枪的枪口从他的额头无力地移开了。持枪人立刻变成一副笑脸，笑嘻嘻地说，逗你玩呢，别当真呀！

张长龙的额头上留下一个圆圆的印儿。

最难对付的倒是那些投毒的人，因为很难现场抓到他们。

那年秋天，张长龙在巡护时，发现有人在芦苇荡中投毒，毒死了不少野鸭。投毒者藏在芦苇丛中不露面，根本抓不到。怎么办？张长龙心生一计：假扮渔民在海子里撒网捕鱼（他本来就是渔民），然后故意把船摇进芦苇荡，捡拾被毒死的野鸭。投毒者在芦苇丛后面露露头，缩回去了；再露露头，又缩回去了。张长龙瞥了一眼，不言语。他弯腰捡起一只野鸭子，扔进木船里，嘴里叨叨着说，晚上红烧野鸭子肉，可得美美喝几壶啊！弯腰，再捡；再弯腰，再捡……数了数，整整30只野鸭子。他假装心满意足了，躺在船头，抽着烟，哼着酸曲。他知道，那些投毒的家伙就在附近的芦苇丛中猫着呢。

哼完酸曲，他把那杆儿白铁烟袋掖到裤腰里，嘴里说道，收工喽！就要划船往回去。终于，芦苇丛中的人憋不住了，呼呼呼呼地站出来了。好家伙！齐刷刷四个。

哪里走！是你的野鸭子吗？你就敢拿走！

不是我的，可也不是你们的呀！无主的野鸭子我怎么不敢拿走？

嗨！还真不把自己当外人了。怎么不是我们的——是我们刚刚毒死的！

好！有种！再说一遍！

是我们刚刚毒死的！野鸭子是我们的。你还要抢不成？

行！我要的就是这句话。你们的野鸭子，我还给你们，不过不能在这儿给，你们得跟我去个地方啦！

哪儿呀？

森林公安派出所。

四个家伙，眼里闪着凶狠的光，向他围拢来，并蹭蹭窜到他的船上，抢夺野鸭子。张长龙未等那四个家伙站稳，用脚使劲一晃，就把他们晃进水里。接着，他掏出那杆白铁烟袋，一个一个敲他们的脑壳——叫你们投毒！叫你们投毒！四个家伙在水里哇哇乱叫。

这时，保护区管护站站长杨军带领几个管护队员及时赶来，那几个家伙乖乖就擒。从此，在乌梁素海，鸟长张长龙的名字令盗猎分子闻风丧胆。报纸、电台、电视台的记者纷纷来采访他，张长龙成了名人。许多专家来乌梁素海考察鸟类，许多摄影家来乌梁素海拍片子，都指名请张长龙做向导。考虑到张长龙没有工资，家庭生活也比较困难，于是，乌梁素海湿地保护区管理局作出决定，允许张长龙做向导，每天收费

100 块钱。不过，保护区管理局局长告诉我，他挣的那点钱，大部分都买药给疣鼻天鹅及其他生病的鸟治病了。唉，这个鸟长啊！

不让我们猎鸟掏鸟蛋，他却做向导赚钱——把他扔进海子里喂王八！盗猎分子放出话来。张长龙闻知，哈哈乐了。要是乌梁素海还有王八就好啦！

一个燥热的中午，乌梁素海上空盘旋着的天鹅突然哀鸣起来。原来芦苇荡深处，升起一股浓浓的烟——张长龙的窝棚被人点着了。腾腾腾，一把火，眨眼间便把苇草和香蒲搭成的窝棚烧得精光。好险啊！当时张长龙若不是在海子上巡护，或许真被烧成灰了。张长龙未被吓退，他割了些芦苇和香蒲，又把窝棚搭起来了。

有我张长龙喘气，你们就别想打乌梁素海的主意。张长龙咬咬牙说。

五

我是在一只游艇上见到张长龙的。

他的皮肤黝黑黝黑的，小平头，脸上满是皱纹，像是陈年的核桃一样。他穿一件灰色的短袖 T 恤衫，口袋里放着助听器，裤腰里掖着那杆白铁烟袋，眼神中隐隐地透出一种忧郁。

这几年，张长龙是越来越不开心了。他的不开心源于乌梁素海的水。乌梁素海的水质是越来越差了，由于工业废水、农业废水和生活污水的涌入，乌梁素海迅速富营养化，淤泥越积越厚，芦苇不断疯长，黄藻不断疯长，水域面积缩小，海子的底儿抬升，平均水深已经不足一米了。

乌梁素海要成为死海吗？在他的记忆中，乌梁素海的水是流动的。它接纳了上游灌区浇灌农作物排下来的水后，经过自身的生物净化，又排到黄河里了。如今，乌梁素海的水怎么就不流动了呢？酷暑的天气里，海子的水面上还弥漫着一股股隐隐的腥臭味儿。是的，采访过程中，我的确闻到一股腥臭味儿。同时，我还惊讶地发现，在我想象中那一望无际的碧绿湖水，实际上已经被污染成黑红黑红的颜色，湖面上偶尔还能看见漂浮的小小的死鱼。那小小的鱼，是鲫鱼，长不过一寸。当地人，或者知情人，是从来不吃这种鱼的。张长龙说，乌梁素海仅有这种小鲫鱼了，怕是用不了多长时间，连这种小鲫鱼也要绝迹了。

说话间，我们的游艇已经驶入一处相对宽阔的水域。

只见海子的深处，生长着团团簇簇、如丝如棉的黄藻绿苔，像是一张巨大的海绵覆盖并充塞着水面。如果不是按照事先割出的水道穿行，我们游艇的螺旋桨怕是早被黄藻绿苔裹住了。当我们乘坐的游艇在水道的汊子里拐弯折返时，螺旋桨所搅起的那夹杂着黑色淤泥的层层黑浪，散发出一股股酸腐刺鼻的腥臭味儿。活水变成死水喽！

活水变成死水的原因是什么？乌梁素海湿地保护区管理局局长说，活水变死水的主要原因是利益驱动。一些外地商人承包租赁了乌梁素海周边的芦苇滩地，大面积经营芦苇生意。为了让那些芦苇长得更好，卖更多的钱，那些苇商们就雇人筑起一道一道的土坝，把水放进来，却不放水流出去。特别是乌梁素海的下梢，都被这样的土坝一道一道地分割了，本来是流动的活水，现在都成了死水，芦苇在死水里疯长，生活在死水中的疣鼻天鹅和野鸭、大雁等水禽却不断地出现死亡现象。虽然政府发文明令不准筑坝，保护区的管护队员也多次现场制止，但由于权属等复杂的原因，苇商雇人筑土坝的行为仍然屡禁不止。

那纵横交错的土坝割断了乌梁素海的喉咙，它能喝水，但无法下咽啊！退一步说，它能咀嚼，但不能让有效的营养保证肌体的健康啊！

张长龙一看到那些土坝，心里就来气。月黑天，他曾偷偷用铁锹把那些土坝掘开一个一个的口子，让水流动起来，可用不了多长时间，那些口子就又被合上了。他之所以恨那些土坝，是因为土坝里疯长的芦苇阻挡了疣鼻天鹅的起跑飞行。疣鼻天鹅的体重接近鸟类飞行的重量极限。小型的鸟类，只要展开翅膀，双腿用力一蹬，就能很快飞向高空。而疣鼻天鹅却不行，它个头太大，必须有120米以上的跑道并且通过“九蹬十八刨”，才能产生足够的起飞速度，从而飞翔起来。

天鹅喜欢在芦苇荡中觅食，可如果芦苇荡太过茂密，没有一定的水域空间，没有“九蹬十八刨”的助跑距离，那么一旦遇有紧急情况，往往就会给它们带来致命的灾难。

六

这是法国作家布封笔下的天鹅：“天鹅的身形丰腴，线条优美，晶莹洁白，散发着我们欣赏优雅和美丽时感到的那种畅快和迷醉。它的要求很少，只要求宁静和自由。它是水禽中的王。”

乌梁素海是我国著名的“天鹅之乡”。

野生疣鼻天鹅目前在我国仅有1000多只，而在乌梁素海就有600多只。每年3月末，这些疣鼻天鹅就会准时由南方迁徙到这里。张长龙掰着手指头说，3月12日天鹅飞到，一天都不差，年年如此。天鹅真是有灵性的鸟呀！4月底，它们开始在芦苇丛中筑巢，接着就下蛋孵化后代了。

在船头，在芦苇荡中，在窝棚里，在瞭望塔上……张长龙记下了十几本“疣鼻天鹅观察记录”，每年都要绘制一张“疣鼻天鹅巢位图”。他把保护区内有多少鸟巢，在什么部位，每个巢中有多少枚蛋，孵化出多少雏鸟，甚至连上一年孵化出的天鹅今年有多少返回来，哪些是第几代成鸟等都详尽地记录下来。邢莲莲教授说，这些观察记录具有重要的科学价值，是研究疣鼻天鹅生活习性及乌梁素海生态演变关系的第一手资料。我在乌梁素海采访时，翻看过那些浸着水渍、卷着边边的“观察记录”，内心油然生出一种崇高的敬意。

疣鼻天鹅喜食水草，特别是龙须眼子菜和狐尾藻等沉水植物。张长龙观察发现，一只疣鼻天鹅一天可以吃掉方圆2平方米内的15公斤水草。假如一只疣鼻天鹅在乌梁素海一年觅食200天，那么就会有400平方米3000公斤的水草被连根吃掉。一只疣鼻天鹅就吃掉这么多水草，那600只呢？疣鼻天鹅真是净化乌梁素海的神鸟啊！

疣鼻天鹅的巢是用苇叶、苇茎和苇茬子筑起来的，层层叠叠的，远远看去就像一个一个的柴堆。如果水面上升，天鹅就用自己灵巧的嘴，咬断附近的芦苇，选择合适的材料，再把巢加高。疣鼻天鹅的蛋个头很大，一般一巢有 5 到 8 枚。鸟类学专著说，疣鼻天鹅产蛋最多在 9 枚。可据张长龙长期观察，乌梁素海的疣鼻天鹅最多可以产蛋 12 枚。瞧瞧，生生比专著上记载的多出 3 枚。

疣鼻天鹅巢中的蛋上常常覆盖着一层细密的羽毛，孵化期的蛋最需要的是一定的温度，34 摄氏度是孵蛋最适宜的温度。在孵化期，疣鼻天鹅对水质的质量也特别敏感，水中富营养过猛及难闻的气味最容易导致孵化失败。即便幼鸟勉强出生也多半是畸形，活不了多长时间就一个一个地夭折了。张长龙看在眼里，急在心上，嘴上起了个大泡。怎么办呢？

那天，在乌梁素海疣鼻天鹅核心繁殖区——苏圪尔的芦苇荡中，张长龙终于想出了一个办法。什么办法？用漂白粉净化水质。

他把烟灰一磕，就急急地去找保护区管护站站长杨军。哪知，杨军也正为这事犯愁呢。张长龙把自己的想法如此一说，杨军听后，一拍大腿，说了一个字：行。杨军立即向保护区管理局打了个报告，申请经费购买漂白粉。保护区管理局全力支持，次日就把一笔款子批下来了。张长龙主动要求参与投放漂白粉的任务。酷暑天，装在船上的漂白粉气味异常难闻，张长龙被呛得差点背过气去。为了减少这种气味对天鹅的影响，必须用最短的时间，在 3 平方公里 5000 亩水面范围，完成一次投放 10 吨漂白粉的任务。每次完成任务时，大汗淋漓的张长龙累得几乎瘫在船上。

然而，当朝霞映在乌梁素海局部净化了的水面上时，望着那宁静安然的疣鼻天鹅，张长龙感到无比的幸福。尽管净化了的仅仅是苏圪尔这块小小的水域。

连续三年，经过漂白粉的消毒净化，苏圪尔水域的天鹅幼鸟没有出现一只死亡现象。

天鹅守护着蛋，守护着幼鸟。张长龙守护着天鹅。

疣鼻天鹅的孵蛋时间一般在 32 天左右，母天鹅每天除了觅食三两个小时外，其他时间都是静静地卧在巢中孵蛋。当小天鹅破壳出生的时候，母天鹅几乎耗尽身上的能量，精疲力竭了。而张长龙一颗揪着的心，才稍稍放下来。这时，他也几乎精疲力竭了，甚至连碰一下那杆白铁烟袋的力气都没有了。

冬天，疣鼻天鹅不在乌梁素海的那些日子，张长龙是落寞而惆怅的。

乌梁素海冬天结的冰也是黑红黑红的了，那冰有一米多厚，几乎冻绝底了。海子里即使还有大鲤鱼也不能活了，缺氧。一片肃杀凄凉的景象。

疣鼻天鹅去了哪里？飞到南方的某个地方越冬去了。张长龙的心也跟着飞走了。

嘎嘎！嘎嘎嘎！这是多么伤感的鸣叫啊！这伤感的声音总是在张长龙的心里回荡。并且，日里夜里折磨着他。

布封说："在所有临终时深深感动我们的动物中，只有天鹅在弥留之际还在唱歌，用它的和鸣作为它最后叹息的序曲。天鹅发出如此温和、如此动人的音调，是在它行将断气的时候，向生命作凄凉而深情的告别。那是令人悲恸的挽歌啊！低沉哀怨，如泣如诉。甚至在晨曦初露，或者风平浪静的时候，我们还能真真切切地听到。"

或许，有一天，天鹅真的就不来了。

七

现在的乌梁素海不是早先的乌梁素海喽！

路德维尔在他的《尼罗河传》里说："朝代来了，使用了它，又过去了，但是，它，尼罗河——那土地之父却留了下来。"乌梁素海曾经是那么的富庶和美丽，养育了世世代代的乌梁素海人，今天它自己却出了问题。它的问题，不是它自己的问题，而是我们的问题，正是我们无休无止的滥用水，污染水，不尊重水，不节约水，才导致了水污染的问题，乃至乌梁素海的生态问题一天比一天严重。

其实，出现问题的湖泊不仅仅有乌梁素海。

1972 年，罗布泊干涸。1992 年，居延海干涸。2005 年，滇池全湖出现富营养化，严重污染。2007 年，太湖蓝藻暴发，引发一场震动社会的水危机。令人忧心的报道，一个接一个。洞庭湖、巢湖、鄱阳湖的生态系统也遭到了不同程度的破坏。

乌梁素海还有救吗？

乌梁素海的未来，取决于我们今天的认识和行动。

它，或者彻底死掉，或者绝处逢生。

然而，在这个春天，天鹅还是来了。

因为它们知道，有一个人日里夜里盼着它们归来呢！

嘎嘎！嘎嘎嘎！天鹅的叫声从空中滴落下来，张长龙蹲在船头把助听器对准天空。他听到了那熟悉的声音，老伙计们，终于把你们等来了。他故意不看空中，眼睛眯成一条线——

眼前的乌梁素海仿佛又变成早先的那个美丽的乌梁素海了。鲤鱼、鲢鱼、草鱼、胖头鱼、白条鱼在海子里自由自在地游着，偶尔大个的鲤鱼啪地跃出水面，划出一个漂亮的弧线，又潜入水底了。王八和泥鳅最喜欢在沼泽地里拱来拱去，那里有它们爱吃的蚯蚓和浮游生物。牧人的套马杆插在水里，晃几晃，就立住了——不是它不倒，是鱼多得挤得它倒不了。

红荷白荷粉荷静静地开着，煞是好看。栖在开着米粒般白花的菱角叶子上的青蛙呱呱叫着，把睡莲也唤醒了。蜻蜓赶来凑热闹了，三三两两的，这个落下去，那个飞起来。芦苇照旧是茂盛的，如墙如帏。芦苇边上是草滩，如毡如毯的草滩，直铺到阴山脚下，直铺到土默川边边，直铺到乌兰布和沙漠腹地，直铺到乌拉特草原。

在芦苇荡中间是一片开阔的水域。野鸭子嬉戏着，溅起一串串的水花。接着，呼啸飞起，在海子的上空盘旋两圈，就似暴雨一般，啪啪啪地砸到乌梁素海的另一边去了。

嘎嘎！嘎嘎嘎！天鹅，疣鼻天鹅出场了，这是乌梁素海真正的主角。它是那么的优雅和美丽，令我们畅快而迷醉。

乌梁素海本该是这样的啊！

大麻哈鱼

等待，等待，等待，还是等待。

嘭嘭嘭！啪啪啪！终于，无数生猛的影子搅乱了乌苏里江上游江汊子里的宁静，那喧嚣的场面出现了——“达乌依麻哈！达乌依麻哈！”黑嘎爹兴奋不已，左手摁住自己的胸口，噤着，生怕喊出声来。

“达乌依麻哈”，是赫哲语，就是大麻哈鱼的意思。早年，赫哲人没有纪年的概念，而是根据大麻哈鱼到来的时令，便知又是一年了。秋风起，白露到，乌苏里江江汊子里就聚满了大麻哈鱼。“驱之不去，充积甚厚，土人竟有履鱼背渡江者”。瞧瞧，鱼多得当地赫哲人可以踩着鱼背过江。

江岸上，景象更是壮观。晒干的鱼坯子摞起来，一垛连着一垛，就像劈柴垛一样蜿蜒数里。赫哲人把大麻哈鱼当马料，马要补膘的时候，就把大麻哈鱼的鱼坯子捣碎，掺在草料里喂马。那马就雄赳赳，气昂昂，撒欢儿尥蹶子，有使不完的劲儿，毛色也亮闪闪的。嗯，“达乌依麻哈”——准时回来的鱼回来了。

黑嘎爹是赫哲族渔民，肿眼泡，高颧骨，额头沟壑纵横，手掌满是老茧，一看就是个勤于劳作的人。他用木桨划着一条“威乎”，常年在这条江上打鱼。也撒网，也下缆钩，也下倒须笼。当然，他还是叉鱼的高手——十几米远的距离，把鱼叉抛出去——嗖！能准确命中鱼背。

“威乎”是赫哲语，独木舟的意思。一根粗壮的黑桦木，截取最好的那段，沉水下沤七七四十九天，捞出来，用凿子凿出一个凹槽。为了防止木头腐烂变形虫蛀，再涂上一层熬制好的大麻哈鱼油，一个“威乎”就算做妥了。再配一支白桦木的木桨，就可划着它下江捕鱼了。

然而，作为独木舟，“威乎”毕竟太原始了。村主任建议他换一条柴油机动船，一给油门突突突满江跑，又体面又省力气，作业效率也高，可黑嘎爹就是不换。他说，还是“威乎”好！

黑嘎爹住在江汊子边上一处“撮罗子”里，孤零零的，显得有点另类。“撮罗子”，是赫哲族具有原始气息的建筑物。用若干根粗壮的桦木杆斜立撮在地上，顶端咬合在一起，作为骨架起支撑固定作用。然后再把细一些的桦木杆斜搭铺排在骨架上，外侧覆盖一层桦树皮，相当于挂了一层“瓦片”。里侧呢，用大麻哈鱼皮作内壁，保暖防寒。

高盈丈余，内阔八尺。

远观，形如未完全撑开的巨伞；近看，状如征战归来刚卸下的铠甲。

撮罗子的门不大，需猫着腰才能进去。只见，里面正中间是个火塘，火塘上方，整日烟熏火燎地烤着鱼坯子，还有一捆一捆的旱烟叶。角落有木板搭的地铺，上面铺着大麻哈鱼皮。旁边摆放的是工具箱、煮奶锅、鱼叉和网具等，除了这些东西，似乎也没什么了。哎呀，不对，漏了一件现代化的东西——地铺旁边的小木柜上摆着一个半导体收音机。哑嗓子的单田芳正绘声绘色地讲着《岳飞传》呢。“撮罗子”虽然有些简陋，但黑嘎爹却住着踏实，安稳，睡觉香。

前几年，政府搞新农村建设，给赫哲族渔民盖了崭新的海青房（东北民居，全部用青砖青瓦构筑）。每户院内迎门处立一“照壁”，“照壁”正面写一大字——“福”。还给每家配备了彩电、冰箱。不掏一分钱，白住。

多温暖的政策啊！政府动员移民搬迁，大多数渔民都喜洋洋地搬进了新居，可黑嘎爹不搬。村主任磨破了嘴皮子，他就是不搬。

考虑到赫哲人的传统习惯，政府以尊重赫哲人意愿为原则，不搞强迫，不搞“一刀切”，不搞硬性搬迁。搬有搬的道理，不搬也有不搬的原因嘛，也是可以理解的。

江边，那个“撮罗子”的烟囱里，又飘出淡淡的炊烟。

万万没想到的是，后来，村里搞全域乡村旅游，那些蓝眼睛黄头发的外国游客，最感兴趣的竟是江边黑嘎爹的“撮罗子”。他们大呼小叫，赞叹不已。

这个一度差点被时代抛弃的“撮罗子”，竟成为赫哲族传统渔猎文化的符号——噌的一下，变成稀罕之物，变得那么有价值了。

那些年，江边那些散落的“撮罗子”全部被拆除了，仅存此处，仅有这一个了。村主任后悔不迭，可是，又能有什么办法呢——唉！

这天，黑嘎爹坐在“撮罗子”门口的一个木墩上，掏出枣木杆的烟袋，点燃，吧唧吧唧，使劲吸了两口。一缕青烟，升腾起来，扩散开去，一点一点被江面上吹来的甜丝丝的风吃掉了。“撮罗子”旁边的架杆上，挂满了大麻哈鱼的鱼坯子。风一吹，悠悠晃晃，晃晃悠悠。

黑嘎爹用左手大拇指摁了摁铜烟袋锅子里的烟丝，吧唧吧唧，又吸了两口。看看远处渐渐起雾的江面，看看近处满架婆娑摇曳的鱼坯子，心满意足。

可是，一个阴影又罩在他的心口。有那么几年，大麻哈鱼竟谜一般没有来，这是出人意料的。怎么会呢？

“一网泥两网草，三网四网没鱼毛。”俗话说，靠山吃山，靠水吃水。赫哲人靠江，吃的就是江，吃的就是江里的鱼。江靠不住了，有人丢下船，上岸去城里打工了；有人卷起网，胡乱抛到木障子边上，抄起镐头开荒种土豆去了。屯子里脑子灵光的人走个精光。没走的，整天蹲在墙根晒太阳。

然而，黑嘎爹始终相信，大麻哈鱼一定会回来的。因为，大麻哈鱼是乌苏里江的魂儿啊！

江在，水在流，魂儿就不会丢。

黑嘎爹一直在岸上“撮罗子”里等待。虽说手里结着网，忙着活计，但他的心思全在江里。时不时，觑一眼。时不时，觑一眼。凭江面上飞蛾群聚的反常现象，他判断，洄游的大麻哈鱼就要到了。这不，说到就到了。

大麻哈鱼，略似纺锤形，鱼身上有淡青色和粉紫色条纹，腹部有一明显红印。别名：大马哈鱼、达发哈鱼、麻特哈鱼、果多鱼、罗锅鱼……

回到原点。——从哪里开始，到哪里辉煌，在哪里终结。——这就是大麻哈鱼。任凭什么东西也拦不住它，这东西真是个犟种。

海外鱼来亿万浮，逆流方口是鳑头，
至今腹上留红印，曾说孤东入御舟。

这是清人描述大麻哈鱼的诗。大麻哈鱼主要分布在太平洋，所以也称太平洋鲑鱼。亦海亦江，只要时令一到，中国的黑龙江、乌苏里江就会有大麻哈鱼逆流而上，寻找它们的故乡。 有道是：奔死奔活乌苏里，死去活来黑龙江。

大麻哈鱼听到了什么？有一种神秘的声音在召唤它们吗？

穿越浩瀚的海洋，能准确找到自己的出生地，至今科学仍然无法解释清楚。有研究说，大麻哈鱼大脑里可能有一种铁质微粒，像指南针一样，能够使它们准确找到前进的方向和出生地点。然而，这毕竟是一种“可能”，那个铁质微粒是否真的存在，这本身就是一个谜团。

这是一次不可思议的生态循环运动。大麻哈鱼把在海洋中吸收的大量营养物质带到了内陆，哺育了兽类，哺育了鸟类，哺育了森林，哺育了灌木，哺育了菌类，哺育了苔藓，哺育了地衣。大麻哈鱼本身就是一个生态系统呀！

通常，它们在大海里生活四到五年后，进入性成熟期。于是，一个声音便召唤着它们——回家。这似乎不是作为个体鱼的事情，而是一个物种的事情。它们在某个早晨聚集起来，庞大的队伍，浩浩荡荡，向着一个方向出发了。

它们日夜兼程，不辞劳苦，拼死前行，由日本海、鄂霍次克海溯水而上，进入黑龙江或乌苏里江，每昼夜可行 40 公里（加上水流速度 60 公里，实际上每昼夜要逆水而行 100 公里），劈波斩浪，势甚汹涌，訇然有声，数里可闻。不管是遇到险滩飞瀑峡谷，还是激流旋涡断崖，从不退却，一往无前。为了越过一道一道的障碍，它们不断跳跃，一次，两次，三次……跳跃高度可达三米，甚至四五米。

途中危险重重，它们全然不顾。在海中，海豚、虎鲸的围剿杀戮不断。在河中，棕熊、狐狸和狼更是凶相毕露。一个洄游季，一只棕熊就能吃掉两吨多大麻哈鱼。还有白尾海雕、北极鸥也是虎视眈眈。无数食肉动物等着它们呢。它们是美味，也是脂肪。这些家伙，吃得滚圆肥硕，才能顺利度过寒冷的冬天。有多少条大麻哈鱼，命丧这些家伙的口中？数也数不清。

有无数的大麻哈鱼死了，也有无数的大麻哈鱼活着，继续，继续，继续前行。它们要去完成那件伟大的事情——繁衍后代，然后死亡。

大麻哈鱼洄游最远的里程可达 3500 公里，持续洄游 60 余天。整个洄游旅程中，它们居然不摄入食物——这种极端的行为，令人不可思议。也许，摄取食物会玷污了至高的目标？也许，摄入食物会扰乱了圣洁的信念？

它们从出生那一刻起，就开始为回到原点做准备了——充分索食，养精蓄锐。积蓄脂肪，锻炼肌肉。强健体魄，锻炼耐力。然而，一旦洄游进入内陆河流，就再也不吃不喝了。我始终弄不明白——它们的能量仅仅是来自体内积蓄的脂肪吗？还是它们本来就存在着一种我们无法看见无法感知的神力？

洄游时，大麻哈鱼的体色由银白色变成红色或紫色。逆流而行的大麻哈鱼，至霜降时游至黑龙江的支流呼玛尔河、汤旺河、木兰达河。它们产下的鱼子，就在它们死去的地方孵化、生长。

生于江河，长于海洋。

往来生死，周而复始，一代一代。

大麻哈鱼的繁殖，是它生命临到尽头最辉煌的时刻。一次生产，就可产下 4000 粒鱼子。其子，如同黄豆粒那么大，粒粒饱满，晶莹剔透，像玛瑙一样的鲜红。

黑嘎爹说，大麻哈鱼的繁殖地一般都是比较僻静的河段，河底为砂砾地，水质澄清，水流舒缓。水温在 5 摄氏度至 7 摄氏度之间。雌鱼追啮雄鱼之尾不放，到达出生地时，全身已经鲜红，这是产子前的体征信号。在布满乱石的河道中用鱼鳍、鱼尾啪啪挖出一个沟槽，便产下鱼子，雄鱼及时释放出精子，使其受精。受精的鱼子在河水里慢慢孵化。小鱼仔长到足够大，就会离开它们的出生地。每当暮春时节，江河解冻，大麻哈鱼幼仔，即乘流冰入海，最远可以到达白令海峡和北冰洋。

大麻哈鱼一生只繁殖一次，一次仅此一回。产子后，雌雄大麻哈鱼就在旁边巡护，狠命撕咬敢于来犯者。七八天后，筋疲力尽、遍体鳞伤的大麻哈鱼便会双双悲壮地死去。河里布满了成千上万的大麻哈鱼的尸体，有些河段江段，堆积的鱼尸长达数里，高达数尺。当鱼仔孵化出生后，父母的尸肉，就是它们最早摄入的食物，就是它们开始生命之旅时最初的能量来源。怎么会是这样？我的心一阵战栗。

不能看着鱼仔出生，也没有积蓄留给它们，那就用双双的死，为它们备下食物吧，免得它们一出生就饥肠辘辘。

也许，悲壮的结局能使新的开始更有力量。

大麻哈鱼子，营养成分甚是丰富。俄罗斯远东地区和中国东北很多西餐厅里都有这东西。

哈尔滨中央大街上，马迭尔旅馆对面，有一家始建于 1925 年的老号西餐厅——华梅西餐厅，里面的西餐是俄罗斯式西餐。据说，那里的大麻哈鱼子非常地道。吃俄式大列巴时，要先用刀切下两片，然后把大麻哈鱼子夹在中间，吃起来才有嚼头，够劲儿。列巴片要用力捏住了，不然鱼子掉下来，噼里啪啦，满地滚。20 世纪 80 年代，我在哈尔滨的一个基层法院实习时，曾在拿到一笔稿费后邀几位同学去吃过一次，不是太合口味。吃到嘴里，感觉鱼腥气太重，有点受不了。

但是，俄罗斯人似乎喜欢这东西。我们旁边就餐的俄罗斯人，手拿刀叉，咯嘣咯嘣，嘴里嚼着一粒一粒的大麻哈鱼子，表情绝对舒坦。大麻哈鱼子酱也是美味，用它拌米饭吃想不承认奢侈都不行。

大麻哈鱼皮呈淡黄色，可制成衣服。赫哲人称其为“鱼皮靰子”。此鱼皮柔软、保暖、轻便、耐磨、防水，可染成各种颜色。阳光一照，色彩斑斓。

黑嘎爹会缝制鱼皮衣，这是祖辈传下来的手艺。先将大麻哈鱼的鱼皮剥下来，在背阴里晾干，或者在“撮罗子”里的火塘上烘干，然后去掉鱼鳞，刮掉赘肉，再用木榔头砸，嘭嘭嘭！使其柔韧，嘭嘭嘭！近似棉花的感觉——此为“熟皮”，就可做衣服，做套裤，做披肩，做褡裢，做帽子和鞋子了。

这是一门手艺活儿，既费功夫，又费时间。一般做一件大麻哈鱼的鱼皮制品，前前后后，需要 20 多天才能完成。如今，赫哲人很少穿这种衣服了，只是一些游客觉得好奇，作为工艺品，买走收藏了。

某日，在符拉迪沃斯托克打工的儿子黑嘎回来了，还带回一个漂亮的克罗地亚姑娘，名叫冬妮娅。那姑娘水灵灵的，散发着一股紫罗兰香气。蓝眼睛，黄头发，皮肤那个白呀，跟葱白似的！黑嘎爹慌了，悄悄跟黑嘎说，这怎么行呢——人家洋姑娘怎么住得惯“撮罗子”呢？你们还是去城里吧。黑嘎爹就赶黑嘎带着冬妮娅走。可是，冬妮娅说，她就喜欢“撮罗子”，哈拉哨！（俄语：好的意思）哈拉哨！赶也赶不走，还一声爹爹、爹爹地叫着。唉，面对这么嘴甜的克罗地亚姑娘，也真是没办法。

黑嘎和冬妮娅在“撮罗子”里说说笑笑，时而，也发出一些尽量压低的窸窸窣窣的声音。累了，双双就倒在地铺上睡着了。

当晚，黑嘎爹坐在“撮罗子”门口的木墩上，吸了半宿旱烟，枣木杆的烟袋握在手里，铜烟袋锅子都烧热了。吸了一袋又一袋，吧唧吧唧。

“撮罗子”门口，那团火星，时明时暗。天上的星星倒是清清楚楚，看着黑嘎爹想心事。

眼看着头顶上北斗七星的“饭勺子把儿”都歪了，横竖也想不出个眉目——到底想啥呢？是想起了黑嘎娘？还是想起了别的什么？他自己也说不清。

黑嘎就出生在这个“撮罗子”里，黑嘎娘生他时难产，导致大出血。当黑嘎呱呱坠地，睁开眼睛开始打量这个世界的时候，黑嘎娘却永远闭上了眼睛。

一天晌午，江上的空气很闷。黑嘎爹正划着“威乎”起缆钩，一连起了五个钩，钩上却是空空如也。怪了，怎么没有一条鱼上钩呢？突然，江对岸的白桦树森林里，传来断断续续的呼救声：救——救命啊！——救命！是个女人的声音。黑嘎爹丢下缆钩，掉转“威乎”赶紧往对岸划，用力，用力，再用力，最后使劲一划，“威乎”靠了岸。黑嘎爹抄起木桨，疾风般向森林里冲去。

救——救——救命啊！接着，是呜呜呜的呻吟声。怎么只闻声音未见人呀？黑嘎爹腾地收住脚步，立时瞪大了眼睛。只听嗷地一声吼，一只黑熊呼地立在他的面前，脖子上的那撮白毛都看得清清楚楚。那呼救的女人被“黑瞎子”（在东北，黑熊俗称黑瞎子）坐在屁股底下，正痛苦地呻吟着呢。说时迟那时快，黑嘎爹抡起木桨，照着“黑瞎子”的嘴巴狠狠打去——啪！木桨顿时炸成数段，飞入灌木丛。而“黑瞎子”嗷地大叫一声，疼痛难忍，逃之夭夭。

黑嘎爹一看，那女人的鼻子被黑熊的屁股坐塌了，成了“朝天鼻”，脸上全是血糊糊的，已经奄奄一息。黑嘎爹来不及多想，弓腰把女人背到背上，一路小跑着，就把女人背回“撮罗子”。早年间，黑嘎爹在完达山深山老林里采的“还魂草”，这回派上了用场。三天后，那女人醒了。——怎么会在这里？大哥是你救的我吗？一照镜子，发现自己成了塌鼻子的女人。嘤嘤嘤！她大哭起来。

女人老家在四川洪雅，是被人贩子拐卖到乌苏里江边一个屯子里，给一个哑巴当媳妇。女人性子烈，当知晓真相后，就趁进林子里采蘑菇之机，逃了。哪知在森林里迷了路，却偏偏遇上了“黑瞎子”。嘤嘤嘤！嘤嘤嘤！眼泪哭干了，女人就不再哭了。剩下的问题是去哪里？怎么活下去？

后来，那女人就成了黑嘎娘。

日子，总得一天一天地过，好是过，孬是过，不好不孬也是过。然而，“撮罗子”里有了女人，那过的日子才是日子呢。

唉，不想不想，怎么又想起这些？黑嘎爹的眼睛有点潮。

黑嘎爹收起枣木杆的旱烟袋，把铜烟袋嘴儿一端往后衣领子里一插，鱼皮烟口袋坠在胸前，当啷着，悠荡悠荡。他干脆把“威乎”的缆绳解开，哗哗哗！下江捕鱼了。

黑嘎和冬妮娅在黑嘎爹的“撮罗子”旁边，又搭建一个更大的“撮罗子”，开了一家江鱼馆——取名“撮罗子江鱼馆”。江水炖哲罗鱼、红烧江白鱼、咸鱼贴饼子、酱烧大麻哈鱼——这四道菜，很快闻名遐迩了。

冬妮娅有一双巧手，从江边采来许多野生蓝莓果，找来坛坛罐罐，自己酿制出了蓝莓酒，芳香扑鼻。她还弄来四箱土蜂，养土蜂割蜜。蜂蜜是椴树蜜，白蜡一样的白，又稠又黏又甜。某晚，竟引来两只“黑瞎子”光顾，围着“撮罗子”转圈圈，企图偷吃蜂蜜。幸亏黑嘎爹早有防备，一则蜂箱外加装了铁栅栏装置，“黑瞎子”嘴巴根本伸不进去；二则在铁栅栏外面放了几穗玉米棒子，故意让“黑瞎子”偷走。“黑瞎子”得手后，就不再纠缠了。

黑嘎和冬妮娅还抡着镐头，在江边开辟出一小块菜田，种了豆角、黄瓜、小葱、芹菜、莴苣、大头菜和西红柿等，应有尽有，自产自用，其乐融融。

当然，“撮罗子江鱼馆”，人气巨旺，生意巨好。

距离不是问题，只要有美味。佳木斯、绥芬河、同江、抚远、饶河、虎林等地的许多人特意开车来吃鱼。当然啦，也顺便瞄一眼，那个克罗地亚姑娘——冬妮娅，到底有多漂亮呀！

不久，江边戳起了一座移动发射塔，在“撮罗子”里也能上网，手机也有信号了。于是，黑嘎和冬妮娅不但经营着鱼馆生意，也做起了互联网生意。网店名曰：“撮罗子网店。”网店里卖得最火的东西，就是大麻哈鱼子酱和冬妮娅酿的野生蓝莓酒及椴树蜜，还有就是黑嘎爹缝制的鱼皮制品。订单一个接着一个。黑嘎爹感叹，世道真是跟过去不一样了。

一条江汊子的浅滩上，水流湍急。

一对大麻哈鱼在急流中露出了伤痕累累的脊背，全身暗红。一条鱼的嘴巴咬着前面那条鱼的尾巴，皮开肉绽的身体扭动着，击打着水流，嘭嘭嘭！啪啪啪！冲过了那道浅滩。

突然，一个黑影在岸边的灌木丛中晃了一下，就隐了。接着，灌木丛一阵乱抖，惊起来两只花尾榛鸡。——咕咕咕！——咕咕咕！双双飞往森林的深处。原来，那个贪吃的家伙早嗅到了大麻哈鱼的气味，已经在此等候多时。此刻，它出场了——“黑瞎子”。

然而，出乎意料的是，大树后嚯地跳出两个人来，锋利的鱼叉拦住了它的去路。“黑瞎子”嘴里呜噜呜噜地叫着，收住了脚步。那鱼叉并没有伤害它，叉尖上反倒是甩出一穗青玉米棒子，丢在它的面前。“黑瞎子”也出奇地乖顺，叼起那穗青玉米棒子，转头看了看江汊子里的大麻哈鱼，悻悻然离去。

终于，那对大麻哈鱼在一处乱石横生的水域停了下来，一个声音告诉它们，此处就是它们出生的地方，此处就是它们的家园。真是令人百思不得其解，它们千里万里逆水而行，历经重重艰难险阻，无数条同类为此丧命，难道要回的家，就是这一堆乱石？就是这几根横七竖八的水草？

啪啪啪！嘭嘭嘭！鱼鳍用力挖着沟槽。是的，应该就是这里了。

“赶紧叉吧！”黑嘎心急地说。

黑嘎爹：“嘘！不急。再等等。”

嘭嘭嘭！啪啪啪！沟槽开好了！两条鱼互相依偎着，我们无法知晓，大麻哈鱼之间，肢体动作传递的是什么信号，但可以肯定那最重要的时刻就要来临。

只见，雌鱼身体颤抖一下，一股黏液包裹着的鱼子喷射出来，雄鱼立即上前，快速把精液喷到鱼子上去。成功了！它们欢呼跃动，几乎耗尽了所有力气。至此，那创造生命的伟大壮举就算完成了。仅仅几秒钟呀！

黑嘎爹站起来，不紧不慢地抄起鱼叉，往水里猛地戳了一下，嗖！一条大麻哈鱼甩到了岸上，又猛地戳了一下，嗖！另一条大麻哈鱼也甩到了岸上。两条鱼并不挣扎，只是嘴巴咔吧咔吧的，一张一合，一张一合。黑嘎上前，把两条鱼装进鱼篓。鱼篓里啪啦啪啦响了两声，就再也没有动静了。

“哎，你媳妇冬妮娅刚生孩子，需要吃这东西补补！”

“嗯！”

“收拾家什。”

“嗯！”

“走，回家。”

“嗯！”

一个扛着鱼叉，一个提着鱼篓。江边小路上，一前一后，两个身影一晃一晃。远处，雾霭中的“撮罗子”，隐隐约约。

蒿草上的露水，忽地就湿透了脚面。接着，愈加嚣张的大雾弥漫开来——罩住了江面，罩住了江汊子，罩住了草甸子，罩住了江边上的“撮罗子”。

一切寂静无声。只是偶尔，大雾深处挤出几声嘶嘶的虫鸣。

鳇鱼圈

鳇鱼鳇鱼——在哪里？
曰归曰归，岁亦莫止。
——题记

一

无数个世纪落叶一般飘逝了，然而一切事情仿佛都发生在今天。

望着江面上的薄雾，隐隐地，我仍存着一丝希望——鳇鱼，应该没有灭绝吧？虽然，江里几乎见不到它的身影了。虽然，关于它的话题，渐渐生疏了。

准确地讲，与其说对鳇鱼存着一丝希望，倒不如说，我对人类自身还没有绝望。——尽头，往往就是开头呀！

鳇鱼，食肉性鱼类，体大力强。一般体重二三百公斤，四五百公斤亦有之，大者可达1000公斤以上。存活于黑龙江、乌苏里江和松花江水域，是淡水鱼中最大的鱼，被称作“鱼王”。

鳇鱼前面加一个鲟字，鳇鱼就成了鲟鳇鱼了。鲟鳇鱼跟鳇鱼是什么关系？这是一个有意思的问题。其实，鲟鱼是鲟鱼，鳇鱼是鳇鱼，但由于二者体形几乎一样，外行人很难把它们区别开来，干脆把它们统称鲟鳇鱼了。

然而，差别还是有的：其一，颜色不同。鲟鱼一般为青灰色，鳇鱼一般是浅黄色。其二，腮膜不同。鲟鱼左右腮膜不相连，鳇鱼左右腮膜几乎连在一起。其三，流线不同。鲟鱼体面上的流线是虚实相间的，鳇鱼体面上的流线是实线。其四，体量不同。鲟鱼一般不会超过 150 公斤，鳇鱼超过 150 公斤很寻常，长丈余，甚至更长。我看到一张老照片：一条鳇鱼横卧在数个油桶上，俄罗斯人站成一排，与这条鳇鱼合影留念。有意思的是，俄罗斯人站成一排的长度恰好是鳇鱼的长度。站成一排的俄罗斯人有多少人呢？我数了数，23 人。

鳇鱼一生都在长个子，从理论上来说，它可以无限长下去——长长长。鳇鱼的性成熟比较晚，一般要到 16 岁才懵懵懂懂地知道，需要寻找爱情了。它的年龄五六十岁常见，七八十岁并不稀罕，甚至可以达到百岁。

早年间，鳇鱼是贡品。清朝时，朝廷设有专门的“鳇鱼贡”制度，有专门的衙门和官员负责此事，规格和级别也是相当高的。由于锡伯族人擅长捕鱼，朝廷便下诏选调驻守京师八旗兵中的一些锡伯族人担当鳇鱼差，直接由清宫内务府管理，网具和鳇鱼差所需物资，均由内务府专供。

奉捕鳇鱼差的官网，在江上是分段的，每个官网都有一定的水域。衙门按段为官网编号，如松花江上的“拉林十网”“舒兰四网”“扶余七网”，等等。

春季开江时，捕鳇鱼又叫“打春水”。下江之前，要举行祭祀仪式——面对江湾深水处，摆上鸡鸭、饽饽、白酒之类的供品，烧上一束香，由网达（网长）主持祈祷。仪式后，鳇鱼差和网户们把供品吃掉，继而才能下江捕鱼。

在黑龙江、松花江和乌苏里江的江边，至今尚存一些鳇鱼圈的遗迹。圈，不是朋友圈的圈，不是圆圈的圈，不是圈地的圈，不是圈阅的圈。圈，是羊圈的圈，牛圈的圈，马圈的圈，圈肥的圈，圈养的圈。所谓鳇鱼圈，就是当年江上的网户，为临时饲养候贡鳇鱼而专设的水圈。说得直白一点，其实就是大水坑。东北话，叫大水泡子。只不过，那大水泡子有护网有围栏有房舍有船坞。鳇鱼圈与大江相通，为防鳇鱼逃之，还有栅栏门隔之。

松花江与嫩江交汇处的鳇鱼圈最为稠密了，光是肇源县境内的鳇鱼圈沿江至少就有六处。西北呼来、古恰屯、二站、薄合台、木头西北屯、三站等处都有鳇鱼圈遗迹。2018 年 9 月间，我专程到肇源寻访了那些鳇鱼圈。遗憾的是，所看到的“圈”，几乎都是荒凉的芦苇塘了。寂寥，冷清。

当地民俗学家程加昌介绍说，史料中有确切的文字记载——肇源县江段捕获的最后一条鳇鱼，应该是在 1941 年夏天，茂兴马克图渔人，在嫩江下游三岔河江面捕获的。那时的肇源在行政建制上，还不叫肇源县，而叫郭尔罗斯后旗。

渔人捕到的鳇鱼有 200 多公斤，鱼鳞极细，若有若无。遍体青色，略呈黄色。脊背上有三道鳍条，鼻长 20 厘米，形似圆锥，粗可盈握。鱼嘴生于下颈前，眼小。

东北有很多地名叫鳇鱼圈，其实，都跟一个人有关。

1866 年，一个叫王尚德的鳇鱼差向衙门报告：“窃因网户自道光二年间江水涨发，冬网碍难捕打。当经报明衙门，饬令于罗金、报马、哈尔滨等处设立鳇鱼圈，修造渔船，着夏秋捕鱼上圈，备输贡鲜。”

鳇鱼衙门采纳了王尚德的建议，很快在松花江哈尔滨段设置了鳇鱼圈（今老江桥附近）。接着，在吉林、农安、德惠、榆树、舒兰、扶余等江段也设置了鳇鱼圈。肇源的西北呼来、古恰屯、木头西北屯等鳇鱼圈，还有扶余的双屯子、达户、罗斯和溪良河等鳇鱼圈，也是在那时设置或开辟的。

“鳇鱼贡”制度规定，民间不得私捕鳇鱼，也不得擅自食用。每捕到鳇鱼，衙门要造册登记，派专人送往“鳇鱼圈”饲养。等到冬季，江水结冰之后，再将冻挺的鳇鱼送往紫禁城。鳇鱼用黄色的锦缎包裹着，装在花轱辘马车上，有官员和卫兵押运。长路漫漫，要经过数个驿站，走一个多月的时间才能到达京城。

在紫禁城里，也不是人人可享用鳇鱼的，除了皇帝及妃子之外，其他人断不可以。也就是说，鳇鱼是“皇家特供”。鳇鱼，浑身都是软骨头，没有一根硬刺，头盖骨也是软软的，呼囔呼囔。肉，特鲜。煎炒烹炸，想咋吃就咋吃，随便。有道是：吃了此鱼，天下无鱼。

光绪二十六年（1900），“鳇鱼贡”制度废弛。

二

鳇鱼，性格孤僻，沉稳低调。一般在深水底部活动，很少抛头露面。

每年白露前后，是捕鳇鱼的最佳季节。此间，江面上的鱼蛾就渐渐多了，就渐渐集群了。那些鱼蛾，最多也就一两天的存活期。它们在江面上雪片般乱舞，铺天盖地，近乎疯狂地表演之后，便悄无声息地死去。

鱼蛾尸体布满江面，白花花一层，惨淡不堪。

鳇鱼就从深水中游出来，张开大嘴，吃江面上的鱼蛾。鳇鱼越冬的食物主要就是那些鱼蛾。鱼蛾蛋白质丰富，给鳇鱼提供了充分的营养。

当然，嗜吃鱼蛾的不光是鳇鱼。

林区刚开发初期，在黑龙江岸边的伐木人架起铁锅，这边添柴烧水，那边下网捕鱼。经常是这边水未及烧开，那边捕鱼的已经提着一串鱼回来了。

黑龙江里的鱼有“三花五罗”之称。“三花”曰：鳌花、鲋花、鲫花；“五罗”曰：哲罗、法罗、雅罗、同罗、胡罗。黑龙江上游捕鱼点有20多处，如：劈砬子、上马场、甩弯子、二道河子、三道河子、张湾大沟、套子，等等。这些水域水流平缓，浮游生物丰富，常常引来大量鱼类觅食。

捕鱼需要智慧。使用工具是人类能力的延伸，而工具本身就是人类的创造。因而，工具所能即是人类所能。

捕鱼的智慧体现在用什么捕鱼和怎样捕鱼上。

早先，鄂伦春和鄂温克人捕鱼主要用须笼和挡鱼亮子。

须笼是用柳条编成的，主体是个大肚子，底部系了一个网筒，迎着水流安设，鱼会顺着水流进入。起出时解下网筒，由此向外倒鱼。入口处是个锥形漏斗，有倒须，防止鱼进入后逃逸。

挡鱼亮子，多在河汊子浅水有落差的地方设置——即在河汊子流水上下落差之处的两边，向中间夹障子，只在中间留半米左右的口，口处设置一柳条编的岙子，自上游来的鱼落入岙子上，水却漏下去了。那时，江汊子里的鱼类巨多，哲罗鱼、细鳞鱼、江白鱼、葫芦子鱼铺满河底。

挡鱼亮子是比较原始的工具，一般是在秋季用它捕获洄游鱼。20世纪50年代，有人在额木尔河用挡鱼亮子捕鱼，不到20天时间，捕鱼8万公斤。大个的哲罗鱼生猛，把挡鱼亮子撞碎，是常有的事情。

冬季呢，江面结冰了怎么捕鱼？用冰镩凿冰眼，开冰窟窿，然后，往冰底下拉线挂网，照样可以捕鱼。挂网的原理是用网眼挂住鱼鳃或鱼身，达到捕鱼的目的。捕鳇鱼使用的挂网，一般是大小网眼不同的多层网，最多是三层网。

渔人的心，贪不贪，看网就知道。张网，也称“绝户网”，网具张开形同一个大口袋。越向网底，网眼越小，结尾处形成一个网兜，称作“袖子”。张网的主纲系于岸边的大树上，网底绑上石头，深入水底，专等经过的鱼入网。这种网之所以称为“绝户网”，是因为它不论大鱼小鱼，均可以捕获。

趟网是黑龙江上特有的捕鱼网具。趟网较长，长达20多米，为多片连接而成。与挂网不同，趟网主纲上有一个活动的漂子，称为“网头”，以便顺水流向江心漂浮。人在岸上撑住网的这一头，顺江走上一二里路，鱼入网时，从水里传到手上的那种一动一动的感觉，令人的心也在兴奋地动。漂子一般是木头做的，也称“耙子”。“耙子”中间有一个活动轴，由一条线连接主纲，待需收网时，一扯那条线，“耙子”啪的一下变成一个平板，便可自如收网摘鱼了。

没有网具也能捕鱼。在黑龙江开库康段的一条渔船上，一位老渔人用手指了指自己的脑袋说：“没有网，就用这个捕鱼。”老渔人说：“干什么事情都一样，得用脑子。”老渔人名叫白浪，人送绰号“浪里鱼鹰”。老渔人在江上打了一辈子鱼，黝黑的脸上尽是疙疙瘩瘩的糙肉，如同历经岁月和江水浸泡过的疙疙瘩瘩的老船帮，他深谙水性，也深谙鱼性。老渔人说话的声音瓮声瓮气。话，一句一句落在船板上，把渔船弄得左摇右晃。关于鳇鱼的话题里弥漫一股湿气，也弥漫一股野性的腥气。老渔人绘声绘色地讲述了他“用脑子”捕鱼的故事。

鱼往往夜间喜欢到江汊子觅食，他就在木船的船帮上绑一根白桦木杆子，小船慢慢自上而下在江汊子中间漂游。绑白桦木杆子的一侧对着江边，江边觅食的鱼一听到响动就往回跑。看到水面有道白线，以为是网具，就急急地想跳过去。啪啪啪！跳出水面，却恰好跳进了船舱里。鱼群有一种现象，就是头鱼跳，其他鱼拼死拼活也跟着跳。啪啪啪！啪啪啪！顷刻间，船舱里就跳满了鱼。

用不着撒网，用不着出力气，就能捕到鱼。老渔人说，此法叫“漂白杆子”捕鱼。我笑了，说，此乃“坐收渔利”也。

哈哈哈！老渔人也笑了，眼睛眯成一条线。

老渔人说，鳇鱼从来不“跳舱”，“漂白杆子”这招儿对鳇鱼不管用。但是，老渔人告诉我，早年间，在江里捕到鳇鱼也是常有的事。有一年冬天，他曾在冰窟里用缆钩捕到过一条个头甚大的鳇鱼。我问他，甚大是多大？他说，这么说吧，当时，用三张马爬犁连在一起拉一条鳇鱼，鳇鱼尾巴还在冰面上拖着呢。你说那鳇鱼有多大？

县志中，民间捕获鳇鱼的记载多有闪烁——

1949 年 5 月，松花江呼兰河口，渔人合力捕获一条 380 公斤重的鳇鱼。1980 年，黑龙江漠河一处水域，有渔人捕到一条长 4 米、年龄 54 岁、重达 542 公斤的鳇鱼。1986 年，漠河县兴安乡有渔民发现一条鳇鱼误入浅水滩，便唤来 20 多个渔民将其捕获。几个人把那条鳇鱼抬起来，上磅秤一称，重达 450 公斤。

1989 年，黑龙江闹春汛时，一条鳇鱼被冰块撞晕，随洪水涌入江湾，被渔人捕获。那家伙，个头也不小——370 公斤。

某天，黑龙江上游的北极村里多了一个从江对岸潜水过来的“老毛子”，他起了个中国名字——李德禄。李德禄，蓝眼睛，棕色的头发胡

秦岭山区

金钱豹出没的太行山林区

乱打着卷卷，嗜酒如命，是捕鳇鱼的高手。他捕鳇鱼从不用网具，徒手就能把鳇鱼从水底牵上来。

他往往先踩点，观察水情，找到鳇鱼潜伏水域，然后一猛子扎下去，慢慢靠近鳇鱼，给鳇鱼挠痒痒。在不经意时，给鳇鱼戴上笼头。鳇鱼乖顺得很，轻轻一牵，就很顺从地跟他走了。

20 世纪 70 年代，一批上海知青在开库康插队，常去江上打鱼，曾打到过 270 公斤重的鳇鱼。当年的老知青回忆说："我们几个知青，很费力地用杠子从江边把鳇鱼抬回知青点。用铡刀，把鳇鱼切成若干段。送给附近老乡一些，知青点留一些。留下的鱼段切成片，炖着吃，那鳇鱼肉香得很呀！"

距开库康不远，往上的盘古河口，浮游生物密集，是一处"鳇鱼窝子"。那年月，粮食不够吃，就有一位深谙水性的知青在河口汶水水域下滚钩，每天都能捕到一条鳇鱼，个头都在二三百公斤呢。捕到的鳇鱼，除了改善知青点伙食外，其余都换小麦了。一条鳇鱼换一麻袋小麦，解决了知青粮食不足的问题。据说，在那个"鳇鱼窝子"，那个知青总共捕到过 19 条鳇鱼。

鳇鱼肚子里还能扒出许多鳇鱼子，黑亮黑亮的，像牛眼珠子似的。

鳇鱼子制成的"黑鱼子酱"，有"黑黄金"之称呢。

三

为了寻访鳇鱼，我来到漠河北极村。

北极镇北极村极昼街二号，一个唤作"极限农家院"的家庭旅馆，离黑龙江仅有 200 米。老板叫高威，高颧骨，高鼻梁，卷头发。高威是 80 后，戴一副金边眼镜，穿鳄鱼牌 T 恤，灰色牛仔裤。看他的脸形、眼窝及其神态，我判定他有俄罗斯血统。一打问，果然，他姥姥是俄罗斯人。

"极限农家院"里有 9 间大瓦房，窗明几净，还有车库、水井、秋千架。院子里的一角是一片菜园，有豆角、黄瓜、南瓜、大头菜、西红柿等，时令菜蔬，一应俱全。

高威原是黑龙江上的渔民，跟随父亲打鱼。高威划船，父亲下网。父亲在江上捕鱼捕了一辈子，凭经验下网布钩，网网有收获，一般不会走空。在潜移默化中，高威跟父亲学到了打鱼的本领，也成了江上捕鱼的能手。

坐在江边的一根倒木上，我们聊了起来。高威是1985年1月份出生的，属牛。父亲叫高洪山，辽宁台安人，闯关东来到北极村的。高威一家五口人，父母、他、媳妇和孩子。

高威告诉我，住在江边最怕的是发洪水和“倒开江”。2018年7月份发了一场洪水，30年不遇，洪水把“神州北极”的石碑和江滩上的庄稼都淹了。幸亏抢险及时，加高了江岸防洪大堤，洪水才没有漫出来灌进北极村。

“倒开江”是黑龙江上游早春时常发生的一种自然现象。这是由于江面解冻的时间差异性——下游先开而未开，上游后开却先开——致使大量冰块淤塞河道造成灾害。

“倒开江”产生的冰块和冰排，轰隆隆！连绵数里海啸山崩般涌向江岸，许多鱼虾被挤压冲撞，头破血流地被抛到江岸上，挣扎几下死去。如果“倒开江”的冰块和冰排进村，那就惨了——一准会房倒屋塌，沟满壕平。好在这几年加高了的江堤发挥了作用。出力，出汗，也算没白费功夫，住在江边的人家能睡上安稳觉了。

“捕到过鳇鱼吗？”

“捕到过。那都是早些年的事情了。”

“有多大？”

“1998年的夏季，曾用挂网捕过一条鳇鱼。这是我仅有的一次捕获鳇鱼的经历。小船刚一靠岸，鳇鱼就被人买走了。100元1公斤，一条鳇鱼卖了2400元。买鳇鱼的人连眼睛都不眨，把那条鳇鱼绑到摩托车后座上，一溜烟就没影了。”

“现在鱼价怎么样？”

“鱼价是越来越高。不要说鳇鱼，就是哲罗和鲤子的价格都要在1公斤200元以上。”

从2000年开始，黑龙江全面禁渔了——在禁渔期内打鱼是非法行为，捕鳇鱼更是违法的事情了。

现在很难见到鳇鱼的影子了。即便法律不禁止，让捕也捕不到了。除非到俄罗斯那边的江汊子里去，或许还能捕到鳇鱼。听老辈人说，之前，金鸡冠水域是一处“鳇鱼窝子”，那里的水是汶水，水流平缓，常有鳇鱼活动。鳇鱼性情温和，没有暴脾气。白天在深水里沉潜，晚上便游到浅水水域觅食。

高威说，用缆钩钓鱼（也用缆钩钓鲇鱼和嘎牙子），倒钩是一项技术活儿，手必须快，否则就把自己的手钩住了。划船的人与倒钩的人要密切配合，效率才高。也用须笼捕鱼，但多半捕的是细鳞鱼和江白鱼，一晚上能捕十几公斤呢。

每年6月10日到7月25日是禁渔期。此间，除了江水汹涌，江面上的一切都是静静的。偶尔，有几只野鸭子飞过。

2011年5月，北极村成立了旅游公司。这绝对是北极村历史上的大事——北极村所有的渔民都变成了职工。一夜之间，靠打鱼为生的人，成了挣工资的人。高威说，来北极村的人，一般都是来找北、找冷、找美的。冬天感受极夜，夏天感受极昼。高威在旅游公司的驿站搞接待，工作很体面。工资是根据学历、工龄、工作年限和工种确定的。他的工资每月3000多元，媳妇是2400多元。父母退休，每月领退休金1000多元。父母退休金不算，他和媳妇两人每年工资就收入7万多元。家里早就买了轿车，还是越野车呢。小日子过得美美的。

“极限农家院”经营得也不错。每年8月1日至8月20日，来旅游的人巨多，住宿的床位爆满。1993年前，高威家开的旅馆都是大通铺，一个洗手间，很快就不适宜了。游客的要求越来越高。到目前，高威家的家庭旅馆改造翻新三次了，原来每个房间七八平方米，现在20多平方米。标准间200元，三人间300元。做生意重在诚信，有客人把钱包或者手机落在旅馆的，高威发现后，都给快递回去了。后来，那些客人又都成了回头客——再来，就像走亲戚一样了。

高威望了望江面，回头对我说："搞旅游比打鱼强多了，不用风里来雨里去。捕鱼的活儿太辛苦了，容易得腰腿疼病、风湿病。现在不愿去捕鱼了。即便江里还有鳇鱼，也不愿去捕鱼了。"

四

事实上，北极村跟北极圈没关系，它不过是中国版图上最北的一个村子。但是，它却紧靠一条界江——黑龙江，以江为北，以江为界。这些年，随着旅游业的火爆，北极村闻名遐迩了。

靠山吃山，靠水吃水，靠林吃林。不靠山，不靠水，不靠林，就靠买东卖西。

20世纪七八十年代之前，放排是黑龙江上常见的景象。在大兴安岭林区，黑龙江上游是重要的木材集散地，出现了洛古河、哈达、大马场、小马场、二道河子、三道河子、永和站和二十九站等较大的贮木场。

放排，就是把木头放到江水中，用小木杆做带，钉成排。排有大有小，用耙子和穿钉把排与排连接起来，场面甚是壮观。

早年间，北极村下游的开库康是木材编排的重要码头。从大兴安岭林区采伐下来的木头，在此集中编排后往下游流送。经察哈彦、呼玛、旺哈达、大兴屯、张地营子等沿途码头，流送到黑河。有时，流送的木排铺满半个江面，首尾相连，蜿蜒数里。木排从黑河出水上岸，再通过公路，用汽车运送到哈尔滨。还有一条江道，就是沿松花江木排逆流而上，至双鸭山、佳木斯，直到哈尔滨，出水上岸，再通过火车发往各地。

木排流送过程中，常有皮货商上排，收购山货。他们知道，那些木排上的排工手上，会有从山里带出的许多好东西。皮张有猞猁皮、鹿皮、貂皮，等等。药材有鹿茸、鹿鞭、鹿胎、熊胆、麝香，等等。当然了，也有熊肉干、野猪肉干、狍子肉干、犴肉干，等等。不过，这些肉干都是排工在排上喝酒时的下酒美味，是自己留着吃的，贵贱不卖！

直到 2014 年，天然林全面停止采伐后，木排流送随即停止。江面上，再也见不到放排的场面了。

每年 10 月下旬，黑龙江就进入了冰封期。冰封是个渐进的过程——冰，结了化，化了结。突然，西北风一吹，寒流袭来，咔嚓一下，江面就彻底封住了。

早年的冬天，马爬犁是北极村伐木人“倒套子”（把伐倒的木材，用马爬犁拖拽到山下，集中到一起，然后再统一装车或流送，运出山外）的主要工具。冰封的江面上，任由马爬犁驰骋，马爬犁为林区木材生产立下了汗马功劳。

然而，光荣消歇，再也不用马爬犁“倒套子”了，马爬犁便闲置了。后来，村里脑子灵光的人就用马爬犁载客，在江面上，在林海雪原里，观光赏景，倒也蛮有意思。一张马爬犁一冬天下来，能收入一两万。闲着也是闲着，有钱赚总比闲着强呀！

别人家一看，这东西能赚钱，也搞起来。一家一户各自为政，为了揽客，互相压价。张家 100 元一次，韩家就 80 元，徐家就 60 元。高威一看这样不行，就成立了马爬犁协会，家家都是会员，统一定价。48 张爬犁一个价格，收益 48 家平均分配，避免了恶性竞争。

如今，北极村人的生活，跟鳇鱼已经没有任何关系了。

是啊，赚钱是为了活得更好，而幸福就是要找到如何活得更好、更有意思的感觉。

或许，没有了鳇鱼，北极村人生活的每一天也不会有太多的落寞和惶恐。太阳照样升起，大江照样奔流。

然而，鳇鱼怎么就不见了呢？这是个问题。

五

鳇鱼，与森林及生态之间存在着某种神秘的联系吗？一定是的。物种从来就不是单独存在的，看似毫无联系的事物，其实，都是息息相关的。

没有了鳇鱼的江河，也便没有了神秘感，没有了故事和传说。

时间是最好的良药。随着林区大禁伐的实施，森林及其生态将恢复生机。鳇鱼是生物链条中的哪一环呢？我无法说清，但有一点可以肯定，它是生态系统是否稳定的一个标志性的动物。

地球上生物的多样性，正在急剧下降，世界将变得越来越单一。当世界的改变速度超过物种的适应速度时，生物链条必然会面临这样的危险——崩溃。

在我们的世界存在之前，就存在另一个世界。那个世界就是自然。自然，是人类赖以生存的基础和条件。人类的进步和发展，都是先人在认识自然和改造自然的过程中获得的灵感和动力。而如今，在现代文明的进程中，科技不断进步，人类可以登上月球，进入太空了，然而，生命的源泉——自然却一天比一天糟糕了。

在物质喧嚣的现代社会，人类的焦虑越来越重。人类焦虑的内因，是欲望的升腾与扩展，遭到了现实世界的挫败和否定。人在，焦虑就在。人类，必须节制和收敛欲望，改变自己的发展方向了。

任性和纵欲是多么简单啊，内省和节制，并且自己对自己说不，那才叫费力呀！

因为，我们要的不是活着，而是生活。该是怎样的生活？需要我们认真思考了。

更需要认真思考的是，人类对那些濒临灭绝的物种该承担怎样的责任呢？

黑龙江下游的抚远小城，是一个颇具鳇鱼文化元素的边城。抚远，有“华夏东极”之称，与俄罗斯远东城市哈巴罗夫斯克隔江相望。这里有鳇鱼博物馆，有世界上最大的鳇鱼标本，有鳇鱼保护协会，还有鳇鱼养殖企业。街巷、江边、早市、船头……甚至，抚远人的话题中都弥漫着鳇鱼的气息。

鳇鱼，是抚远的魂。研究鳇鱼文化不能不去抚远。

从漠河北极村回京不久，我又北飞抚远。为了解开心底的那些疑问，也为了亲眼看看世界上个头最大的鳇鱼。

在一个细雨蒙蒙的日子，我走进了抚远鲟鳇鱼保护协会那座白色的小楼。鲟鳇鱼养殖专家袭凤祥热情地接待了我。他说：“鳇鱼濒临灭绝的原因很复杂，但有两个原因是回避不了的。其一，江水污染；其二，过度捕捞。经过多年的努力，现在用人工授精方法，鳇鱼批量养殖已经取得成功。”这位浓眉大眼的 80 后，身穿迷彩 T 恤衫，T 恤衫的正面印着一个大大的数字——“3”。我用手指了指，笑了。他低头看了看，也笑了。

我说：“一生二，二生三，三生万物啊！”

他说：“鳇鱼在江里重现身影，不是可能，而是肯定。”

——呀呀！

鳇鱼鳇鱼鳇鱼——在哪里？

曰归曰归，岁亦莫止。

乌贼

乌贼，非贼非鱼。

乌贼是海里的无脊椎动物。没错，所谓无脊椎动物就是软体动物吧。头一个把墨鱼唤作乌贼的人，一定是持着阴暗的偏见。怎么就是贼啦？为何不叫它乌龙、乌虎、乌豹——而偏偏叫乌贼呢？

乌贼就乌贼吧，倒也不一定是贬义。譬如，形容某美女眼睛有神，就说“那大眼睛忽闪忽闪的，贼亮贼亮”；再譬如，形容天气寒冷，就说“妈呀，天贼冷贼冷的，咳嗽一声都能冻成冰溜子”。这里的“贼亮”和“贼冷”，无非夸张一些，强化语气，渲染气氛，有“特别”的意思，跟作案的贼似乎没有一点关系。

退一步而言，我倒觉得乌贼的贼，叫得有劲儿、蛮实、上口、响亮。事实上，乌贼的贼，是一种智慧呢。

乌贼，乌贼，乌贼的血液也应该是黑色的吧？不，乌贼的血液是蓝色的，天之蓝的蓝，海之蓝的蓝。乌贼的身体像个造型怪异的口袋，内部器官，诸如肝脏、肾、鳃、肠子啥的，统统都在口袋里装着呢。头，那个眼睛骨碌碌转动的短短的脑袋则像口袋的塞子。而触手，等等，我掰着指头数数，一二三……七八九十，好家伙，整整十条触手，居然都长在头顶呢。难怪乌贼有“十爪八足”之称——爪是手，足也抵手用呢。触手的内侧均有吸盘，吸盘具有一种强劲的魔力，抓鱼抓虾鲜有失手。它的腹部有一个漏斗般的管子，那是它的运动器官。游泳时，它尾部向前，头和触手紧贴成一条长带，肌肉一收缩，把进入漏斗的水猛地喷出来，由此产生极大的作用力，一弹一弹，推动身体快速前进。据说，科学家就是从乌贼的运动方式中获得灵感，设计和制造出了喷气飞机、喷气船和火箭。

乌贼的体内墨囊发达，能制造出墨汁，但要贮满墨囊则需很长时间。如遇敌害，不是万不得已，它也不会轻易喷出墨汁，而掩身潜逃的。乌贼可以连续喷出五六次墨汁烟幕弹，迅速把海水染黑，雾幕可以持续十几分钟不散。

二战时期，美军频频使用的烟幕弹就是乌贼喷墨汁幕雾的原理吧。遇有险情，啪地喷出烟幕，给敌方造成麻烦——瞬间的黑暗，可以令其晕头转向，陷入迷阵。没有时间，自己创造时间，没有机会，自己创造机会，逃生高于一切。这就是乌贼的逻辑。

乌贼墨汁含有麻醉剂，可麻醉天敌的嗅觉，还能麻醉小鱼小虾等猎物，乘机擒之，亦为美餐。

乌贼的肉、蛋、脊骨均可入中药。李时珍的《本草纲目》对乌贼有所记述，称其为“血分药”——专治妇女贫血、血虚经闭等病症。乌贼墨汁是制作黑色食品的好材料。西班牙黑色海鲜饭，就是用乌贼的墨汁烹制的。据说，在日本，墨鱼汁比萨、墨鱼汁面条、墨鱼汁饺子、墨鱼汁拉面、墨鱼汁面包等食品，广受宠爱。

早年间，舟山群岛海域曾是中国最大的乌贼繁殖集聚区。说起乌贼，舟山老辈渔民总会有讲不完的故事。一般而言，乌贼多的海域，必有抹香鲸。旧时，常有渔民在舟山群岛的海域捞到龙涎香的传闻。那是类似大型水母的块状物，会漂浮在海面上。也有渔民在某个小岛，发现过被冲上岛礁的龙涎香。

龙涎香，多么文雅的叫法啊！其实，直说了吧，龙涎香，不过就是抹香鲸吃掉乌贼后体内排出的物质——粪便。哈哈哈！这东西可以制作香水，价格昂贵。品质优异的龙涎香，一克的价格甚至相当于同等重量的黄金。而有的龙涎香块可以重达100公斤。当然，抹香鲸刚刚排出的粪便就是粪便，奇臭无比，一点儿也不香。抹香鲸粪便里的乌贼喙等难消化的东西，要历经海水数十年甚至数百年的浸泡才能慢慢转化成“香”。所以，龙涎香的香里有乌贼的秘闻，有海水的呼吸，有阳光的老茧，也有时间的传奇。

抹香鲸是大王乌贼的天敌。乌贼里的大王乌贼，样子有点恐怖。它一般生活在大洋深处，个头长达十七八米，站立起来的话，像一座形状怪异的岛礁，触手伸出水面，越伸越高，能把桅杆顶端的旗子咔嚓一下撕扯下来，能把木船咕咚一声拖进海底。

面对性格生猛的大王乌贼，抹香鲸的每一次捕猎都不会轻易得手——它被大王乌贼搞得伤痕累累，甚至也有反被大王乌贼猎杀的情况。大王乌贼并非光会喷射墨汁烟幕弹，一逃了之。它其实还有致命的一招儿——出其不意地弹出触手，死死缠住抹香鲸的呼吸孔，使其窒息毙命。

同抹香鲸相比，或许，海豚是更狡猾的天敌。据说，海豚喜欢吃乌贼头。有时，一只海豚一天能吃掉几百个乌贼头。乌贼不是有墨汁烟幕弹吗？海豚是怎么近前的呢？是的，当乌贼遇到海豚时，便会拼命逃之。海豚哪里肯放过呢——紧追不舍。当乌贼无法摆脱强敌时，就会立即喷射墨汁，把自己躲藏在黑色的雾幕中。然而，狡猾的海豚并不急于找到对手，而是冲出雾幕之外，静静观察，等到雾幕散去，乌贼现出身影，海豚便狠命扑上去，咬住乌贼的头——咔咔咔！吞进肚子里。

除了吃乌贼的头，海豚对乌贼的身体及触手理都不理，扬长而去。真是不可思议——身上的肉和软软的触手不是更好吃吗？可是，不！海豚只吃头。

大海风平浪静时，乌贼喜欢在海面上漂浮，无忧无虑晒太阳的感觉真好！然而，渔民出海时，也偶尔会看到海面上漂浮着无头的乌贼残体。

那一定是在大海的某个地方，刚刚发生过一场惨烈的战斗。而结果，对于乌贼来说，注定是悲剧了。

舟山群岛的朋友阿彪告诉我，一只乌贼能产二三百粒蛋。它通常把一串串的蛋产在珊瑚礁石或海藻上，就像一串串晶莹的葡萄，粒粒饱满，随海水荡来荡去。沿海渔民就是利用乌贼这一特性，把一些树枝或者稻草，捆成一束一束的，投入海中，引诱乌贼来产蛋。

早年间，每逢乌贼汛期，金鸡山岛以北的里泗礁和外泗礁海域，是乌贼最喜欢产蛋繁殖的区域。此外，舟山群岛的黄兴岛有个叫南岙的月环形的避风湾，乌贼也极多。

据老辈渔民回忆，“贼汛”一到，南岙里乌贼多得乌泱乌泱的，引来抹香鲸和海豚争相食之。瞧瞧吧，海面上鸥鸟翔聚，鸟群像风中飘动的黑布，时而遮住了天空，时而盖住了海湾。为了繁殖后代，乌贼滚滚而来，哪怕有再多的危险也毫不畏惧。海湾，以往平静的海湾，像烧开了水一样翻滚沸腾。乌贼多得甚至渔民的小舢板都很难划进南岙。老辈渔民说，一个“贼汛”下来，一个渔民可以捕 150 余担（1 担约 100 斤）乌贼，真是累得手都软了。

我有些不解——大海如此之大，为何乌贼都挤到南岙的避风湾里来产蛋呢？阿彪说，因为此处岙口朝南，湾流平缓，日晒充足，水温适宜。另外，岙里海水中鱼虾、海藻、微生物等丰富，这里自然就成了乌贼最理想的产蛋场所。

阿彪从小在嵊泗水产大院长大。他说，他的童年弥漫着海腥味。由于那时没有冷冻设施，渔民把一担一担的乌贼担进水产大院后，家属就要赶紧劈鲞——剔除内脏，放出墨汁，制成乌贼干。他一放学丢下书包，就帮妈妈劈乌贼制鲞。飞溅的墨汁每天都能接好几桶。阿彪感叹，那时乌贼随手捞，大院晒满乌贼鲞。妈妈是水产大院里的劈鲞能手，劈鲞数量无人能比。那把鲞刀锋利无比，手起刀落，快如迅雷。她每天能劈上千条乌贼鲞。白花花的乌贼鲞挂满架杆（也可摊在晒场上直接晾晒），一架连着一架，密密麻麻，场面甚是壮观。

可是，近年来，那种盛况再也见不到了，水产大院也成了蛇蝎乱窜、荒草连天的地方。此时，阿彪望着大海里的帆影，眼里充满忧伤。

过去，多得成灾的乌贼，这些年来，竟谜团般急剧减少。乌贼，都去哪里啦？

海洋，原本不是荒芜，不是冷清，不是一片寂寥的呀？

海洋，是一个巨大的生态系统，海洋里的生物种类甚至超过地球上其他任何地方。海洋，创造了暖流，创造了风，创造了雨，也创造了生命。但是，今天它自己却出了问题。或许，海洋的问题，不是它自己的问题，而是我们的问题。我们无边的欲望会毁灭这一切吗？

乌贼非贼，亦非鱼，却偏偏叫墨鱼、墨斗鱼。它长相粗鄙、丑陋，不怎么讨人喜欢。但是，它的昨天和今天却像一面镜子，照出我们内心的龌龊和贪婪。

在某种意义上说，乌贼，奋力喷出的墨汁或许不是雾幕，而是一个警告的信号。生态是个整体，生态与每个生命息息相关。从海藻、微生物、小虾、小鱼、乌贼、海豚、抹香鲸……直至人类，都有一根看不见的线连着呢。

海明威说："每个人都不是一座孤岛，一个人必须是这世界上最坚固的岛屿，然后才能成为大陆的一部分。"

从生态的角度，该怎样理解海明威的这句话呢？

——我陷入久久的沉思。

带鱼生猛

一条一条满载海货的渔船靠岸，收桨抛锚。这是渔民一天里最幸福的时刻。

收获的成果都在船上呢。

在汕尾海滩，看到了渔民出海归来，正把一篓一篓的海货搬到岸上。海货里有皮皮虾、大黄鱼、小黄鱼、螃蟹……当然啦，带鱼居多。那刚刚搬上岸的带鱼，就像镀了一层银，光艳无比。海货讲究的是一个字——“鲜”。而“鲜”则意味着要把时间最大限度地缩短。渔民对“鲜”有自己的理解。一些渔民，干脆在海滩上就地出售。他们把带鱼倒着悬挂在竹竿上招揽顾客，远远看去好似铁匠铺子里排序分明的刀剑，亮光闪闪。

我出生于科尔沁沙地，小时候没见过海。我对海的认识，源于带鱼。我甚至认为，带鱼的腥臭味，就是海的鲜味。在北方，无论生活怎样拮据，大年三十的餐桌上必有一道相当于海鲜的菜——炸带鱼。可是，后来进了城里才知道，带鱼根本算不得海鲜。也就是说，我们所见到的带鱼从来就没有活着的——由于海水压力发生变化，带鱼出水便毙命了。何况，我们吃的带鱼不知道辗转周折经历多少环节了。但是，炸带鱼确实好吃，外焦里嫩，香味诱人。这是我们那些沙区孩子一年的盼头之一。

炸带鱼，不知勾出了多少我童年的哈喇子。

20 世纪八九十年代，单位搞福利，往往发带鱼。用报纸包着，每人三五条。办公室里弥漫着带鱼的腥臭味，三五日不散。那时候，看一个单位怎么样，判断的标准——发不发带鱼、带鱼的宽窄程度和发带鱼的次数。

若听说，某某单位经常发带鱼，带鱼个头又长又宽，肉也厚，大家一定很羡慕那个单位。若本身就在那个单位工作，那是很光彩很有面子了。

今天，随着物质的极大丰富和生活水平的提高，吃上一顿炸带鱼已经是很平常的事情了。

汕尾渔民告诉我，带鱼是吃肉的鱼，生性凶猛、贪婪。白日里在深水中潜伏，夜晚或者阴天，便浮游到海面水域追逐猎物。吃小鱼，吃乌贼，吃虾米，也吃自己的同类。据说，带鱼在海里，不游动时就保持竖立的姿势，靠扇动鱼鳍保持平衡。

早先，有经验的渔民常常利用它贪婪的本性来捉它。“此鱼八月中自外洋来，千百成群，渔户率以干带鱼肉一块做饵钓之。一鱼上钩，则诸鱼相衔不断，掣取盈船。”这是清人对渔民钓带鱼情景的描述。一鱼咬钩后，另一条鱼会咬住它的尾巴，被一起拽出水面。这就是带鱼同类相残的特性。瞧瞧，钓到一条，就可轻易地像拉绳子一样拉出一个长串。用不了几个时辰，带鱼就装满船舱了。

今天，我们食用的许多海产品都是养殖的，但是带鱼并没有人养殖，都是野生的。为什么呢？因为带鱼养殖的成本远高于海洋捕捞的成本，何必呢！加之每年带鱼的捕获量相当大，客观上，就没有人动脑筋费力气去养殖了。

然而，汕尾渔民告诉我，表面看，带鱼的捕获量似乎没有减少，但渔网的网眼越来越小，捕到的带鱼的个头越来越小，倒也是事实。过去，大个的带鱼有三十几斤重，一二十斤重的常见，现在捕获的带鱼，细如皮带。甚至，生下来不到一年的幼鱼也被捕获了。

海洋是不是已经出现了严重的问题？

很多时候，当危机到来之时，我们并没有感觉到危机。或许，那种“带鱼连尾”的情景，早已成为遥远的传说了。

水杉王

水杉王——利川的符号。

水杉王——利川的标志。

在外地，利川人自我介绍时，常常会说：“我们是水杉王那个地方的人。”话里透着某种底气和自信。

王者，同类中的头号也，或曰最大最强的个体也。一棵树，就是一个世界。一棵树，就是一部自然史。

在 15000 万年前，水杉原本和恐龙一样普遍，在第四纪冰川时期，大部分动物和植物灭绝了。恐龙成为化石，水杉成为化石。那时候，地球上还没有人类这种动物，人类出现是后来的事情。

人类在地球上出现后，面对的水杉，仅仅是化石。南极圈没有发现活的水杉，北极圈没有发现活的水杉，美洲没有发现活的水杉，欧洲没有发现活的水杉，非洲没有发现活的水杉。于是，植物学界宣布，水杉在地球上已经彻底消亡了。

可是，它真的消亡了吗？这是个问题。

利川的这棵水杉王，注定要与几个科学家的名字联系在一起。他们是：干铎、王战、郑万钧、胡先骕。

1941年，植物学家干铎经过谋道，发现了这棵似松非松、似杉非杉的参天古树。他拾起几片枯叶，夹在一个本子里，却在旅途辗转中不慎遗失了。1943年，林学家王战前来采集了叶子、树枝、球果，并将标本编号“王战118号”（现存江苏省林科院标本室）。王战是我敬重的林学家，他是头一个率队考察神农架的科学工作者，他发现和鉴定的植物新品种就有60多个。他在20世纪70年代就发表文章呼吁，如果不进行生态建设，“长江确实有变成黄河的危险”。

之后，经过多年潜心研究，植物学家郑万钧和胡先骕将此树鉴定为水杉，并发表了《水杉新科及生存之水杉新种》的论文。这一研究成果轰动了世界，被誉为20世纪植物界最伟大的发现。

有人会不以为然——这有什么伟大的？水杉本来在自然界就存在着，这些专家稀里糊涂没有找到，就说它在地球上消亡了。这哪里是“伟大的发现”，分明是专家的失职，不尽责，是科学精神的缺位嘛！

然而，我要说，错了。

水杉王的树龄是600年，这是地球上活着的年龄最长的水杉了。有700年的吗？没有。有800年的吗？没有。有1000年的吗？更是没有。由此向上追溯，统统没有。那么，上溯600年至15000万年期间的水杉在哪里呢？——石头里。

一切静悄悄，毫无声息。

打个比方吧，15000万年前，恐龙本来被冻死了，变成化石，若干年之后，在我们眼前的石头里，突然跳出一只活的小恐龙，会是什么情况？

然而，现实版的小恐龙终究是没有跳出来，但是，却真的跳出了一棵水杉，不，准确地说，5662棵。这说明什么？说明水杉的种子没有死，它一直活着，活在石头里，活在梦想里，活在传奇里。

“以绝望之心，行希望之事”——百年，千年，万年，千万年，亿万年，只是为了等你。

令我至今不解的是，水杉本来遍布地球大陆很多地方，可别处的都消亡了，为什么偏偏这里的种子活了下来？可以断定，它的身上一定深藏着许许多多的密码。

水杉王，生长在利川市谋道镇磨刀溪边。谋道镇地处鄂西南边陲，素有“东局荆楚，西控巴蜀”之说，古称“磨刀溪”，为商贾觊觎之所，兵家必争之地。民国年间，四川总督赵尔丰为此地一关帝庙题写楹联——“大丈夫磨刀垂宇宙，士君子谋道贯古今”，并主张，“尚武可轻，修文该重”。于是，磨刀改为谋道。或许，这个赵总督文人出身，是个有情怀的人，对磨刀霍霍、砍砍伐檀的事情很是反感。不然，怎么会改名呢？

据利川的朋友讲，磨刀溪里的石头，个顶个的好，软硬适度，脾气温顺。早年间，河床里的石头被当地人拣出来，用作磨刀石。磨砍刀，磨剪子，磨凿子，磨斧头。磨出的刀刃锋利无比，寒光闪烁。

然而，刀器毕竟是与向善相反的。磨刀，意味着对抗自然，杀戮生命，滋长贪欲。而谋道，谋自然之道，才是尊重自然，顺从自然，涵养灵魂。今天来看，赵总督算是有见识有眼光的人。名字改对了，后面的很多事情就跟着对了。

那时候，赵总督见没见过这棵水杉王呢？不得而知。如果见过的话，依他的性情，也许会写首诗的。

想想看，这棵水杉王的存在，的确是一个传奇。600 年间，发生了多少事情啊！可是，它，居然躲过了刀斧，居然躲过了雷击，居然躲过了虫蛀，居然躲过了菌蚀，居然躲过了战乱，居然躲过了人的贪念。

一次一次。一回一回。一起一起。一例一例。

史料载，20 世纪 50 年代末期，利川毁林之风盛行——毁林开荒，毁林烧炭，毁林挖药，毁林种粮，毁掉了大片大片森林。然而，水杉王依然在那里。

“大跃进”和“大炼钢铁”时期，利川有数百口窑眼，上万口炉膛，炼钢炼铁每年烧掉 10 万立方米木材。火光烁烁，铁花灼灼，从齐岳山到利川县城一望无涯，举凡森林，无论古木、巨木、稀木和名贵经济树种，皆做炼铁之薪，砍伐殆尽。然而，水杉王依然在那里。

1967 年，“修大寨田”，无论大树小树一律铲除，光是黄泥塘、甘溪山一带就铲除柳杉 3572 棵、核桃树 1000 余棵。然而，水杉王依然在那里。

火，森林之大敌。在林区，大事万千，防火第一。可是，火，防不胜防。火，还是要烧起来。1949 年至 1986 年，利川共发生大小森林火灾 1771 起，烧毁林木 400 万棵。然而，水杉王依然在那里。

20 世纪 80 年代，由于经济发展的需要，木材和竹材的需求剧增。文斗、团堡、谋道、朱砂、箭竹溪、小河、凉雾山、长坪、兴隆口等地均大肆伐木，干劲高昂，斧锯不歇，许多山林被剃成光头。10 年间，砍伐木材近 20 万立方米。然而，水杉王依然在那里。

终于，我见到了这棵水杉王。在那里，在那里。

呼地一下，我瞪大眼睛，投去的目光里是满满的惊喜和敬意。远远望去，它既有无尽的延伸感，也有未知的神秘感。

它，像是天宇下肃穆庄严的宫殿里的一尊神，具有恍如隔世的高古气质，充满巨大、神圣和永恒的能量。我凝神静气，不敢有一点造次，迈出的步子都是轻轻的。在它面前，我完全辨别不了方向，仿佛过去和未来都不存在了。存在的，只有它了。忽然，天空就滴下一些雨点，落在头上，落在脸上，落在手掌上。远处的青山之间，霎时就升起了忽明忽暗的幽灵般的弧圈，在若有若无的云雨中闪闪发亮。

渐渐地，我被一种强大的气场包围起来，耳鼻喉眼，连同心和肺都被不知不觉地洗过了。

它，高 35 米，胸径 2.5 米，冠幅 22 米。虬枝俊朗，蓊蓊郁郁。我用手机拍下它的巨大树干，它的侧枝，它的叶子，它的小芽，它的树体上的苔藓。它在这片土地上站立了这么久，它把时间和空间并置了，它用手臂和身体撑起了这片天空。

空气湿漉漉的，水杉王的树下，乃至四周弥漫一种神秘气息。它本该在石头里，以某种栩栩如生的图案，供人们猜测、观赏、研究，甚至成为一遍一遍谈论的话题。然而，不！

它，陡然间，从石头里跳出来了，然后稳稳地矗立在那里，创造了一个神话。它，颠覆了固有的逻辑，颠覆了我们所有的认知和想象。

这里是磨刀溪的源头，从来就不缺水。溪里的水常年汩汩不歇，清澈如碧。然而，水杉水杉，因水而欢喜，可是，水过多，也不都是欢喜了。因为，水过多，就会导致烂根。

前些年，水杉管护站站长范深厚发现，水杉王树叶发蔫、树势减弱，便吃不下、睡不香了。查找原因，发现磨刀溪离水杉王不远的地方，被人为用石块垒了一个小坝子，拦住了欢畅流淌的溪水，形成了一个水深过膝的小水塘。妇女们取水洗衣洗菜自然是方便了，可是，水杉王的根倒是也被泡在水里了。

范深厚虽然心里很急，但是他知道做村民的思想工作不能硬来，要讲究方式方法。于是，他把那些妇女召集到水杉王树下，给大家开了一个现场会，讲清了“养树重在养根”的道理，讲清了水杉王的存在对谋道镇来说意味着什么。本来，叽叽喳喳的妇女们还有不同意见，听了范深厚的一番话后，一下安静下来。接着，各自抄起家什，怀着一颗愧疚的心，把那个小水坝拆除了。

次年春天，水杉王的叶子又鲜亮如初，树枝树冠又打起精神，昂起头了。

水杉王四周的山叫凤凰山，水杉王及磨刀溪是在山谷的最低处——盆底儿上。夏季，此处恰好处在雷区。雨天，滚滚雷声令人感到恐怖。据范深厚观察，水杉王已经多次遭受雷劈，树冠上跌落下来的炭状物就说明了一切，好在只是几根梢枝、几片树叶，倒无大碍。

为了不引起恐慌，范深厚也就没有声张。

但是，范深厚却意识到了危险——万一雷击起火怎么办？

他和管护员们从废品收购站找来铜线，蹭蹭蹭，猴子一般爬上树去，在树冠上架起了简易避雷针，几个夏天过去了，倒也平安无事。可是，某日，来了一位上级领导，事情又发生了转机。那位领导背着手，在水杉王树下转了一圈后说，树冠上那些横七竖八的铜线太难看了，影响景观啊！能不能在四周的山上架设避雷针呢？范深厚说，能架设呀，可就是没款子啊！

那位领导盯着范深厚看了半天，没言语。回头又看一眼水杉王，走了。

几天后，一笔专项资金下拨到管护站的户头上。

范深厚乐了，竟不由自主地哼出了几句小曲。

如今，来参观水杉王的人，驻足环顾凤凰山时，就会发现三座山峰上各自耸立一个塔状的高高的避雷针。那三处避雷针，足足高出水杉王十几米。是的，多少年过去了，山谷里无论怎样的雷鸣电闪，水杉王都安然无恙。这里有最好的黎明，这里有最好的黄昏。当然，这里也有最好的梦境。

水杉树的特点，可以用12个字来概括：生长迅速，树形优美，耐寒耐湿。

“在水杉王面前，全世界的水杉树都可以称之为它的后辈。”范深厚说，“几十年来，从水杉王身上采集了大量的种子引种到全国各地，乃至很多国家。掰着指头数数，如今，水杉王的子孙已经遍布80多个国家和地区。”

我问：“水杉树到底有什么价值呢？”

范深厚说：“它的价值有待逐步认识，随着科学的发展，它身上的密码，会被一点一点解开。”

2013年，经全体市民投票，政府审定，人大会议通过，水杉，已被确定为利川市市树。

作为“活化石”，水杉具有重要的科学价值和文化意义。为了纪念水杉的重大发现，中国邮政发行“水杉”邮票一套三枚。周恩来总理曾把水杉王的种子作为国礼，赠送给英国、朝鲜、阿尔巴尼亚等国家。美国前总统尼克松把自己心爱的游艇起名为“水杉号”。1978年，邓小平访问尼泊尔时，将一棵水杉树亲手种植在尼泊尔皇家植物园。

近年来，水杉成为全国最广泛种植的行道树种和观赏树种之一。有趣的是，引种到江苏、河南、安徽等地的水杉比利川原生地人工种植的水杉树干更为通直，更为挺拔。树冠呈现更为规则的圆锥形，且叶片艳丽耀眼。

就“彩叶树”而言，有“北香山，南栖霞”之说。所谓“北香山”，是指北京香山的黄栌；而“南栖霞”是指南京栖霞山的枫香。深秋季节，香山的黄栌和栖霞山的枫香，一夜之间，层林尽染，满目橘红和深红色，鲜亮璀璨。然而，有专家告诉我，那是你还没有见过深秋后的水杉彩叶，引种到北欧和北美的水杉彩叶之美，胜过黄栌，胜过枫香。是吗？我定睛看了一眼他发给我的水杉彩叶“网红照片”，不禁大吃一惊。

决定植物叶片色彩的因素，是叶片细胞中的叶绿素、类胡萝卜素和花青素三种色素的相对含量和分布。这是一个生物学问题，就不去探讨了吧。

当然，影响水杉叶片色彩的因素，主要还是取决于它的基因和生长环境，然而，它自身的潜能——那个藏在叶片里的美，只要有了对的空间和对的时间，它就会尽情地释放出来，绚丽无比，令人迷醉。

这一切，是水杉王遗传的基因在暗暗发力吗？还是后代个体固有的灵魂和精神在起作用呢？我无法解释。是的，它的踪迹，它的故事曾经被苔藓被蕨类植物包裹着，被石头包裹着，被时间包裹着。隐蔽，莫测，毫无声息。

它，消亡了，是谜。

它，存在着，就更是谜了。

九叶青

在江津，每一座山岭，每一道沟谷，都生长着墨绿色的花椒。正逢 5 月，花椒的果实一嘟噜一嘟噜挂满枝头，甚至，连空气中都弥漫着椒香。

江津花椒在几百年前就闻名天下了。据说，在毛里求斯海岸附近海域，打捞出的一艘已经沉没了 300 年的荷兰商船上，还发现了桶装花椒。打开密封的塞子，桶里的花椒仍散发着香气。仔细辨认，桶上的字迹清晰可见——“巴蜀江州府”。

通常，花椒以叶柄上叶片数量来区分——三匹叶的，称三叶椒；五匹叶的，称五叶椒；七匹叶的，称七叶椒；九匹叶的，称九叶椒。有八叶椒吗？没有。有十叶椒吗？没有。瞧瞧，叶子都是单数的，没有叶子双数的花椒。

江津花椒几叶呢？九叶。因为江津花椒是青花椒，故得名：九叶青。九叶青有什么特点呢？可以用 16 个字来描述：果实饱满，色泽油润，清香扑鼻，麻味醇厚。

花椒跟辣椒不同，花椒是中国本土植物，早在元朝时期，江津一带就开始种植了。而辣椒是外来物种，明代郑和下西洋时，带回辣椒种子，中国才开始种植辣椒。辣椒的原产地在美洲，是印第安人培育了辣椒种子，在秘鲁和墨西哥一带，都有种植。

明代之前，中国人是不是不知辣味？也不是。古代的“五味”是指酸、苦、甘、辛、咸。没有辣。辛是辛，辣是辣，可二者的味道又似乎很接近，辛甚曰辣也。在古代，所谓的辣味，其实就是猛烈的辛味。姜、蒜、葱、芥末的味道就是辛味。古代的椒，是指花椒，不是辣椒。找遍李时珍《本草纲目》，包括字缝里，也找不出辣椒。

辣椒，又叫番椒、海椒、牛角椒、灯笼椒。一般而言，带“番”字，或者带“胡”字，或者带“洋”字的东西，多半都是外来的。比如，番茄、番薯、胡麻、胡桃、胡瓜、胡豆、胡萝卜、洋葱、洋蒜、洋白菜，等等。最初，辣椒是作为观赏植物传入的。看来，郑和的爱美之心还是有的。直到清代乾隆年间，辣椒作为蔬菜和调味品，才被国人广泛食用。中国人最早食用辣椒的，不是渝人，不是川人，而是“下江人”，即长江下游的人。

从不怕辣，到辣不怕，千年万年，只是为了等你。

就这样，花椒和辣椒热烈地拥抱，麻和辣像一对一见钟情的恋人终于走到一起，时而猛烈如火，灵魂出窍；时而腻腻歪歪，难舍难分。从此，“五味”之外，又有一味，曰之麻辣。

麻辣是什么味？花椒知道，辣椒知道，吃过花椒、辣椒的人知道。

红花椒是红花椒，青花椒是青花椒，并非青花椒晒干之后就是红花椒。就麻和麻的持久度而言，青花椒胜过红花椒。青花椒多用于麻辣火锅、水煮鱼、毛血旺等重口味川菜，麻味猛烈。就香气而言，青花椒略逊于红花椒。红花椒多用于爆炒类，突出香味。喜欢香，喜欢麻，还是喜欢香麻？在花椒之乡，这从来不是问题。

中国花椒有三个著名的产地，一为江津，一为韩城，一为汉源。江津在重庆，韩城在陕西，汉源在四川。江津花椒是青花椒——九叶青；韩城和汉源皆为红花椒，一曰：大红袍；一曰：贡椒。

三个著名的产地，哪个老大，哪个老二，哪个老三？我看就不要排名了吧。我没到过韩城，也没到过汉源，当然不敢乱说了。

但是，江津我是去过的，至少去过两次。

江津山区实施退耕还林后，花椒种植面积已达 50 万亩，挂果的面积就有 36 万亩。江津有 22 万农户、61 万椒农从事花椒种植。光是 2018 年，鲜椒产量就达 27 万吨，花椒销售收入 33 亿元。

就花椒种植面积而言，全国十分天下，江津占其二。就产量而言，十分天下，江津有其三。

重庆是“火锅之都”，而火锅怎么可以缺少麻辣火锅呢？断断不可以。麻辣已经麻进重庆人的基因里，麻辣已经辣进重庆人的性格中。撇开辣不说，麻，则以江津青花椒九叶青最地道，最蛮实。

据说，西汉时皇后所居殿名叫椒房，亦唤作椒室。这里的椒即花椒。皇后居室嘛，一定要弄得有情调，弄出温暖如春的感觉。于是，就用椒泥涂壁，取椒中的温而芬芳也。

为什么用花椒粉末和泥涂壁呢？有学者解释说，其一，椒者，多籽，取其多子多福之意；其二，宫殿皆为木结构建筑，椒之气味，可辟邪，有防虫蛀之功效。

啧啧，花椒，也是蛮有故事呢。

全国花椒我不好说看重庆，但重庆花椒看江津是可以说的。而江津呢？江津花椒看先锋，恐怕不会有人有意见吧。“最早培育出九叶青的，是江津的先锋镇。”重庆市林草局退耕办主任龙秋波说，“先锋，因花椒而先锋呢。”

先锋镇现有青花椒面积 13 万亩，规模大，产业发达。每年生产花椒 10 万吨以上，产值 12 亿元。花椒年收入 10 万元以上的农户超过 5000 户。这个不到 7 万人口的小镇，因花椒而闻名遐迩了。

花椒是一种野生灌木，早年间，没人拿它当回事。它被当成薪柴，砍下来背回家，填灶口烧饭了。当然，也顺便摘下几粒花椒果，煮肉做菜当调料。由于它的萌生能力强，无论怎么砍，只要根还在，它总是能够长出来。然而，糟糕的是，粮食不够吃，就把花椒树丛刨掉，开垦种苞谷种麦子种红薯。结果，造成严重的水土流失，导致光山秃岭越来越多。

退耕还林，让一丛丛花椒重新覆盖了山岭。

“其实，花椒树的生态维护能力非常好，它是我们退耕还林的首选树种。”生态专家阮林说，“花椒的根系发达，虽然根系浅，但它能牢牢抓住表层土壤，保土保水，防止水土流失。”

花椒矮化丰产技术，是花椒产业的一场革命——通过割枝采摘的方式，不仅大幅降低了采摘环节的劳动强度，还使花椒产量提高了35%以上。这项技术的发明人叫肖国林，被当地椒农誉为“花椒袁隆平”。

在先锋镇麻柳村，我走访的阙红光、刘江辉、钟定辉等几个农户，家家都有花椒林，家家都有花椒烘烤设备，家家产值都在20万元以上。令先锋人没想到的是，小小花椒竟然直接带来了生态旅游业的兴旺。近年，来先锋镇，乃至麻柳村，蓝眼睛的人多了，黄头发的人多了，黑皮肤的人多了，操着各种各样口音的人多了。于是，一批花椒文化园、椒房农家乐、椒房旅馆、椒房民宿应运而生。

先锋镇镇长曾祥敏对我说：“退耕还林关键在于选对一个好树种。选对一个好树种，就是选对一个好产业。先锋花椒，绝不仅仅是一粒花椒。目前已开发出花椒乳、花椒香水、花椒洗发液、花椒洗脚液等20多种花椒产品。”这位思想灵动，兼有文学和法学专业背景的70后说，“未来，还将把花椒产业由传统的调味品向日用化工、生物医药、香精香料领域扩张。”

“嗯，想法很好。”我赞道。

“我们的目标是——麻遍中国，麻遍地球！”曾祥敏笑着说。

“哈哈哈。有点意思。”我也笑了，“每个人都是追梦人。麻遍中国，你们基本做到了。不管是南方还是北方，也不管是西部还是东部，凡有吃夜宵的地方，凡有街头大排档的地方，必有麻辣烫啊！至于麻遍地球嘛，任重道远，恐怕你们还得努力！”

修复了自然，也就治愈了自然。在绿水青山之间，只要努力，所有的美好，都会如期而至。

曾祥敏凝神沉思，然后举目遥望远处薄雾缠绕的山岭，像是自言自语，但还是被我听到了。

“是的，说到底，绿水青山才是我们的根本。”

蒜头果

怎么说呢?

蒜头果不是蒜头结的果，而是结的果子像蒜头般的一种植物。蒜头果，在植物学上，独属独种，没有兄弟，没有姐妹。它仅生长在滇东和桂西某些海拔 500 米至 1700 米之间的石灰岩山地中。云南省广南县旧莫乡是目前地球上蒜头果分布和保有量最多的一个乡镇。

至今，除了中国滇东和桂西某些山区，地球上其他国家和地区未见有蒜头果分布。蒜头果，堪称植物中的“大熊猫”啊！至于具体数字嘛，还是保密吧。因为蒜头果是国家二级保护植物。据说，一些蓝眼睛和黄头发的植物大盗，披着各种仁慈的外衣，以各种甜蜜的借口，不断来这一带走动，其用心不在山水，而是在打蒜头果的主意呢。

《神农百草经》里没有蒜头果，《本草纲目》里没有蒜头果，《农政全书》里没有蒜头果，看来，蒜头果一直在深山中，静静生长，无人理睬。直至 1972 年，人民出版社出版的《云南植物志》首次对它进行了这样的表述：“蒜头果，别名山桐果。”1985 年，《云南日报》发表了《价值万金的蒜头果》新闻报道，蒜头果才开始引起植物学家的注意。

许多人并不认识蒜头果。蒜头果木材属于硬木，暗红色，硬度强，不翘，不裂，不折，有自己的个性。

早年，广南民间不知道蒜头果的珍贵，就常用蒜头果木头盖猪圈。因为蒜头果木质坚硬，猪嘴巴用力拱，也拱不坏。当然，也常用蒜头果木头做床，结实耐用。

蒜头果具有较高的经济价值和生态价值。据专家讲，蒜头果是含神经酸最高的植物。神经酸是什么？最初，神经酸是在鲸鱼大脑中发现的一种物质，它能修复被损伤的大脑神经，还能改善和促进微循环系统活性，有助于神经细胞生长和发育。具体说，神经酸能防止记忆减退、老年痴呆、癫痫、抑郁、焦虑、失眠、脑瘫、大脑缺血等症状，增强免疫功能和提升高密度脂蛋白。专家研究发现，人体自身不能生成神经酸，只能靠食物摄入。于是，科学家们就寻找含有神经酸的动物与植物。终于找到了——植物中，文冠果榨出的油里含有神经酸，元宝枫榨出的油里也含有神经酸。然而，比较数据显示，含神经酸最高的植物还是蒜头果——独占鳌头，没有并列。

为了认识和了解蒜头果，2019 年深秋的一天，我来到广南县旧莫乡安勒村。安勒村后山上生长着一片蒜头果林，面积若干亩。若干年前，县政府专门颁布了法令，把此地划定成蒜头果保护小区。

一条山路蜿蜒曲折地通往后山。我们两眼盯着路面，驱动双腿，小心谨慎地行进着，路上时不时遭遇牛屎，有的还冒着热气呢。偶尔，旁边树丛会簌簌地晃动，叮叮当当的牛铃声传来，却不见牛。

我开玩笑说：“你们这里的牛，一定比别处的牛牛啊！”

县长问：“何以见得？”

我说：“此处的牛有蒜头果吃啊！”

县长说：“可不敢，蒜头果榨出的油贵比黄金，我们哪敢喂牛啊！”

闻之，一行人都笑了。

我们翻山越岭，气喘吁吁。迎面出现一块宣传牌，立在两棵大树中间。

县长说：“到了，前面就是蒜头果小区了。”

我擦着额头的汗，驻足端详，只见宣传牌上画着保护小区范围图，经度多少，维度多少，还标注了坐标点的位置。图旁边是文字说明，写着什么是蒜头果，大树多少棵，幼树多少棵。

最后是一行很严厉的话：“保护小区内禁止乱砍乱伐，禁止偷盗种子，禁止毁林开荒，禁止纵火，违者必究！”

目光从宣传牌移开，投向四周。保护小区似乎有隐隐约约的栅栏围着。说是栅栏，其实就是东倒西歪的几根木棍象征性圈一下罢了。

县长手指树林里挂着小牌子的树说：“喏，那就是蒜头果。”

“哎，树干树叶都像香樟树呢。”

“对，很容易跟香樟混淆。”

我走到一棵较粗的蒜头果树下，用力拍了拍树干，发出梆梆梆的响声。我侧耳贴在树干上，继续拍，梆梆梆！低头仔细观察，蒜头果的根都扎进裸岩石缝里了，多为单株生长。树下伴生的植物有水冬瓜、箭竹，还有一些叫不出名字的杂灌木。落叶和腐殖层上有散落的果实，弯腰捡起几枚，观之，状如板栗果。剥掉外面毛皮，里面的内果才像蒜头，看起来憨态饱满。

农历九月下旬，蒜头果成熟。在长期实践中，安勒村人积累了一套用蒜头果榨油的经验。他们先将果实脱皮，籽粒装进竹篓中，浸泡于山间河流，反复冲刷，洗去籽粒表皮的黄白色的粉层，然后，将籽粒倒进石臼里用木槌捣碎，置于竹席晾晒数天。此过程谓之“露”。“露”后的籽粒水汽大大减少，干爽的籽粒再经过炒、蒸的程序，就可榨油了。

县长告诉我，蒜头果籽粒含油量高达 65%，但民间木榨法头一次只能榨出 30% 的油。因此，往往初榨后，再将油渣置于竹席“露”数日，然后上锅炒热再榨。如此，反复三次，所含之油尽可榨出了。

蒜头果之所以珍贵稀有，除了自然分布区域狭窄以外，还有一个重要原因，就是它长期以来不能人工种植。2004 年之前，人工繁育没有一例成功，均是不明原因的失败。红土壤不行，黑土壤不行，黄土壤不行；

土壤太酸不行，土壤太碱不行，腐殖土过多也不行，到底什么土壤行呢？科研人员经过10年的努力，意外地用河沙沉积催芽法，终于繁育成功。原来，它喜欢河沙沉静稳重的性格，喜欢它微碱微酸的小脾气啊！

——欢呼雀跃呀！激动不已呀！

然而，能繁育出小苗，却并不意味着小苗能移植造林。广南头一批育出的10万棵两年生的小苗，移植后生生不发芽。科研人员以为是假死，切片研究后发现，不，不是假死，是真死呀。结果，那移植的10万棵小苗全成了干柴。

如今，随着科研难题的一个个破解，在广南的山岭上我们终于可以看到一片片的蒜头果人工林了。长势昂扬，茁壮而蓬勃。

是的，蒜头果，这种奇异的植物，在静静的生长中，寄托着广南人的希望和未来。

管涔山

汾河源

管涔之山，汾水出焉。

汾河源头在管涔山上，具体在管涔山上哪个山头？哪条沟里？我们要用自己眼睛亲眼看看。我们翻山越岭，奔波不歇，向北，向北，还是向北，去寻找汾河源头。其实，也不用我们找了，前人早就替我们找好了——源头在管涔山脚下雷鸣寺。

转过山脚，忽地一下，视野阔了，眼界宽了，前面是一块川地。先看到的是一个蓝色牌子，上书“汾河润三晋，源头在管涔”10 个大字，接着突地出现一个大水塘，塘里的水汩汩地涌动着，泛着翡翠般的绿色。

水塘东边是一崖壁，陡峭峻拔。我们沿崖壁下端缓步前行，来到一处紧贴崖壁而建的寺庙——雷鸣寺。近前观之，只见寺庙前一金字塔般的玻璃罩子罩住一物，那物还能是什么？不用问，一准就是泉眼了。

“为何罩住？”

哈拉哈河源头

海的尽头的海

管涔山林区管理局局长常志勇说：“不罩不行啊！游客总向泉眼投硬币，天长日久，硬币堆积成了一座小山，快把泉眼堵死了。没有办法，只好把泉眼罩起来了，确实有点不太雅观。”

常志勇无奈地摇摇头。“不过，”他说，“这还不是真正的源头呢。”

“啊？使出了障眼法吗？”我们疑惑地看着他，“此处还有玄机？你是故意吊大家胃口呀！”常志勇吧唧吧唧嘴巴，没言语，笑了。一干人也都笑了。

吱呀一声，常志勇推开一道门。哇！眼前是一口井，井里的泉水咕嘟咕嘟冒着。准确地说，这是一口井泉。井口上架着一个辘轳，井绳蛇一样缠绕在辘轳上，绳子的一端系着一个小木桶。

常志勇娴熟地摇着辘轳，三下两下，四五六七下，就提出了一桶泉水。他示意我喝，我看看他，看看桶里的水，还等什么呢，撸起袖子，俯下身去，双手端着桶沿，嘴贴在桶沿的豁口处就猛地喝了一口。呀，甘甜爽润，清冽无比呢！

早年间，汾河一度是漕运的重要水路。繁盛喧嚣。那时，管涔山林区的木材出山，主要靠放排。成批成批的木头在水边扎成排，推到汾河里流送，一路漂流到太原，再上岸运送到各地。放眼望去，河面上的木排连着木排，首尾相距几公里，排工的号子喊声连天。

当时，“万筏下河汾”的场面甚是壮观。

管涔山森林涵养的水源造就了汾河，汾河的荣耀和辉煌，自然就是管涔山森林的荣耀和辉煌了。

缪尔说：“那种认为，有了水才有森林的观点是错误的。实际上，正相反，是有了森林才涵养了水源。”是的，森林之根系布满大地，纵横交错，形成网状的巨大海绵。将云彩施与的甘霖储藏起来，化作咕咕清泉，造就了溪流，造就了汾河。

然而，20 世纪 90 年代初期，由于森林过度砍伐和煤矿滥采导致管涔山生态遭到严重破坏。水系紊乱了，地下水位下降了，汾河几乎断流。

这些年，管涔山林区的天然林保护工程和退耕还林工程取得明显成效，生态系统趋于稳定，水源涵养情况喜人。汾河源头的水量变化指数，能够说明一切。

常志勇对我说：“从汾河源头监测数据来看，源头水量比 20 年前明显增大。”

是啊，时间可以愈合伤口，时间也可以使生态重现生机。

当然，美好的事物从来不是等来的，时间里更有人的努力。

三棵树

管涔山林区，最常见的树就是油松、云杉、落叶松。也可以说这三种树构成了管涔山森林群落的主体。油松，生猛强势，甚至有些霸道，从不谦让。它的神态和举止都异常神奇，异常另类。它是森林中当然的王，无可争议地掌控着这片土地，这片竞争激烈的空间。

有它的地方，阳光和水分就难有其他植物的份了。管涔山的气候和土壤是最适合油松生长了，它占据着森林中最显著的位置，在风的鼓动下，制造出一波又一波汹涌澎湃的松涛。

从油松树下走过，松脂和菌类混合的气息，令人想入非非。

松果也饱满，个头大。一不小心，被风从树上摇下来，恰好砸在贼头贼脑的松鼠背上，生疼生疼。

云杉，挺拔清秀，呈灰绿色，树形如塔，有谦谦君子之风度。不管是独株，多株，还是群落，都保持着应有的自律和节制，绝不任性。它具有一种恍若隔世的奇异气质，默默无言，沉静稳健。

它的树枝分生出无数鲜嫩的枝丛，一丝丝，一束束，相拥相抱，带给人无尽的遐想。叶子极其浓密，优雅细腻。所有的叶子都紧致有序，规规矩矩，形成一种仪仗队的样态。它下垂的枝条，严严实实地包裹着树身，一直包裹到地面。它的根，向地下尽可能远的地方延伸，牢牢地抓住大地。

是的，根深才能叶茂。远远看去，云杉呈现着一种雕塑般的美。当金色的花粉成熟时，它们将整个树身染成金黄。花粉幽香的气味，在林间弥漫，久久不散。

而落叶松呢，则是一种智慧的树。它冬天落叶，光秃秃的，单株看，不怎么好看，但保存了营养和体能。春天来了，它就快速披上绿装，噌噌生长，从不游手好闲、无所事事、浪费时间。它的使命，就是努力向上，去接近阳光。

天池

长白山有个天池，天山有个天池，管涔山——也有个天池。据我观察，凡有天池的山，必是通天的，也是通海的。

此话怎讲？

通天则意味着高，高则意味着寒。青藏高原有积雪吧？天山有积雪吧？长白山有积雪吧？哪怕是五六月，甚至七八月，都有积雪。

管涔山也不例外。五六月间，遥望群山之巅也能看到积雪。

通海是怎么回事呢？通海是反向的，是往下的。管涔山怎么会通着海呢？准确地说，不是管涔山通着海，而是管涔山上的天池通着海。其实，管涔山上的天池并不大——“阔五里，水不测深浅，天旱不涸，阴霖不溢。”这段文字是康熙年间一位叫黄图昌的知县写下的，有点意思。天池的水到底有多深呢？历朝历代没有人能探测出来。

天池为何不涸？为何不溢？总该有原因的呀，如果找不出原因，只有一种可能了——天池底下有秘密。

是的，天池底下有秘密。它“潜通桑干河”。证据何在？黄知县讲了个故事。他说，昔人赶着一辆木轮牛车出门，路上遇到一股狂风，一下把车掀翻了。车轱辘掉下来，咕噜噜滚到天池里。几天后，车轱辘居然从桑干河上漂出来了。

有人不信，说怎么会呢？于是，眉头一皱，计上心来。“拿鱼来！拿鱼来！”就把七条鱼用细绳穿上金珠放进天池里，没几天，有人就在桑干河里发现了七条穿着金珠的鱼。奇也！不信的人终于信了。

由此断定，天池池底通着桑干河呢。而桑干河通着海河，海河通着大海。如此如此，管涔山的天池通着大海，不就找到逻辑关系了吗？

其实，地球上没有孤立的事物，万物都是联系的。生态是个整体，有一条看不见的线连着呢。

巨木

远古时代，管涔山就生长茂密的原始森林——可谓林木恒茂，古木参天。北魏时，平城（大同）曾为国都，伐管涔山巨木，兴建楼烦宫。隋时，隋炀帝杨广虽广种“隋柳”，却也伐了不少管涔山的巨木，在汾河腹地建造数十里离宫殿宇，供避暑游猎之用。盛唐，造阿房宫，长安近山已无巨木，求之岚胜间（管涔山一带）。万工举斧以入，千寻百围，声震连峦，林填层豁。这里出产的巨木被大量运往长安。

柳宗元《晋问》曰：“晋北之山有异材，梓匠工师为宫室求大木者，天下皆归焉。”

当时，哪些著名的建筑用的是管涔山产的巨木呢？除了阿房宫，还有丛台宫、长乐宫、未央宫、昭阳宫，等等。宋时，造玉清宫、应照宫，又大量砍伐管涔山森林。

至北宋末年，管涔山森林数量锐减。

山西应县木塔是建筑史的奇迹。木塔高 67 米，耗用巨木（均为落叶松巨木）10000 立方米以上。整体建筑全部是木结构，没有用一根金属铆钉。管涔山民谚：“砍尽黄花梁，修起应县塔。”黄花梁乃管涔山中之山，民谚道出了应县木塔的木材来源。民国初期，管涔山森林面积不足 37 万亩，山中巨木几乎净尽。

然而，斧锯之声从未停歇。

铁路业兴起，也吞噬了大量森林。北洋政府修平汉铁路和正太铁路时，采运管涔山木材 15 万根，做枕木。此后，阎锡山修建同蒲铁路及其支线，所用 50 万根枕木，也是产自管涔山林区。

那时，木材市场异常活跃。管涔山林区的武宁县城及东寨镇就有木行 30 余家，木商云集，包山采伐，批买批卖，很多木材销往大同、张家口、绥远、察哈尔等地。日军侵占山西后，更是不放过管涔山的森林，开设四三木材加工厂、木器制造厂；组建采伐队，还铺设了从东寨到武宁的 30 公里窄轨轻便铁路，专门用小火车运输木材，对管涔山森林资源进行大肆掠夺，盗走木材 45000 立方米，许多山头几乎砍伐殆尽。

管涔山，曾一次一次惨遭屠戮。

然而，管涔山，一次一次又不可思议地恢复了生机。

一个人与管涔山

在管涔山林区，老一辈人常跟我讲起一个人——周恭。听他们周书记周书记地叫着，讲述着那些往昔的故事，从话语里和眼神中，我明显感觉到，管涔山人对他是怀着崇敬之情的，尽管他已故去几十年了。

周恭出生于管涔山。抗日战争时期，曾任管涔山游击队队长，设埋伏，端炮楼，打得鬼子屁滚尿流。他有勇有谋，屡立战功。1949 年 3 月，宁武县城解放。周恭出任宁武县首任县长，后调到省城太原工作。想想看，以这样的资历，顺风顺水，官职本可以做得更大，但那不是他内心的追求。

1958 年，他放弃了省城的工作和舒适的生活，依然回到管涔山，出任林区党委书记，以山为家，以林为伴，以绿为荣，以苦为乐。他是管涔山的“活地图”。翻山岭，钻密林，涉湿地，攀悬崖，进林场，住农家，一年又一年，他跑遍了管涔山林区的山山水水，沟沟坎坎。他熟悉那些云杉、油松、落叶松的群落世界，喜欢闻松脂的气味，喜欢倾听鸟的歌唱。

然而，光有情怀是不够的。因为，周恭面对的都是棘手的问题。周恭接手的管涔山林区虽然千疮百孔，但一切问题的背后都是人的问题。林区要发展，人才是关键。周恭在秋千沟林场创办了林区第一所林业技术学校，培养的首批 100 余名毕业生，成为林区各个林场的技术骨干。

之前，林区的通信相当落后，还是那种“鸡毛信”的通信方式，这怎么行呢？周恭经过踏查，决定架设林区电话线，电线杆子就地取材，一下就架设了 130 公里。汾源、荷叶坪、大石洞、芦芽山、杜家村、北沟滩、接官亭、羊圈沟、深山坞、怀道、店坪、轩岗等经营所和林场都通了电话，彻底告别了原始的凭借脚力送“鸡毛信”的通信方式。

早年间，管涔山林区木材运输，一直沿用畜运、冰运、水运等古老的手段。就拿冰运来说吧，伐木工清早从东寨出发，沿着冰河要走 30 里才能到达马家庄采伐区。再把伐倒的木头一根一根沿冰河运到东寨贮木场，往返一次就得 6 小时，效率极低。日军侵占管涔山时期，虽有一段窄轨铁路，但日军投降后基本就废弃了。修林区公路，不仅是运输木材的需要，也是林区森林防火的需要。经过勘察设计，林区公路很快开修了。

那时，修公路没有专业施工队，全是林区干部职工自己义务劳动。周恭也撸起袖子，挥动镐头，带头参加义务劳动。公路在一寸一寸向前延伸着，林区的交通在一天一天改变着。整整用了 7 年时间，林区相继筑通了 8 条干线公路、13 条防火公路，总长度达 200 多公里。

那些公路，至今还在发挥着作用。

是的，它们见证了林区的荣耀与辉煌。它们本身就是林区的荣耀与辉煌。

在周恭掌管管涔山林区期间，森林资源不但没有减少，反而长大于消，由中华人民共和国成立初期的 30 万亩，增加到 60 万亩——这在那个年代，简直就是传奇。

他创造的“轻勤抚育法”得到林业部充分肯定，并在全国林区推广。管涔山的主要树种是云杉和落叶松。这些林木密度大，根系浅，层次分明。过去的采伐规程，是按照林木 25% 的比例进行采伐。周恭发现，这种采伐方式不妥。由于冬季风雪大，作业时间长，此种采伐法会导致很多中幼树木倒折，损坏资源。如果改进采伐方式，按林木 5% 的比例采伐，5 年至 7 年轮回一次，就会减轻强度，缩短时间，也不会对下层中幼龄树木造成伤害。此法被命名为“轻勤抚育法”，广受赞誉。在那个时代，他凭一颗善心，尽最大努力，保护了那些树。

周恭说：“森林不是为了一时所需，更要考虑长远。青山常在，才能永续利用。”

周恭已经离世几十年，但管涔人依然时时想起他。

今天，当我们置身管涔山百万亩林海时，一个人与一座山的故事，也深藏在我们心中了。

封禁

管涔山，史称燕京山。管子山。具体方位在哪里？北承阴山余脉，南接吕梁云中，西抵黄河东岸，东衔洪涛侧翼。志书上是这样描述的：“群峰逶迤，重峦叠嶂，绵延腾骧，气势磅礴。”

管涔山，雄踞于晋西北黄土高原东部，跨涉宁武、神池、五寨、岢岚、原平、静乐六个县市。主峰芦芽山，高 2772 米。管涔山的生态地位极为重要，它是“五河之源”。它与汾河的关系，就不多说了。另外四条河则是——北出塞外的桑干河，向东流去的滹沱河，向西注入黄河的岚漪河和朱家川河。

它面积多大？都有什么东西呢？

管涔山纵横四万平方公里，森林资源得天独厚，被誉为“华北落叶松的故乡”“云杉之都”和“华北绿色明珠”，有褐马鸡、金钱豹、金雕、黑鹳、大鸨、原麝等珍稀野生动物。它是华北地区野生动物的天堂，也是不可复制的物种基因库，更是北京的西部生态屏障。

生态学家认为，生态系统的自然演变是生物进化的自然过程。森林按其自身的生物、生态学特征有自然萌生、发展、衰亡和再生的规律，而这种自然演替是通过种群间的竞争，在自然淘汰中实现的。

封禁是保护森林最有效的手段。然而，不是所有的地方都可以封育，封育是需要一定立地条件和一定时间的。而管涔山是最适合通过封育手段修复生态，再造森林的山区。

哪里长什么乔木，哪里长什么灌木，哪里长什么草——大自然最清楚不过了。减少人为的干扰或者压根就不去干扰，大自然就会按照自己的方式长出该长的东西，只要给它时间。

“千年草籽，万年鱼子”——这是对自然法则万古不变的生动描述。共和国第一任林业部部长梁希说：“封育是一种最经济的办法。”什么是经济？经济就是以最少的投入，去获取最大的效益。他还说：“封育要实行三禁，即禁樵采，禁放牧，禁垦荒。”

管涔山的首次封育始于何时呢？我猫腰撅腚地在典籍史料中细细找寻，终于找到一些有价值的信息。管涔山首次封禁应该是在宋朝。宋真宗年间，管涔山不得伐木，不得开垦，实行封禁。这就使得森林迅速得到更新，以致“山林富饶”，成为“材用之薮”。

明朝万历三年（1575），由于推行“植树防戎”政策，管涔山北麓黄花梁一带，官树繁茂。明朝对山场的管理也十分严格，实行保甲制度，流民编成保甲，分立界限，责成看守界内林木。自盗者照例问罪，纵人盗而不举者一体连罪。

清代顺治年间，巨商图谋伐取管涔山林木。一个叫李文焕的朝廷官员上书皇帝，“以有限山木，一经斧斤，不过一二年间，山穷木尽，商窜税无”。由此，建议封禁，不得伐取。此建议被顺治皇帝批准，诏告天下。从而，管涔山得以休养生息若干年。为了纪念李文焕之功德，管涔山民间，特立了一块石碑，曰之“民山碑”。

最大规模的封禁应该是2008年“天保工程”的实施。管涔山林区构筑了三道森林保护的防线。一线护林员，二线管护站，三线巡逻队。他们尽职尽责，日夜守护着管涔山的森林，守护着这颗绿色明珠。

经过20余年的努力，管涔山封禁取得明显成效，森林面积由中华人民共和国成立初期的不足31万亩，达到现在的126万亩。

啧啧，相当于1949年之前的4倍呀。

森林之美

地球正面临着两个可怕的危机——其一，气候濒临崩溃；其二，生态濒临崩溃。

怎样才能避免危机呢？怎样才能防止崩溃发生呢？专家说，光靠技术手段无法解决气候变化问题，何况，一个问题解决之后，另一个问题又会产生。最可靠的方法，就是保护和恢复森林，特别是天然林。修复了自然，也就治愈了自然。

我们司空见惯的事物，我们习以为常的生活，需要重新思考和定位了。

管涔山森林有着别样的美。无论此前我走过多少路，去过多少北方或者南方的林区，也不能代替管涔山带给我的别样感觉，那种倾心和迷醉。

是的，管涔山的森林之美，曾经令我惊叹。

想起缪尔的一段话，他说："森林不仅仅是河流的源泉，它还是生命的源泉。森林作为用材林，它们的价值并不大，然而作为鸟和蜜蜂的牧场，作为灌溉农田的水源涵养地，作为人们可以迅速避开灰尘、热浪和焦虑，并且可以深呼吸的地方，它们的价值是不可估量的。"

缪尔还说："我用尽浑身解数来展示森林的美丽、壮观和万能的用途，就是要号召人们来保护它们，在保护的同时，来欣赏它们、享受它们，使它们得到可持续的合理利用，并将它们深藏心中。"

告别世俗的欲望和喧嚣，置身管涔山，尽情地深呼吸吧。森林及其森林创造的美，会洗净你的忧愁和烦恼，让你躁动的心平静下来。

——因为，此时此刻，我的感觉就是这样。

苔藓笔记

朋友斧子跟我说，看见苔藓就想起老家。斧子说，老家门前台阶上的石缝里长满苔藓。那长满苔藓的台阶上有斧子童年欢乐的记忆。在雨后的苔藓里，斧子捉过粉红色的蚯蚓；在烈日晒蔫苔藓的日子，斧子数过搬家的蚂蚁。当然，也在长满苔藓的台阶上摔过屁墩，生疼生疼。说罢，斧子怅然地望着远方。

或许，每个人的记忆里都有一丛苔藓。绿茸茸。柔软。湿润。

苔藓，非菌非蕨非草非木，无花无果，有茎有叶没有根。人说无根的东西不靠谱，苔藓却不然，它不会稍纵即逝，不会随风飘散，不会离经叛道。甚至，也永远不会腐烂。在这个意义上说，苔藓的灵魂不朽。

时间之外，一定还有一个苔藓时间。苔藓时间存在于静态里，存在于我们的想象无法抵达的深处。苔藓时间是长了牙齿的时间，能把石头吃掉，能把格局改变，能把空间解体。在阴暗潮湿之处，在残破不堪之中，浮生出新的气象。

在长白山，我曾看见山民用苔藓包裹刚刚挖出的人参，在早晨的集市上出售。那苔藓，薄薄的一层，还带着露珠。山民说用原生态的苔藓保湿保鲜，才能保证人参的品质和性格不变。苔藓没有疆域，地球上任何角落都有它的身影。只是需要时间和湿度。苔藓不畏严寒，在厚厚的冰面或者积雪下照样生存。苔藓，是冬天北极驯鹿重要的食物。在苍茫的天际里，驯鹿能够闻出它的气味。前蹄刨开积雪，只要找到苔藓，就可以度过漫长的冬天了。苔藓与驯鹿之间，存在着一种神秘的联系吗？

苔藓分明长着耳朵。它能听到水声风声雷声，能听到山林里竹笋拔节的声音，能听到藤蔓伸腰打哈欠的声音，能听到花开朗笑的声音。如此，声音听得多了，浅的苔藓也便深了，薄的苔藓也便厚了，疏的苔藓也便密了，散的苔藓也便聚了，瘦的苔藓也便肥了。

苔藓在改变着世界的同时，也在创造着世界。

它是植物里的涉禽，喜阴喜湿喜水。它知道水的来处，知道水的去向。远看，是典籍文字里的漶，模糊不清，朦朦胧胧；近观，是水畔木屋时光里的闲，慵懒如沙发上发呆的女人和旁边睡觉的猫。丢在沙发下的是一本小说。书角折了。折就折了，不管。

苔藓远离所谓的艺术。画家画竹画兰画梅画菊，没有哪个画家去画苔藓。这不怪画家，因为画家的心里长出了苔藓，遮蔽了画家的眼睛。苔藓，是五星级酒店大堂门口的脚垫。脚，无视它的存在，踩来踩去。因之有自己的信念，才有了耐心和坚韧。苔藓，是踩不死的。

苔藓几乎没有脾气，一言不发，悄无声息。它有一种隐忍的气质，我们很少听到有关它的消息。它对任何植物不构成威胁，不与树木争强，不与花草抢眼。然而，看似卑微，实则有着超强的修复自然的能力。苔藓，是锔盆锔碗、锔锅锔缸的钉吗？尽管我们已经很难见到锔匠，很难见到那万能的钉了。在修复的过程中，苔藓稳固了土壤，稳固了植被，保持了水分，增强了自然的免疫系统。在修复的过程中，它缝合瑕疵和遗憾，缝合疲惫和恐惧，用柔情和慈爱去抚慰大地受伤的心。

依照寻常的思维来看待苔藓，有些不太符合逻辑。不用耕耘，不用播种，它却在我们忽略的角落不可思议地长出来。这到底是怎么回事？

它从来就不是主角，甚至连配角也不是。它表现出迥异的生活形态，在不可能的地方表现出可能。它长在峭壁上，长在废墟上，长在老瓦上，长在树皮上，长在井台上，长在乌龟的甲片上，长在蜗牛的脊背上。它不占空间，几乎没有多少重量。看不见它生长，可它一刻不停地在生长，即便在我们的梦里。

是的，生命的本质，是我们无法看穿的。苔藓演绎的故事，始终是个未解之谜。林奈说：“自然从不跃进。”这位眼窝很深头发卷曲的植物学家或许搞错了，其实，苔藓无时无刻不在跃进。虽然这种跃进我们无法看到，但能够真切地感知——它有一个伟大的梦想。

所有生物皆以繁衍种群为目的。苔藓是例外吗？

在浙西山区某地，斧子拿着手机拍来拍去。起初，我以为斧子在拍那高大的古树和古树下的村落，到近前才发现拍的是苔藓。小溪边的苔藓，台阶缝里的苔藓，古树干上的苔藓，老屋墙角的苔藓，天井四周的苔藓。

那些苔藓，泛着幽幽的光，润润的湿，升腾着雾霭，仿佛云蒸霞蔚的幻景一般，弥漫着鲜活的气息。我吃惊地瞪大了眼睛。

金丝楠木

竹溪，是著名的楠木之乡。

从地图上看，竹溪处于中国版图雄鸡的心脏位置，是自然的“国心”。这里是汉江最大支流堵河的源头。江也好，河也罢，往往是“通”则“流”也。而竹溪的河，偏偏反着取名——堵。有意思吧。

为了寻访退耕还林楠木种植情况，我专程来到此地。

竹溪县副县长余凯告诉我：“竹溪退耕还林之所以种植了一些楠木，主要考虑楠木是中国特有树种，具有重要的经济价值和文化价值。此外，野生楠木资源越来越少，处于濒危状态了。作为楠木之乡，通过退耕还林来拯救这一物种，增加楠木资源存量，既是责任，也是使命。”

余凯曾担任过县文化局局长，对楠木文化颇有研究。在竹溪的两天时间里，我们谈的是楠木，看的是楠木。

楠木是一种极品木材，自古有“水不能浸，蚁不能穴”之说。楠木生长缓慢，是真正的大器晚成之木——长成栋梁之材，至少需要200年以上的时间。楠木有五大特性：一曰耐腐，埋在地里可以几千年不腐烂；二曰防虫，它散发一种幽香，其香气介于“有”与“无”之间，经久不衰，这种香气能驱虫避害；三曰不凉，冬天触之温手，坐之温臀；四曰不裂，其性中和，少有脾气；五曰纹美，纹理温润柔和，细密瑰丽。正是基于这五大特性，故楠木被誉为群木之长。

楠木至美者为金丝楠木。金丝楠木的“金丝”不是生来就有的，而是“美成在久”的产物——楠木中的桢楠长到一定年头，木质内才会含有“金丝”。如何判断一株楠木是否为金丝楠木呢？余凯说，大体有三个要素可以成为判断的依据。第一，看树干有没有虎皮斑；第二，折树枝看是否流出蓝色树液；第三，看切面是否有“红心”。如果虎皮斑、蓝树液和“红心”三种情况都存在，基本就可以判断是金丝楠木了。正常情况下，“金丝”是看不见的，只有在光照下，金丝楠木会折射出丝丝金光，若隐若现，纹理或像水波，或似云朵，或如锦缎，或若虎皮，烁烁奇妙。

金丝楠木，有一种至尊至美的高贵气质，不喧不噪，安静沉稳，盖世独一，被称为“皇木”。

在中国建筑中，金丝楠木一直被视为最理想、最珍贵、最高级的建筑用材，在宫殿苑囿、坛庙陵墓中广泛应用。北京故宫和承德避暑山庄等现存完好的古建筑多为金丝楠木构筑，如文渊阁、乐寿堂、太和殿、澹泊敬诚殿等都是用金丝楠木做四梁八柱，并常与紫檀配合使用。

北京通州张家湾，是皇家专门存放金丝楠木之地。至今，那里还有皇木厂的地名。为何金丝楠木存放这里呢？在通惠河凿通之前，张家湾是明代大运河北段最重要的码头。也就是说，那时的金丝楠木，都是通过大运河上的船只或者放排运过来的。

明代宫廷建筑用材，曾从竹溪伐取大量楠木。

北京故宫午门和永寿宫等处使用的梁柱，就是产自竹溪的金丝楠木。在竹溪，我被一片颇具原始意味的金丝楠木群惊呆了——远看，蓊蓊郁郁，聚气巢云，遮天蔽日；近观，如银圆般大小的虎皮斑，包裹树干，层层叠叠，直插云端。遒劲的树根若巨龙脚爪，在石缝中若隐若现。这是新洲镇烂泥湾村的一片金丝楠木古树群，结构完整，疏密有致，林相巨美。数一数，共有196株，树高15米至40米不等，占地面积8亩左右。

“树龄有多少年了？”我指着一株最粗的金丝楠木问。

竹溪县林业局局长李善平回答：“我们专门请专家测定过，树龄超过650年了。”

李善平告诉我，烂泥湾村民视金丝楠木群为村中之宝，自觉加以保护。村规民约中明令禁止任何人采伐和损坏楠木。村民还自发成立了一支护林队，日夜守护着这片金丝楠木林。数百年来，未曾发生过一起盗伐案，此片金丝楠木林未受到任何伤害。近年，不断有富豪出高价购买这片金丝楠木林，均遭到村民断然拒绝。

历史上，竹溪河两岸就分布着楠木丛生的森林群落。山下不远处有一处古宅大院叫王家大院，是清代富商王三盛所建。整个建筑坐北朝南，占地一百余亩。大院呈“王”字形，建筑结构同式三幢并列，一进八重四十八个天井，一千余间。够气派吧！兴建大院自然要耗用大量木材，居室四梁八柱和门窗户扇，均为连环雕花，处处用的都是良材美干。但不知什么原因，王三盛并没有动过采伐这里金丝楠木的念头。依他的实力，在那个年代，他如果采伐那片金丝楠木的话，应该不是问题。但是，他却没有采伐。

明清时期，皇家有专门采办金丝楠木的官衙。官员采办金丝楠木的数量是作为业绩进行考核的。多者，即可得到晋升。金丝楠木，是与官员仕途紧紧联系在一起的。

然而，自然界的金丝楠木都生长在“穷崖绝壑，人迹罕至之地”。伐木者往往入山一百，出山五十。金丝楠木是用性命换来的呀！运输也不易。“斧斤伐之，凡几转历，而后可达水次，又溯江万里而后达京师，水陆转运数月难计”。

明朝嘉靖年间，故宫修缮。光化知县廖希夔奉旨遍寻金丝楠木，不得。就在他万分沮丧，不知如何交差时，有人告诉他，慈孝沟有楠木。慈孝沟在竹溪河上游。廖希夔闻讯大喜，须臾不敢怠慢，便带人急急赶往慈孝沟。然而，此沟幽深险峻，人迹罕至。廖知县历尽艰辛，方进此沟，终于采得金丝楠木，其兴奋程度可想而知了。廖知县写了一首诗，记录了当时的情形。

> 采采皇木，入此幽谷，求之不得，于此踯躅。
>
> 采采皇木，求之既得，奉之如玉。
>
> 木既得矣，材既美矣，皇堂成矣，皇图筑矣。

廖知县命人把那首诗刻在崖壁上。数百年过去了，虽历经岁月和风雨的剥蚀，也有荆棘杂草覆盖遮掩，但至今仍清晰可辨。

字，直径三寸，字面占崖壁平面近一平方米。

历史总有些悬疑令我们难以理解。当年，廖希夔找寻金丝楠木几乎转遍了竹溪河两岸，却不知什么原因，生生漏掉了烂泥湾。也许，一听烂泥湾这个名字，就没了兴致，也就疏忽了吧。然而，在烂泥湾却藏着如此偌大一片金丝楠木。幸亏未来此地，否则，那些金丝楠木的命运就难说了。

20 年来，通过退耕还林，竹溪楠木资源得到刚性增加。面积和株数有多少呢？还是暂且保密吧。因为，楠木的价格，特别是老的金丝楠木的价格比黄金还贵呀！只能透露一点点吧——光是一个叫马家沟的山谷里就种植了楠木 450 亩，每年繁育楠木苗木 20 万株。啧啧啧，这可不是杨树柳树槐树呀！难怪竹溪人有足够的自信和底气称自己——中国楠木第一县呢。

野性构树

在民间，构树长期背负着骂名——被唤作“坏树”“邪恶的树”。因此，乡村很少有人种构树，我们看到的构树几乎都是野生的。

构树坏吗？有那么一点点坏！

构树邪恶吗？有那么一点点邪，但离恶还差得远呢。

夏天，穿白裙子的女士正在构树下与男神进行一场浪漫的幽会，啪的一下掉下一枚构树果子砸在白裙子上。糟糕，那白裙子的局部一准被染红，留下一片污渍。

——尴尬吗？尴尬！

——难堪吗？难堪！

——讨厌吗？讨厌！

欢天喜地刚买来的白色轿车停在构树下，也要当心了——说不定几时构树果子掉下来，爱车就要倒霉了。构树常常干出一些令我们出乎意料的事情，一些令我们尴尬令我们难堪令我们讨厌的事情。

不光是这些，构树还不讲规矩，乱长，疯长。甚至，它还有些任性，庄重的肃穆的场所它也长出几棵。比如寺庙的塔尖上，高压线铁塔的鸟窝里，大楼顶层的阳台上，等等，那些地方是长树的地方吗？太不体面了吧，太不雅观了吧，太不讲究了吧。

作为树，构树既是乔木，也是灌木。构树的名字可真是不少，有的地方称作“皮树”，有的地方唤作“构树”“麻叶树”“沙纸树”。构树在华北、华中、华南、华东、西北、西南等广大地区，都有分布。说句公道话，构树的所谓“坏”和“恶”，跟构树所创造的价值相比，几乎可以忽略不计了。

一棵构树就是一台空气净化器。它抗污染能力强，能吸收有毒气体，鲜有病虫害发生。构树根系发达，形成一张巨网，护堤护坡，防止水土流失；能把土壤中的有害成分吸出来，降解转化，改良土壤。构树是治理矿区、治理雾霾、治理有害环境的好树种。更主要的是，构树可以为一些鸟类和蜜蜂提供食物和蜜源。构树果子的味道，有点像桑葚，相当甜美，各种鸟类喜欢啄食，也是蜜蜂采蜜的蜜源。构树果子在树上的悬挂时间，可达 3 个月。够长的吧。也就是说，一年里有 90 天的时间，构树是鸟类和蜜蜂的“厨房”。

一般而言，一颗构树果子有 200 至 300 粒种子，而一棵成年的构树上一般可结 2 万至 3 万颗果子。构树乱长，不该长的地方也长出构树，不是构树不讲规矩，是鸟不讲规矩，鸟吃了构树果后，籽儿消化不了，就排出来。鸟排便的地方，恰好具备植物生长的条件，那里就长出构树了。所以，说构树都是野生的，不如说野生构树都是鸟们播种的更准确。鸟是构树的“播种机”呀！

李时珍《本草纲目》里所载的“楮”，即构树。构树的果实及树根皆可入药，补肾利尿，强筋健骨。

构树专家沈世华经过多年的努力，已经繁育出杂交构树，生命力旺得很，可以像种韭菜一样种构树，一年能割三四茬。平茬后的构树一个月能长一米多高。割下的构树及其叶子加工成猪饲料，猪极喜欢吃。吃构树饲料长大的猪，被唤作“构香猪”，肉质不同于普通的猪肉，紧实，有肉味，格外香。

构树的蛋白质含量高，适合做饲料，可与紫花苜蓿媲美。除了猪嗜吃，牛羊马驴鸡鸭鹅也喜欢吃。有人用这种饲料去喂水塘里的鱼虾鳖蟹，想不到的是，它们也喜欢得不得了。

目前，构树产业规模还很小，链条也不够长，制约构树产业发展的因素还很多。其中，有种苗的问题，有政策的问题，有市场的问题，更有“在什么样的地上种”的问题。有人说：“种构树与粮食争地。”这显然是不了解构树，认识上也存在偏见。构树适生性强，田头地边、塘畔渠沿、荒山荒地、矿区废地都可以种，根本不必占用耕地农田。

构树的文化价值也不可忽视。构树皮的价值被认识较早，远古时人们就用它来结绳了。构树皮还是造纸的好原料。史料记载，当年，蔡伦造纸的原料主要就是构树皮。

民间作坊里，造一张纸，从采料到揭纸，共有 72 道工序，工艺极其讲究。构皮纸呈奶乳色，亮度柔和，性格内敛，脾气稳健。

此纸，还是匠人扎灯笼、扎龙灯的首选。也可制作鞭炮、“二踢脚”、“冲天雷”，制作导火索和灯芯。当然，也是制作油纸伞必不可少的好材料。

世界上最早的纸币是北宋时期的“交子”。据考证，“交子”就是用构树皮造的“皮纸”印制的，还有《四库全书》《永乐大典》也是用“皮纸”印制的。人民币是用什么纸印制的？据说，人民币的币纸主要材料是构树皮木浆和短棉绒，其他添加材料应该也有一些吧。恐怕人人都有这样的体会：币纸光洁、坚韧、耐折，挺度好，抗腐蚀，不易损坏。用手抖一抖，会发出一种令人兴奋的脆响。这就是构皮的成分在里面暗暗发力呢。

从传承和弘扬传统文化的角度来说，大力发展构树产业，也是十分必要的。

构树不是“坏树”，不是“邪恶的树”，是我们应该放声讴歌的树，是我们应该放声赞美的树。尽管它不怎么端庄，不怎么讲究，不怎么优雅。

球果悬铃木

球果如铃，叶展如掌，皮剥如片，冠大荫浓，枝条舒展，树形优美。此谓何树？——悬铃木。

球果悬铃木有超强的吸毒、滞尘和隔噪音的作用。它是城市行道树的首选。悬铃木，又被称为法桐。

——其实，这是一个错误。

法桐，并非法国原产，与梧桐也无任何关系。只不过最早是法国人种在上海霞飞路的法租界里，即被误称为法桐了。

将错就错吧——不过就是称呼嘛！只要你愿意，你也可以给树木起一个名字。对于我们来说，能够叫出名字，能够识别的事物才是属于我们的吗？也不尽然——即使不知道它的名字，通过树皮、树干、树冠、树叶及其花朵和果实等特征，也可以了解一株树。

树木也是有灵魂的。

认识一株树，就像认识一个人，了解得越多，关系就会越深厚。当你长期观察一株树，它一点点细微的变化，你都了然，你能理解和感受它的思想和欢愉的时候，树的灵魂就负载着你的灵魂了。

19 世纪中期，我国就有悬铃木种植了。南京石鼓路小学校园里有一株高 27 米的二球悬铃木，是在修建教堂时，由一位法国传教士栽种于此。它被称为南京市“001 号悬铃木”。

南京是因悬铃木而久负盛名的城市。而实际上，南京的悬铃木既有北美悬铃木，也有英国悬铃木。二者怎样区别呢？也不难——一球悬铃木产自北美，二球悬铃木产自英国。

排除了一球二球，只有三球悬铃木产自法国，但在我国几乎没有一株三球悬铃木。南京的悬铃木，一球北美悬铃木居多，二球英国悬铃木也有相当的数量。

正式在树木分类学上将法桐命名为悬铃木的人，是我国植物学家钟观光先生。在文学作品中，悬铃木象征着浪漫、抑郁、寂寞、颓废，等等，但南京人对悬铃木有自己的看法，南京人偏爱悬铃木，80 年来，南京总共种植了 15 万株。然而，四月飞雪——悬铃木的飞絮问题，弄得南京人有点不够体面。飘絮随意飞舞，甚至进入行人口鼻，确实算不得文雅。专家为此也颇费脑筋，试图尝试用太空飞船把悬铃木的种子带入太空，以改变基因，使其不再飘絮。但结果怎样，尚不得而知。其实，飘絮是悬铃木的一种本能——它是以此方式，向全世界传播自己的种子。它要让自己的身影遍布大地。

悬铃木是南京的城市名片，承载了南京人太多的历史记忆，演绎了太多的故事和传奇。因之悬铃木，南京人感受到了分明的四季变化。随着空中滴落的第一声雁鸣，悬铃木摇曳的早春之美就不必细细描绘了吧，单是夏天，悬铃木宽大的叶子在行人头顶的深情握手，进而形成的一条条绿色的长廊就足够南京人享用不尽了。

树荫遮挡了灼热的阳光，让有情调的南京人忘记了难耐的酷暑。是的，谁能说南京人的幸福指数里，没有悬铃木创造的清凉呢？

秦岭拐枣

拐拐拐，拐。

在陕南秦岭山区，我认识了一种有趣的植物——拐枣。

拐枣的形状颇有幽默的意味。据说，其憨态有万德圆满之意。在退耕还林工程中，旬阳把拐枣作为主栽树种，大力发展拐枣产业。全县在退耕还林地块上，种植拐枣面积已达37万亩，其中，挂果面积已有6万亩，鲜拐枣产量6万吨，实现产值近2亿元。旬阳县县长跟我说："一棵拐枣就是一棵摇钱树。旬阳发展拐枣的目标是——每人种植100棵。"

可是，旬阳有多少人口呢？我却忘记问了。

旬阳的耕地，主要分布于秦岭山区和汉江河谷地区。耕地分为三种：水田、旱地、望天田。

何谓望天田呢？

望天田是当地叫法，其实，就是山顶上森林里"开天窗"的水田。靠雨水种稻禾（与重庆合川等地的"雷鸣田"类似）。水干了，田就荒了。望天田，土层薄，耕作层浅，由于反复耕种，致使土壤养分严重缺乏。又由于坡度大，水土流失甚为严重。

旬阳的望天田，通过退耕还林全部种上了树，而树又以拐枣居多。如今，旬阳无可争议地成为“拐枣之乡”。

“南山有枸”，枸即枳椇，南山谓之秦岭。拐枣学名唤作枳椇，是秦岭山区的特产。

可以肯定，司马迁对拐枣也颇为喜欢。在惜字如金的《史记》中，他生生用了11个字来讲述一个故事：“独蜀出枸酱，多持窃市夜郎。”枸者，拐枣也。枸酱，即拐枣酱也。翻译一下，就是独有蜀国出拐枣食品，很多商人冒着风险，偷偷把拐枣食品走私到夜郎国销售，从而获取高利。

历史上，旬阳在蜀国版图内，司马迁没说错。那时，枸酱属于紧俏商品，一概不得出境的。然而，司马迁吃没吃过枸酱，就不得而知了。

旬阳民间，造“枸酱”之法很简单——将拐枣洗净，装入陶罐里，布封其口，再加厚泥糊上。将陶罐置于阴凉处，等果浆自然发酵，果子里的单宁转化为糖。时间会让水分慢慢蒸发，果汁渐渐浓稠化为糖浆，色如琥珀，甚美。历经两个寒暑，当甜香之气弥漫陶罐四周，扑鼻诱人的时候，就可以除去封口的泥，开盖食用了。

拐枣除可以制作枸酱外，可以鲜食，还可以酿酒、制醋、制糖，也可作香槟、汽酒、汽水。旬阳县有一家叫“太极缘”的企业，专门从事拐枣种植和系列产品深度开发，其加工生产的拐枣酒、醋和饮料深受消费者喜爱。近年，用拐枣加工的罐头、蜜饯、果脯、果干等食品，也在市场上走俏。在旬阳期间，我们到“太极缘”进行了采访。

总经理吴群军介绍，旬阳是拐枣大县，拐枣资源总量占全国八成。旬阳拐枣有红拐枣、绿拐枣、胖娃娃拐枣和白拐枣。拐枣有极高的药用价值，其果实、叶子、果梗、种子和根均可入药。拐枣富含硒、铁、钙、铜、磷等微量元素和一些生物碱。

吴群军从小就喜欢吃拐枣，能讲出很多自己与拐枣的故事。可惜，我来旬阳的时间仓促，没有静下心来听他好好讲一讲，不无遗憾。

拐枣是乡下懒人的挚友。因为拐枣树也叫“懒汉树”，那意思是只要种下去，就不用操心了，坐等收获果实就是了。这样的树，懒人能不喜欢吗？

拐枣销路巨好，韩国和日本客商更是长期盯着这东西，有些乡镇的拐枣果实未及下树，就被他们订购了。吴群军说，有六个韩国人长期住在旬阳，每当拐枣成熟季节，就敞开收购。只要拐枣品质好，似乎对价格也并不怎么计较。他们为什么这么喜欢拐枣呢？韩国人、日本人精明得很，一定有他们的原因。

古语云：枳枸来巢。什么意思呢？那意思是说，拐枣味甘，故飞鸟慕而巢之。喜鹊也嗜食拐枣。为了取食方便，喜鹊干脆把巢筑在拐枣树上。喳喳喳，它在树枝跳跃着，一边取食，一边叫个不停。喜鹊的叫声，引来了探头探脑的果子狸。它嗖嗖爬上拐枣树，把风疏忽了的最后一串拐枣摘走了。

《陕西通志》是这样描述拐枣的："南山（秦岭）有万寿果，叶如楸，实稍细于箸头，两头横拐，一名拐枣。紫红色，九月成熟，盖枳椇也。"

拐枣，果实粗鄙，无色泽，不光艳，而是棕灰色，像弯弯曲曲的棒状物。不认识它的人，绝对想不到它可以吃，甚至会嘲笑吃它的人。可是，当你放进嘴里慢慢咀嚼的时候，才会发现它居然是那么好吃——味如枣，胜过枣；甜似蜜，胜似蜜；醇香甘美。

事实上，食用拐枣并非食用它的果实，而是果梗。它的果实在果梗的先端，如豌豆粒般大，坚硬而干燥，实在其貌不扬——这就是拐枣的智慧所在。它的种子藏在果实里，剥开可见，每个果实有三个小室，每一室里镶嵌着一枚种子。

拐枣的功能实在神奇。《本草拾遗》记载："味甘，性平，无毒，止渴除烦，止呕，利大小便，功同蜂蜜。"《黔南本草》曰："解酒毒，去酒烦。"拐枣不仅能解酒，还可以败酒。据说，旧时，旬阳有一家酒铺造新房，用拐枣木做四梁八柱。结果，房子造好后，酒坛里的酒都成了水——拐枣使了暗功呢！

拐枣木，属于硬木，纹理疏密有致，呈暗红色，可做乐器、木匣等工艺品。然而，切记，拐枣木决不可以做装酒的木桶，否则，装进去的是酒，倒出来的是什么就很难说了。

拐枣适生性强，抗旱、耐寒、耐瘠薄、喜阳光，沟边、渠畔、路旁、山坡上都可以种。一般 3 年后挂果，10 年后进入盛果期。一株树可产果 60 斤。20 年树龄的，可产果 400 斤。拐枣的盛果期长，可至 50 年，甚至更长。每当深秋，拐枣成熟之时，挨过霜降，只要用力摇摇树，拐枣就像雨点一样落下来。

陪同我采访的安康市林业局局长陈扬斌猛地一下想起什么，他一拍脑门说："哎，差点忘了，神河镇还有一株拐枣古树呢，不妨去看看？"我说："好呀！"于是，我们驱车来到神河镇王义沟村。

我们远远地就看到了那株古树。蓊蓊郁郁，聚气巢云。古树生长在一户农家院子里，很是有些苍古之气。古树上挂着两个牌子，一上一下。上为红牌，牌子上写着："拐枣古树 03 号"；下为白牌，牌子上写着："古树名木保护牌：拐枣，编号：412，别名：万寿果"。细观之，两个牌子都没标明古树树龄。这绝不是有意疏忽吧？问陈扬斌，答曰，挂牌时还没有测定出树龄。他说，前不久，专家已经测定出树龄了。我问几多？陈扬斌说，至少有 1000 年了。他说，至今古树仍年年结果不歇，仅去年就产果 600 斤。

我们在那株古树下拍了一些照片。想跟户主聊聊，告知，户主不在家，去田里收麦子了，晚上才能回来。不无遗憾，我们便意犹未尽地离开了。

山路七拐八拐，把我们引向一片拐枣林。

在那片拐枣林里，我们遇到了放蜂人朱忠亮。这里原来种的是苞米，由于是坡地，一下雨庄稼就被冲得稀里哗啦，到秋天收不了多少粮食。后来村里实施退耕还林，朱忠亮就把这块地种上了拐枣。近 20 年过去了，当初种的拐枣树都长成了大树。

拐枣是蜜源树种，拐枣蜜品质极好。

我数了数，拐枣林里，放置的蜂箱有几十个。每个蜂箱都被四根木棍托起来，离地面有一巴掌那么高，悬空着。远看，蜂箱就像飘在地面上。

我指了指蜂箱问："这样放，有什么讲究吗？"

朱忠亮瞥了一眼蜂箱，说："没什么特别的讲究，这是为了防潮。"

嗡嗡嗡——蜜蜂在我们身边飞舞。我用手捂面，唯恐被蜜蜂蜇了。朱忠亮说：“莫慌张，蜜蜂不会随便蜇人的。”他说，“拐枣蜜是顶呱呱的蜜，能降血压，能醒目安神。”我低头时才注意到，朱忠亮穿的是一双草鞋。

我问：“是自己打的吗？”

他说：“是的。”

我说：“好手艺呀！”

“如今的乡下，会打草鞋的人不多了。”他说，“穿草鞋舒服。习惯了。”在场的村干部，把目光都投向了朱忠亮穿的那双草鞋，表情很复杂。朱忠亮瞥了一眼村干部，粘着泥巴的脚趾，下意识地收缩蠕动了几下。

村主任说：“这个老朱，家里有这么一大片拐枣林，还养二三十箱蜜蜂，年年收入几十万元，家里盖了新房，有摩托车，也有小轿车，早是村里小康户了，可就是喜欢穿草鞋，这不是给我这个村主任脸上抹黑吗？唉，拿他没办法。”

我们都笑了。

漆与漆人

“生漆光辉夺人眼，试点一点倾人城。” 这是古人赞美生漆的诗句。中国是漆树的原产地。生漆，历史上曾被广泛利用。早在尧舜时期，黑色漆器就用作食器了。唐代以后，日用器具，甚至乐器、兵器，几乎无物不漆了。漆器，与丝绸、瓷器一道，成为中国文化向世界传播的重要载体。

20世纪50年代初期，周恩来总理为坝漆题词——“坝漆名冠全球”。据我所知，共和国总理专门就生漆给一个地方题词，仅此一次，仅此一例。坝漆，可谓漆中之王也。因坝漆主要产地在鄂西利川市毛坝镇山区，故名坝漆。毛坝镇地处武陵山山脉余脉，星斗山高耸于东，马鬃岭逶迤于北，山峦重叠，沟壑纵横。这里原为施南土司辖地，明朝时为宣抚司所属。境内最大的河流唤作毛坝河，由大小23条溪流汇聚而成，河水滔滔，清澈如碧。毛坝常年云雾缭绕，聚气巢云，雨量丰沛。自然条件得天独厚，特别适合漆树生长。

坝漆的品种有很多，我能数出来的名字有“阳岗大木”“阳岗小木”“猪油皮”“毛叶柳”“冲天小木”，等等。

从坝漆资源情况来看，“阳岗大木”，毛坝镇有100余万株，占坝漆总量七成以上，主要分布在海拔500米至1200米高的山林中，树高多在8米至10米，树冠呈老式座钟形，幼时树皮呈灰褐色，成年树皮纵裂，紫红色，分枝低，漆叶茂密。漆的单产为坝漆之冠，漆质也好。

坝漆有什么特点呢？用行内的话说，就是20个字——品质醇厚，色如琥珀，气味芳香，抓木力强，成膜坚实。当地土家族歌谣赞道：“坝漆清如油，照见美人头，摇起琥珀色，提起钓鱼钩。”瞧瞧，唱词如此形象生动。

旧时，涂宫殿庙宇建筑，涂木船，涂家具，涂棺材，涂坑木等都用生漆。因坝漆具有耐热、耐油、耐溶、耐腐的性能，加之绝缘和防渗的功能强，在清代就已闻名遐迩了。20世纪80年代之前，坝漆是国家重要军工物资，军舰、核潜艇、导弹等均用坝漆涂饰表面，防腐，防热，防辐射。

坝漆种植历史始于清代顺治年间，民国时已形成批量生产。有史料记载，1936年，毛坝镇坝漆年产量就已达590担。1975年后，毛坝镇相继建起了坝漆研究所、坝漆职业中学和坝漆林场，为坝漆研究和生产培养了一批又一批人才，也培育了一个又一个坝漆漆林基地。1949年至1986年，坝漆总产量达到444万斤。光是1986年一年的产量就有23万斤。斗与升，斤与担，都是重量单位。1斗等于10升，1担等于10斗等于100升。1担谷与1担米是不同的，1担谷是120斤，1担米是180斤。1担漆是多少斤呢？或者，多少斤漆相当于1担呢？怎样换算，怎样折合呢？我的脑子里还真是不甚清晰。

为了寻访坝漆，也为了见识一下漆人割漆的劳作场面，初秋的一天，我专程来到毛坝镇青岩村。

在一片坝漆漆林旁边，我结识了一位漆人，他叫吴兴海。一打问，才知晓，脸膛黝黑的吴兴海是土家族，1957年出生，现年60来岁。爷爷、爸爸还有他，吴家三代都是割漆人。13岁时，他就随父亲上山割漆，至今有50个年头了。

这天清晨，吴兴海就接到利川市林业局造林股股长朱禄志的电话，说有个作家要采访他。他吃过早饭，就戴上草帽，穿上一双解放鞋，背着漆具，趟着露水，来到这片漆树林旁等我了。

漆树是一种神秘的树。不是所有的人都能靠近漆树的，漆树能够散发一种无法描述的气息，有的人近前，可能会产生皮肤奇痒的现象，几日后，甚至会导致皮肤溃烂；也有的人近前，可能会狂打喷嚏，甚至窒息，生不如死。

吴兴海提醒我，不要莽撞走进漆树林中，要保持一定距离，适应一下，如果皮肤和呼吸道都很正常，就可以走进漆林了。

吴兴海走到一株漆树的近前，先点燃一支烟吸着，眯眼静静地观察树干表皮显现的“漆路”和“水路”情况，然后吐出一口烟雾，长舒一口气。烟雾弥漫开来，蚊虫远远地避开了。此时，他已找准了位置，随手抽出刀子，割开一个口子，轻轻挑开树皮，用贝壳当漆笕嵌在口子的下方，不多时，漆液就缓缓地滴入了漆笕。漆液琥珀色，亮亮地，闪着光。他说，割口要割到“漆路”上，但要略带一点“水路”，因为漆本身是黏稠的，要靠水把它冲出来。否则，口子就白割了，采不到漆了。吴兴海说，割口的位置选择很重要，一般来说，流出的漆稠，水分少，质量就好。但没有水分，也不行，没有水分，漆就流不出来了。

“百里千刀一斤漆”，割漆是体力活儿，更是技术活儿。开口一般不能超过漆树胸径三分之一，超过了就有可能把漆树割死。割口也不能相隔太近，一个口子一年割漆至多 20 刀。怎样才算是一刀呢？口子的上面割一刀，下面割一刀，构成一个闭合环，称作一刀。好的漆树可以割 20 年，再割就伤漆树的元气了，就对漆树生长有影响了。

吴兴海告诉我，不是割漆能导致漆树的死亡，而是割漆会减弱树体的抗性，使漆树免疫力下降，就会发生严重病虫害。由于某些病虫害的不可控性，会导致漆树的死亡。

吴兴海是割漆人，更是一个爱树人。虽然一个口子可以割 20 刀，但吴兴海只割 16 刀——上八刀，下八刀，七天割一刀。他说，凡事留有余地，不能太贪。操刀，也不能太狠，刀口开得不能太深，否则，会伤着木质部。一旦木质部受伤，刀口就会长出瘤子，抗拒割漆，排斥割漆人。如此这般，刀口就废了，漆人就再也割不到漆了。

其实，人与漆树之间是存在一种默契关系的。那种关系，需要长期的观察和实践，积累了一定的经验之后，才能建立起来。那种默契的关系，只能感觉，很难言说。人要懂树，操刀才会准，才不会伤害木质部，才会割到好漆。而树呢，也能懂人，把阳光，把雨露，把薄雾，把虫鸣，把星星和月亮的耳语以及湿漉漉的山歌，都默默创造成了漆液，流淌出来。割漆必须深谙漆道——割漆与养漆是同步进行的。这样，漆人割开的口子三五年后就合拢痊愈了，不会影响漆树的生长。漆树呢，依然健壮，生命力旺盛如初。

早晨 6 点之前，割“上八刀”；八九点钟的时候，割“下八刀”；晌午时分去收漆。这已经是吴兴海多年养成的习惯了。割漆，有许多行话，比如，上刀，也叫“内洗脸”。“内洗脸”割面要尽量割出弧度，下漆效果好；下刀，也叫“外洗脸”。“外洗脸”割面要尽量直一些，漆液流得才会旺。“上八刀”割的漆，水分多，“下八刀”割的漆，水分少。最后的第 16 刀，漆的品质是最好的，基本没水分了。而此时，他竟戛然收手，不割了。或许，此为割漆的最高境界了。我不禁暗暗佩服这个朴实的漆人。

吴兴海家有六亩漆树林，是当年退耕还林种的漆树。漆树的效益也还可以。一亩地 25 株漆树，算下来就是 150 株。漆树种下后，第六年起就可以割漆了。一般来说，一亩地的漆树一年可以割 14 斤漆。一株树可以割 20 年。吴兴海认为，漆树林下不能荒着，要耕种，种药材种菜蔬，能增加一笔收入不说，还能促进漆树生长，增加漆的产量。

为了确保生漆品质，采回家的漆要经过两次高温过滤处理，把树叶草屑飞虫等残渣过滤掉，水分蒸发掉。生漆可以拉出几米长的细丝，涂在木板上如同镜子一般，光亮照人。那一定是上等的好漆了。

近几年，漆价不菲，根本不愁销路。当年毛漆的价格是 230 元一斤，都是订单割漆。一些漆老板，头一年就把漆款预付了，第二年来收漆。然而，漆的产量毕竟有限，还是不能满足需要。

漆树浑身都是宝，漆籽可榨油；漆叶可鲜食，可酿酒，经常食用，有增强骨骼、坚固牙齿等功效，也能提高人体抗菌、抗癌等方面的能力。在毛坝镇乡间，生漆也可以生喝，能打掉肚子里的蛔虫。

早年间，毛坝镇还是生漆的集散地。街道两边，会馆商号林立，漆行多达几十家。赶圩的日子，人头攒动，摩肩接踵，甚是繁盛喧嚣。新中国成立后，坝漆一度是紧俏战略物资，出口日本、英国、德国、法国、美国和前苏联，为国家换回了很多外汇。县志载，20 世纪 60 年代至 70 年代，利川毛坝镇每年坝漆出口约 8 万斤。80 年代，每年出口约 12 万斤。1977 年至 1986 年，坝漆总收购量为 106 万斤，出口 78 万斤，出口约占总收购量的六成。谈起坝漆的过去，吴兴海的眼里充满自豪的神情。

吴兴海家里现有七口人——母亲、他、他妻子、儿子、儿媳、孙子、孙女。儿子 32 岁了，不愿学割漆，去城里打工了。孙子和孙女都在读书，更不可能学割漆了。前些年，他一直担心，割漆的手艺会失传，打算教三个侄子学习割漆，但侄子们似乎对此也不感兴趣。

出乎意料的是，近些年，随着漆器漆艺被赋予新的精神和品格，一些有眼光的文化人开始关注漆道文化了。一向孤独的漆人，竟然有人来找了，还有记者来采访，让他演示割漆的技艺。吴兴海隐隐感到，或许，割漆这门手艺还能传承下去。

吴兴海家里还有八亩茶园，茶叶和生漆是家庭收入的主要来源。可是，吴兴海却抱怨说，今年的春茶价格不好，茶叶没卖上价钱，家里大宗收入就指望生漆这一项了。吴兴海除了喜欢抽烟，没有别的嗜好，不喝酒，不打麻将，不玩扑克牌。他的心思，几乎全部用在割漆上了。

家里活物，还有七只鸡。说是养，其实根本不用他劳神费力。鸡在漆树林里散养，吃桔梗，吃百合，吃蚯蚓，吃蚂蚱，吃害虫，吃露珠儿。鸡，也会飞，经常飞到漆树上过夜。两只公鸡，五只母鸡。过端午节，宰了一只芦花公鸡。盖新房上梁那天，摆酒席，宰了一只光会叫不下蛋的白脖子母鸡。如今，只剩下五只鸡了。一只公鸡，四只母鸡。没养猪，没养牛，没养羊，没养驴。

我问："为啥没养别的活物啊？"

吴兴海说："养别的活物，还要吃饲料。我没种苞谷没种粮食作物呢！"

不过，好在那些漆树还在。对于吴兴海来说，漆树在，一切就在。靠着那些漆树，吴兴海家早就是小康之家了。小日子过得殷实，幸福，美满，自得其乐。

云在河里，也在天上

海岸的心事无人知

芮城苹果

“苹果，当然是万果至尊了，只有最美丽的或者最睿智的人，才有资格享用。”这是梭罗在《野苹果》中写下的一段话。看得出，梭罗对苹果是充满敬意的。可以肯定，瘦弱的梭罗没有吃过芮城苹果，他从来就没有来过中国。若是他来过中国，来过芮城，并且吃过芮城苹果的话，那么，他会用怎样的词汇来赞美芮城苹果呢？

不过，我是来过芮城的，正是摘苹果的时候。

芮城在哪里？塬面上的芮城，黄河边上的芮城，中条山下的芮城。芮者何意？一解，姓也；一解，大河弯曲之处，草木茂盛之地也。在中国版图上，芮城地处黄河中游，依山傍河，境内山、川、沟、塬、滩等地形地貌俱全。北高南低，东西狭长，阶梯分布。中条山横亘北部，挡住了冬天的寒冷。中条山在县城北 15 里，西起首阳，东接太行，南北狭薄，延袤不绝，构成了芮城之天然生态屏障。芮城为暖温带气候，四季分明。芮城没有煤矿，没有铁矿，没有石油，没有天然气，然而，芮城却有“三宝”：苹果、花椒、屯屯枣。

瞧瞧，苹果，位列芮城“三宝”之首呢。芮城苹果有什么奇异之处呢？芮城县委书记张建军用16个字进行了描述——果形端庄，果面通红，果肉汁多，甜酸香脆。这16个字里“形”“色”“味”“质”都有了。芮城苹果个头多大呢？一般来说，单果重300克左右。不大不小，一个人吃刚刚好。不锈口，不氧化，不用麻烦放冰箱保鲜，不用切开若干块儿供若干人分而食之。

芮城苹果栽培始于民国初年。据说，最初是一个叫张乃伦的农民，从河南省灵宝县焦村李贡生家的果园，引进了20几棵苹果苗，种植到自家的果园里。从此，芮城苹果种植的历史开始了。如今，芮城的苹果已从当初的不足一亩地，发展到30万亩，年产苹果60万吨，总产值18亿元。随着市场认可度越来越高，芮城苹果驰名中外了。

苹果是自然馈赠给人类的礼物。苹果里有阳光，有雨露，有鸟鸣，有风语，有情怀，也有汗水和期盼。“稀植、稀枝、稀果”是现代果园的经营要领，同时增强果园的通风性和透光性，才能长出好果子。在时间和空间的交叠中，芮城苹果经历了“四项技术”革命，即大改形、强拉枝、巧施肥、无公害。如今，每个果农都清楚，果园经营的目标是：“让强势的苹果树生长出强壮的结果枝条，让强壮的结果枝条形成饱满的结果花芽，让饱满的结果花芽结出优质好吃的苹果。”

起初，视树如命的果农无论如何想不通——把长了多年的主枝锯掉，让果树的“树头”落下，形成两三米厚的叶幕层，就能长出好吃的苹果吗？苹果就能丰产吗？想不通，想不通，一万个想不通。

芮城县林业局局长王文革介绍说，20世纪90年代末期，芮城苹果的大改形和强拉枝技术推广阻力重重。于是，县政府有关部门就组织果农去山东栖霞、甘肃静宁、陕西洛川参观考察，回来后，果农不言语了，拿起锯子、剪刀就走进了自家果园。

病虫害防治怎么办？芮城果农最大限度地减少或不用农药，而是用无公害的杀虫灯、糖醋液、性诱剂等生物或者物理方法防虫灭虫，从而保证了苹果没有农药残留，没有污染物危害。施肥呢，也主要是施农家肥、绿肥或者豆饼（大豆榨油后的油渣）之类肥料。这些肥料劲儿足不说，更主要是安全，不会造成土壤板结和污染。难怪芮城苹果的品质是个顶个的好！

也许，苹果是最有世界性的水果了。美国人喜欢吃苹果，德国人喜欢吃苹果，英国人喜欢吃苹果，法国人喜欢吃苹果。然而，“喜欢”两个字前面要加个“最”字的，是俄罗斯人。据说，俄罗斯人，每年每人要吃掉 26 斤苹果，占国民水果消费总量的三分之一。对俄罗斯人来说，聚会餐桌上，除了大列巴、香肠、鱼子酱、伏特加之外，盘子里再有几片苹果的话，那是多么惬意啊！

世界上第一个发现野苹果种群的人，就是俄罗斯植物学家瓦维洛夫。时间是 1922 年，地点是哈萨克斯坦的阿拉木图。在瓦维洛夫看来，苹果具有一种顽强坚韧的精神。不管是被忽视，被虐待，还是被放弃，它都能自己管好自己，以累累硕果回报大地。

俄罗斯是否出产苹果，我不得而知，但我知道俄罗斯是世界上苹果进口量最大的国家，每年进口总量约 700 万吨，占世界各国进口总量的 23%。啧啧，也就是说，世界贸易中，有 100 个苹果的话，就有 23 个被俄罗斯买走了。俄罗斯人对又硬又涩的美国蛇果不感兴趣，对中国芮城苹果倒是连呼“哈拉哨！”“哈拉哨！”近几年，俄罗斯进口芮城苹果的总量一年比一年多。

芮城苹果产区主要集中在黄河岸边塬面山区，每年苹果采收都在霜降之后。芮城的果农绝对有耐心，觑一眼苹果，觑一眼天空，当渴望的眼神等来了一年里的头一场雪的时候，喜悦便挂在脸上了。雪与苹果默契地拥抱在一起，时令就产生了某种神秘的感应，那苹果的味道便奇妙无比了。

民谚曰：“日食一苹果，医生远离我。”

中医认为，苹果性平味甘酸，具有补心益气、生津止渴、润肺止泻、健脾和胃、增强记忆、除烦、解暑、醒酒等功效。常吃苹果，自然是有利于身体健康了。

早年间，芮城苹果保鲜主要是用果窖储藏。说是果窖，其实就是土窑洞。这也叫原生态苹果保鲜法吧。地道，蛮实，粗犷，接地气，也透着芮城果农的智慧。

芮城黄土层深厚，沟壑纵横，正好适合打窑洞，果农就选择果园附近的深沟崖畔，打窑洞作果窖。这种窑洞果窖，遍布芮城乡间。具体有多少呢？据芮城县果业中心主任王亚军说，至少也有一万余个，年储藏苹果20万吨以上。最有知名度的，是岭底乡张家滑村的四个巨无霸果窖，纵深蜿蜒数里，储藏量惊人。果窖里苹果窖藏温度基本控制在10摄氏度左右。果箱、果筐码放的垛形为花垛，底部留有空隙。严格控制窖门和通气孔，保持空气通透，并调节湿度和温度。这些果窖看起来很土气，实际上相当实用，成本也低廉。苹果可在当年10月窖藏至来年6月，这样就确保了苹果“果见果”均衡上市。有道是：“旺季果不烂，淡季果不断。”

当然，芮城也建了数十个现代化的恒温库，几百吨几千吨的苹果储藏在里面都不是问题。电脑设定，遥控装置，湿度温度想要多少度，就能控制在多少度。可是，老辈的果农还是对土窑洞果窖怀着感情，刚刚采下的果子还是习惯放进土窑果窖里才踏实。

不过，现在芮城苹果无须进果窖，无须进恒温库就被订购了。苹果园直接连着各大超市的货架，甚至消费者通过视频，可以直接看到果农的劳作过程以及果子的品质情况。

张建军还告诉我，芮城苹果正在加快营销模式转型升级，电子商务销售渠道的优势越来越明显。如今，芮城许多果农靠种植和经营苹果，买了小汽车，盖了新房子。

在芮城乡间，果农们美美的小日子，充溢着满足和幸福。

是呀，一枚苹果可以改变生活。

是呀，一枚苹果也可以实现梦想。

狼牙蜜

他是一位养蜂人，名叫高登科。

显然，山里的深秋天气有些寒凉了。他穿一件芝麻花色粗布衫，外面套了一件马甲。有意思的是，马甲外面又套了一件马甲。四粒扣子，扣实了三粒，虚着一粒。但是，看得出，马甲外面套的这件马甲，实用功能大于保暖。因为，它的上面缀满了兜兜。数一数，有七八个之多呢。兜兜里鼓鼓囊囊，塞满了东西，都塞了什么呢？这话不好问，也不便问。

再打量他穿的裤子，也是粗布的，灰黑色，裤脚处挂了一些灌木刺和草屑。鞋呢，是一双草鞋。鞋带呢，是灰色的布条，系得宽松适度，经纬分明。站立时，大脚趾一下一下地蠕动着。

这是一个勤于劳作的人。每天早晨，蜜蜂还在梦中，他就起床了，开始了一天的忙碌。

高登科是陇南两当县杨店村土峰村村民，66 岁。家里还有妻子王花，儿子高贤，儿媳吴亚红，孙子高兴瑞，孙女高兴怡。儿子和儿媳都在城里打工，孙子和孙女都在读书。平时，山里的老房子里，只住着他和妻子。虽然，屋子里略显冷清，但家里养的活物不少，院子里鸡鸣狗叫，此起彼伏，小日子过得殷实，安稳，如意。

高登科脸膛黝黑，双目炯炯。我见到他时，他正在一片核桃林里捕捉马蜂。核桃林间一片草地上放置了好多蜂箱，蜜蜂在空中飞舞，来往于花朵与花朵之间，忙着采蜜。马蜂是蜜蜂的天敌，常常偷袭蜜蜂，有时甚至给蜜蜂群造成毁灭性的杀伤。

高登科说："马蜂这东西贼头贼脑的，精明得很！"

我问："马蜂采蜜吗？"

他说："不采蜜。但马蜂的蛋和蛹烧熟后是美味，高蛋白呢！"

"听说，每年山里都发生马蜂伤人事件？"

"是的，我们村里就有人被蜇过，但都无大碍。"高登科说，"其实，马蜂从不主动攻击人。它之所以蜇人，一定是人招惹了它，或者毁了它的巢，它才拼命的。"

"嗯。"

"观察马蜂的巢可以知天气情况。"

"怎么观察？"

"一般来说，马蜂在树上挂包筑巢，就说明冬季气温偏暖。若是它在土里打洞筑巢，就说明冬季偏冷，甚至有霜冻灾害要发生了。"

"马蜂也不光是干坏事嘛！"

"除了吃蜜蜂惹人恨，其他方面都挺好的。"

"光说马蜂了，还没问你蜜蜂的情况呢。"

于是，我们坐在蜂箱旁边的石头上，聊起了蜜蜂。高登科告诉我，他总共养了 87 箱蜜蜂。蜜蜂采的蜜主要是狼牙蜜。狼牙蜜品质好，一斤能卖上 70 元，一箱蜂一年能收入 1000 元左右。87 箱能收入多少呢？算一算，就清楚了。

两当县自然资源局局长成仁才告诉我，狼牙蜜来自一种野生灌木——狼牙刺开的花。狼牙刺生长在陇南山区，恣意横生，无规则，无逻辑。它根系发达，萌生能力强，是护坡护堤护堰的好树种。枝干枝条有什么用途呢？枝干枝条用火烧烤后，可弯曲可卷缩，拧巴拧巴用于做耙子，是耙田垄耙田泥的传统农具。

然而，狼牙刺却毫无地位，也没有名分。官方统计森林覆盖率时，它不在其内；统计林木资源总量时，也没有它。人工造林选择树种时，更没人种它了。它全靠自己，自己萌生，自己繁衍种群。可以说，在陇南山区，所有的狼牙刺都是天然生长的。它分布面积有多少呢？不清楚。因为从来就没有人把它当回事。

狼牙刺，以粗鄙卑微之躯，创造了最甜蜜的美物。

狼牙蜜呈琥珀色，迎光观之，稍带绿色。在常态下，狼牙蜜表现为或者透明或者半透明的黏稠液状，口感甜润，弥漫一种狼牙刺花朵特有的淡淡芳香。不过，气温在 14 摄氏度以下时，狼牙蜜就开始结晶了，结晶颗粒细腻，如雪般乳白，滑润若脂膏，甚是奇妙。

《本草纲目》云："蜂蜜生则性凉，故能清热；熟则性温，故能补中；柔则濡泽，故能润燥；缓可去急，故能止痛；和能致中，故能调和百药，而与甘草同功。"蜂蜜是好东西，狼牙蜜是好东西中的好东西呀。成仁才介绍，两当县山区共养蜜蜂 56000 箱，每年产狼牙蜜 15 万斤。在网店上，狼牙蜜的销售情况相当好。

每年清明之后，狼牙刺就开花了，花期可达两个月。花朵呈白黄色，花瓣如狼牙，故名狼牙刺。狼牙刺花盛开之时，蜜蜂云集而来，追花啄蜜，好不热闹。

狼牙刺生命周期可达 20 年，在进入衰老状态后，就渐渐无刺了。早年间，干枯的狼牙刺往往被山民砍下来，捆成捆扛回家，当薪柴。狼牙刺喂灶口，火焰硬朗，坚挺，劲儿足，做出的农家饭菜好吃可口。在高登科家的院落里，就堆着一捆一捆干枯的狼牙刺。

走进高登科家院落时，其妻正在往石板上撒米喂鸡。

咕咕咕！咕咕咕！咕咕咕！四散林间的鸡，听到呼唤，便嗖嗖嗖迅疾聚拢，撅着屁股，争而食之。

那些鸡个个彪悍，野性十足，敢跟黄鼬对抗，敢跟老鹰叫板。傍晚，经常飞到树上，栖在枝头夜宿。

除了养蜜蜂和养鸡外，高登科家里还养了20头猪、7只鸭、9只鹅，还有2只猫，1只黑猫，1只黄猫。还有3只狗，一只比较凶狠，面目狰狞，始终用铁链拴着，看家护院；另外两只，都是小狗，乖顺顽皮。我们聊天时，它们就在我们身边摇尾巴。

高登科家总共有20亩坡耕地，原来种苞谷，种红薯，种黄豆，结果土壤越耕越薄，造成严重的水土流失。10年前便索性退耕还林了，种了10亩核桃，10亩花椒。现在核桃和花椒都进入了果子盛产期，效益很好。

瞥一眼晒场，一边晒着刚刚打下来的核桃，黑褐色的，滚圆滚圆；一边晒着花椒，是名字唤作"大红袍"的花椒，空气里弥漫着花椒香。

"为啥不留几亩地种粮食作物呢？"

"山里野猪多得成灾，种粮食作物太操心，防野猪拱食就费尽脑筋，弄不好颗粒无收，全让野猪祸害了。"

高登科最高兴的一件事，就是孙子考上了大学。拿到录取通知书那天，宰鸡宰鸭，还取下梁上挂着的腊肉，办了一桌酒席。坛子里泡了多年的狼牙蜜蜡和蜂蛹的老酒，那天除去坛口糊着的泥巴，开封了。高登科喝了不少，一仰脖儿，一杯子，一仰脖儿，一杯子。微醺中，还跟乡亲们说了一些扬眉吐气的话。痛快！

孙子有画画的天赋，人物肖像画得栩栩如生。上大学临走之前，画了爷爷、奶奶、爸爸、妈妈四幅肖像画，至今贴在老屋的墙上。

我看到那四幅画后，竖起大拇指。

"考上的是美术学院吗？"

"不，是兰州财经大学。"高登科的脸上充溢着自豪，说，"刚一入学，孙子就被选为班长呢！"

高登科的家庭收入来源，主要还是林特产品和家里养的活物：其一，狼牙蜜；其二，核桃和花椒；其三，生猪和鸡鸭鹅之类。前些年，他新盖了一排五间房子，买了摩托车，又买了四轮农用车。

有人建议他，可以考虑在两当县城买楼房。他想了想，没有买。他说，攒钱主要是供孙子上大学，等孙子大学毕业后有了工作，娶了媳妇再说吧。他还说，无论怎样，农民不能离开土地，离开了土地就失去了根本。

“恐怕你家早是小康之家了吧！”

“比上不足，比下有余吧！小康之家啥标准啊？”高登科摆摆手，笑了。

嗡嗡嗡！嗡嗡嗡！说话时，蜜蜂在我们的头上不停地飞舞。

——嗡嗡嗡！

首草有约

> 深山无闲草，闲草也是药。
>
> 何谓药？与草有约，谓之药。
>
> ——采访札记

一

古代量器，从小到大，依次为：龠、合、升、斗、斛。

怎么计量呢？二龠一合，十合一升，十升一斗，十斗一斛。斛，乃最大的量器了。

在古人看来，人的身体就是一个容器。身体羸弱即是容器空虚了，需要补之、填之、充之，使其满盈，继而强健。用什么补？用什么填？用什么充？还用问吗？当然是用规格最大的量器了。

石斛，不过是自然界的一种草，古人却用最大的量器来命名，可见，此草在古人心里的地位了。那意思是少于十斗米不换的草，一斛相当于十斗嘛！相当珍贵呢。事实上也确实珍贵。石斛这种东西往往生长在深山悬崖峭壁上，要得到它，可不那么简单。采药人攀爬过程中稍有不慎，就有跌入万丈深渊的危险。

黔西南山区，鬼魅般的喀斯特地貌，变幻莫测的气象，加之丰沛的雨水，弥漫的雾气，使得乔木、灌木、竹藤等植物在这里疯长。在这里，石斛是某些人的重要经济来源。

崖壁上晃动一个人的身影，他叫贡嘎，背着背篓正在那里采草药。他今天的运气不错，采到了一丛黑节草。贡嘎有些兴奋，心怦怦跳——因为一丛黑节草，就等于是一叠厚厚的钞票。

贡嘎的儿子高考刚刚结束，听老师的口风，儿子被民族师范学院录取应该不成问题。虽说师范学院费用低，但总还是需要一些费用的。怎么说也得给儿子买件新衣服，还有脸盆、牙具之类的生活用品。他得迅速赚来儿子上大学的费用。攀爬崖壁采草药是很危险的，寨子里已有多人为此丧生。不过，在贡嘎看来，自己的这次冒险还是值得的。

下到崖底，贡嘎取下背篓，用一团苔藓小心翼翼地把那丛黑节草包好，轻轻按了按，又重新放回背篓里。他不经意地觑了一眼崖壁，心里忽然又生出一种怅然的感觉——黑节草越来越少了。

贡嘎是个黑脸膛的布依族汉子，识字不多。贡嘎说，他从 9 岁就跟阿爸攀崖壁采黑节草，今年再有两个月就满 50 岁了，采药采了 40 多年，采到的黑节草汇集到一起，能堆成一座山了吧。他嘻嘻笑了。贡嘎说：“小时候，阿爸就跟我讲，采黑节草不能挖绝，要挖一半留一半，留着过些年再来采。人不能把事做绝，弄绝了，下一代采什么呢？”

有人告诉贡嘎，黑节草是国家法律保护的珍稀植物，禁止挖采了，非法挖采要蹲局子的呢。

什么？蹲局子？贡嘎的腿突地抖了一下，瞪大惊愕的眼睛。

二

黔地民间，把铁皮石斛称作黑节草。

尽管铁皮石斛属于稀有之物，身价不菲，但它从来都很低调，不张扬，无锋无芒，悄无声息地蛰伏在背阴的潮湿之地，守望着承诺和信念，与其相伴的是石砾、枯木、落叶、露珠和嘶嘶虫鸣，还有苔藓、杂草、薄雾和满天星星。

从生物学角度来说，石斛的生长具有附生性和气生性，也就是说，它不是独立存在的，而是附着在石头或者树体上，通过根系吸收空气中的养分及自身的光合作用，来维持生长。石斛的生命力极强，采回的鲜条，在自然条件下，至少三个月以上的时间才能脱水。次年，石斛干条只要喝饱了水，就会睁开眼睛，伸展经络，舒展筋骨，昂扬饱满地发芽开花，生长出新根。

石斛作为药用最早见之于秦汉时期的《神农本草经》。屈指算算，距今有2000年的历史了。《千金翼方》中对石斛是这么描述的："味甘，平，无毒。主伤中，除痹，下气，补五脏虚劳，羸瘦，强阴，益精，补内绝平胃气，长肌肉，逐皮肤邪热，痱气，脚膝疼冷痹弱。久服浓肠胃，轻身延年，定志除惊。"此书用词极讲究，"中"为何意？内脏也。能用一个字说清的，绝不用两个字，该用两个字才能表达准确的，绝不少一个字。寥寥数语，把石斛的功能和应用范围说得清清楚楚。

再看看李时珍《本草纲目》是怎么说的。

《本草纲目》载："石斛丛生石上，其根纠结甚繁，干则白软，其茎叶生皆青色，干则黄色，开红花。节上自生根须，人其折下，以砂石栽之，或以物盛挂屋下，频浇于水，经年不死，俗称'千年润'……气味：甘，平，无毒。"

李时珍不惜笔墨，连怎么栽植，挂在什么地方，怎么浇水都告诉后人了。尽管如此，李时珍还是没有写清楚，那石斛到底是什么石斛呢？能入药的石斛可有几十种哩。不过，依照他的描述可以判定，他笔下的石斛应当是铁皮石斛了。

据说，道家有一部典籍叫《道藏》，列出了"九大仙草"，排名为：铁皮石斛、天山雪莲、三两重人参、百二十年首乌、花甲茯苓、肉苁蓉、深山灵芝、海底珍珠、冬虫夏草。铁皮石斛名列魁首，具有至尊的地位。铁皮石斛，因表皮呈铁青色而得名。茎丛生，圆柱形，肥壮饱满。长茎着花时略弯垂。叶三至五枚，常互生，呈两列，生于茎上部结节上，长圆披针形，先端钝而略钩转，边缘和中脉淡紫色。花序生于无叶的茎上部结节，有回折状弯曲，花瓣或淡黄色，或黄绿色，或白色。

石斛，兰科植物中的一个大家族。它的种类很多，全世界有1500多种，我国有76种。秦岭以南诸省区都有分布，尤以云南、贵州、四川、广西种类最多。生长在人迹罕至的悬崖峭壁间，常年饱受云雾雨露滋润，集天地之灵气，吸日月之精华。

资料显示，我国的石斛能够入药的有51种。《别医名录》曰："七月、八月采茎，阴干。"石斛以茎入药。"三月茵陈四月蒿，五月砍来当柴烧。"这句话的意思是，采药要按时节进行，不按时节采药，那药就跟柴火没什么两样了。采石斛的最佳时节是七月或者八月，入药的是茎，而且要阴干，不是晒干。中药材的哪个部位入药很有讲究，部位不同药效不同。就说当归吧，当归头止血，当归身补血，当归尾破血（催血）。一般来说，入药的石斛，是专指生于岩石及其缝隙间的石斛。石斛石斛，生于"石"的斛，才是石斛嘛。而附生于树木之上的石斛属植物，称之为木斛。石斛与木斛有什么区别呢？李时珍曰："石斛短而茎中实，木斛长而茎中虚。"一短，一长；一实，一虚。看来，二者还是很容易区别的。

木斛可不可以入药呢？还是翻翻药书典籍吧。

《本草图经》曰："惟生石上者胜。亦有生栎木上者，名木斛，不堪用。"而《本草经集注》则曰："生栎木上者名木斛，其茎形长大而色浅……今始安亦出木斛，至虚长，不入丸散。惟可为酒渍，煮汤用尔。俗方最以补虚，疗脚膝。"

一说不能入药；一说不能搓药丸子，但是泡酒喝、煮汤吃还是可以的。可是，用木斛泡的酒、用木斛煮的汤算不算药呢？严格说，还不能算，只能说是药酒和药膳，至多算是滋补品吧。

道家有"吃铁皮石斛成仙"的说法，按照此说，民间广泛流传的汉钟离、张果老、韩湘子、铁拐李、曹国舅、吕洞宾、蓝采和及何仙姑，莫非都是吃了铁皮石斛才得道成仙的吗？然而，这毕竟都是神话传说，不足为信的。但是，在民间，铁皮石斛的确又有“还魂草”一说。有谁奄奄一息快不行了，然后吃了铁皮石斛，就如何如何了，铁皮石斛似乎确有一种无法说清的神力。

在黔地民间，小儿发烧，目赤肿痛，虚火牙痛，用铁皮石斛退烧止痛倒是很常见。特别是退烧的效果明显，对各种原因引起的发热，只要将铁皮石斛捣碎，和水吞服，不消半个时辰就可起到退烧作用。

我没试过，姑妄言之，姑妄听之罢了。

三

“取茎舍花”——这是一个错误。

过去，受传统药典的影响，人们只盯着铁皮石斛的茎了，而花，一度被药学界忽略了。

花，正在归位。

近年来，铁皮石斛花的药用功能也被人们逐渐认识。据说，铁皮石斛花有解郁的功效，能使人心情开朗，缓解精神压力。某诗人和某杂文家，都是因抑郁症无法解脱而自杀。他们生前没找些铁皮石斛吃吃吗？不得而知。若常吃吃，或许不至于是那样的结果吧？哎，可惜了他们坚实的文字和横溢的才华。

我在黔西南走动时，吃过的一道菜，印象深刻。

那是一顿会议（推进中药材产业发展会议）工作餐，当时，大家都吃得差不多了，服务员却又端上来一道菜。大家一看不以为然，无非什么东西炒鸡蛋嘛！便没有几个人动筷子。我用筷子夹起，尝了一口，又香又脆，口感和味道都很特别。我问服务员这是什么炒鸡蛋呀？服务员回答，铁皮石斛花炒鸡蛋。大家闻之，呼啦一下全都抄起筷子，一盘铁皮石斛花炒鸡蛋瞬间只剩下盘底的油珠珠了。

事实上，品尝这道菜也是那次会议的内容之一。只不过，事先没有告诉大家而已。

在场的一位药学专家说，患有抑郁症的人，长期食用铁皮石斛花能够减轻或消除抑郁症状。大家听后都笑了，说为了不得抑郁症，能不能再来一盘铁皮石斛花炒鸡蛋啊！服务员闪到身后只是笑，不语。

当然不语。有人说：“好家伙，说得轻巧，你们吃得起，人家还做不起呢！知道一斤铁皮石斛花几多价格吗？”

“几多？”

“……”

“啊！”

四

每个女人都爱美。每个女人都有一个梦想。

传说武则天是最把颜值当回事的女人，到处求秘方，求长生不老药。当朝御医叶法善精心研制出了一个由三味药材配制的秘药，武则天照方子日日服用，从不间断，时间长达 50 年之久。虽每日朝政千头万绪，但武则天依然精气神十足，光彩不减。

秘密何在？

当然与那秘方不无关系。秘方后来解密，那三味药分别为藏红花、灵芝、铁皮石斛。

“药王药王，身如星亮，穿山越谷，行走如常，食果饮露，寻找药方。”这个药王就是孙思邈。

孙思邈尝百草，著作亦甚丰，以《备急千金要方》《千金翼方》最为著名。他还注重养生，对铁皮石斛偏爱有加，并以此作为自己的养生之本。据说，孙思邈还专门为武则天炼过仙丹。那仙丹里的成分有没有铁皮石斛呢？“药王”一生历经多个朝代，一说活了 102 岁，一说活了 141 岁。不知哪个说法准确，反正超过百岁是可以肯定的了。或许，孙思邈长寿的秘诀就是长期食用铁皮石斛吧。生嚼，鲜的，吧唧吧唧吧唧。

史料记载，乾隆爱吃铁皮石斛炖的汤，主要是铁皮石斛炖的排骨汤。不说天天吃吧，但三天两头吃是言不为过的。朝廷为他 80 岁的寿辰举行庆祝活动，邀请 2000 名超过百岁的长者出席国宴。乾隆高度重视此事，亲自审定菜单，见菜单上没有铁皮石斛炖排骨汤时，断然提笔加了上去——如此盛大的筵席，怎么可以没有铁皮石斛炖排骨汤呢？

光绪二十二年（1896），李鸿章出使英国，时年已经 74 岁。当时的大清国处在内忧外患中，临行前的李鸿章患有严重的哮喘病，咳喘连连，头晕眼花。这怎么行呢？怎么说也是代表着大清国形象啊！慈禧把自己日日服用的秘方赐给李鸿章，说爱卿啊，你照方子把这六样东西泡水煲汤，一路服用，到英国之前一准会好的。李鸿章照方子做了，果然有效果——咳喘止住不说，睡眠也好些了。李鸿章大赞其妙。

那方子上的六样东西都是什么呀？铁皮石斛、阿胶、灵芝、燕窝、龙眼肉、茯苓。瞧瞧吧，又是铁皮石斛列首位。

到英国后，李鸿章将随身带来的铁皮石斛作为国礼送给伊丽莎白女王（当然，自己服用的得留够）。女王服用后感觉也非常好，请李鸿章带话对慈禧表达谢意！从此，铁皮石斛成了英国王室的养生奢侈品。

随后，英国的一些传教士、植物学家、医生来到中国，在西南山区以传教或行医为名，寻找采集铁皮石斛，蓝眼睛贼溜溜地可劲儿往那悬崖峭壁上瞄。“植物大盗”威尔逊在中国西南从事盗采活动长达 12 年，盗采植物 4000 多种，漂洋过海，分批运回伦敦。其中不乏铁皮石斛、珙桐、绿绒蒿等珍贵稀有植物。当然，盗采也是要付出代价的。在岷江河谷，威尔逊遭遇山体塌方，右脚被石块砸断。一个月后等他到上海医治时，伤口严重感染，右脚落下终身残疾。大自然总要给盗贼点颜色看看的。

还有头发卷曲、鼻孔挺阔的药剂师出身的福雷斯特，常年行走于怒江流域，一边假意为山里人接种天花疫苗，一边收集、盗采珍稀植物。据说，光是杜鹃科植物就有上百种。自然，女王喜欢的宝贝东西——铁皮石斛是万万不会漏掉的。

也许，与李鸿章那次带铁皮石斛出使英国不无关系，欧洲人比中国人自己似乎更能认识到铁皮石斛的价值。20 世纪六七十年代，一公斤铁皮石斛可以从欧洲换回 12 吨小麦。

12 吨小麦能养活多少人呢？算算就知道了。

五

为了寻访铁皮石斛，也为了探求铁皮石斛与那片山林的特殊关系。猴年 6 月，我走进了大山深处那个童话般的山寨。

这是一个依山傍水的布依族村寨。全寨 93 户 412 口人。房子是干栏式吊脚楼，稀稀落落，散布在山坡翠竹丛中。吊脚楼全系木质结构，木料多为杉木或者枫香木。底层中空，上立屋架，两头搭偏厦，顶上盖青瓦或陈年杉皮，三间五间不等。

“人须栖其上，牛羊犬畜栖其下。”也就是说，楼上住人，底层养牲畜、家禽，置农具，设舂碓、碾坊等。这种原生态的建筑，既可防蛇防虫防猛兽之害，又可避免潮湿，采光、通风也不错。实用淳朴的格调中，透着布依族人生存的智慧。

寨口，有几棵高大的古青冈树撑起一片天，蓊蓊郁郁气象万千。树枝上间或挂着红布条，随风摇曳。

近年，这个寨子因种植铁皮石斛而闻名遐迩了。

山寨位于滇黔交界处的南盘江右岸，海拔在 700 米至 1000 米之间，森林资源丰富。独特的地理位置，使得这里每年有 6 个月时间大雾弥漫，空气湿漉漉的，特别适合铁皮石斛生长。

偏巧，我来的那天却是晴天。站在山顶放眼望去，大片大片的森林覆盖了山岭，起起伏伏，郁郁葱葱。到林中仔细观察发现，很多青冈树上似乎缠着一圈一圈的东西。询问之，答曰：那是种植的铁皮石斛。原来这是铁皮石斛一种仿野生的种植方式。

说话间，林中闪出一位背着背篓的布依族大眼睛女子，正往背篓里采着什么。只见她上身穿着蓝色对襟长衫，下身穿百褶长裙，头上包着青色头巾，银耳环叮当作响。细看看，对襟长衫的领口、盘肩、袖口、衣角皆有织锦图案。大眼睛女子叫蒙阿妹，往背篓里采的东西就是铁皮石斛。蒙阿妹原在深圳打工，两年前的春节回家过年，就再也不去深圳了。因为一家石斛种植公司就在她的家门口，在家门口打工一个月也能赚 3000 多块，不比去外面打工赚得少，何必还要去深圳呢。

于是，蒙阿妹就给深圳那边的姐妹打了个电话，把深圳宿舍里自己的被褥、衣物打成一个包，快递回来了。

“还是在家门口打工好，花费少，还能照顾家里老人和孩子。”蒙阿妹一边采着石斛鲜条，一边抬头对我说。

我问道：“这鲜条采回去怎么处理呀？”

蒙阿妹说：“要先晒干，然后炮制加工成枫斗。”

“什么是枫斗啊？”

“就是螺旋形的小球球。”蒙阿妹用手指比画着，咯咯笑了。

这时，石斛专家罗晓青闻讯赶来。罗晓青从事石斛研究已有很多年，发表过一些石斛生境及种植技术方面的论文。

我问罗晓青：“石斛为什么要种在青冈树上呢？”

罗晓青说：“并不是只有青冈树上才生长石斛，杉木、枫香树、黄角树、油桐、槲栎、樟树、乌桕上都可以长，只不过在喀斯特地貌的山区青冈树更适合罢了。”罗晓青取下挎着的相机，啪啪啪连拍了几张石斛丛生的照片，接着说，“铁皮石斛与青冈树有一种天然的依存关系。”

“何解？”

罗晓青拍了拍身边的一株老青冈树说：“这种树树皮厚，营养丰富，含水多，裂纹深，透气好，无杂菌， 保湿。附生的铁皮石斛种上去，发根旺。”罗晓青顺手掰下一小块儿树皮说，“更主要的是，青冈树喜欢生长于微碱性或中性的石灰岩土壤上。”

“这跟铁皮石斛有什么关系？”我问。

“青冈树吸收的营养成分，正好也是铁皮石斛喜欢吸收的营养成分。

不过，石斛不是从石灰岩土壤里直接吸收，而是通过自己的根系从空气、雾气和水分中吸收。”

我听得入了神，差点忘记掏出小本子记下罗晓青说的话。罗晓青兴致颇浓，说：“青冈树还能预报天气情况呢！”

“怎么预报啊？”我很好奇地问。

“正常天气，青冈树的树叶呈绿色，但一旦突然变红，就意味着此地一两天内必要下一场大雨了。”罗晓青说。

“这是什么原理呢？”

“青冈树的树叶叶片中所含的叶绿素和花青素是有一定比值的。长期干旱，即将下大雨之前，强光闷热的天气，使得叶绿素合成受阻。而叶绿素和花青素是一种此消彼长的关系，在叶绿素弱势的情况下，花青素就呈现出强势状态，体现在叶片上就是红色。”

“长见识，长见识。”我说，“那就可以根据青冈树的树叶变化情况，打理种在树上的铁皮石斛呀！”

“是的，既要保湿、透气、增加营养，也要防虫防病防止烂根。”罗晓青用盖子盖上了长焦相机镜头说。

其实，在自然界里，植物与植物之间，植物与动物之间，植物与微生物之间，甚至与细菌及其空气之间，都存在一种微妙的联系。

罗晓青还告诉我，他在一个叫冷洞的悬崖峭壁上种植铁皮石斛也取得了成功。我说，好啊，石斛石斛，石斛不能离开石头呢！冷洞是黔西南一个村寨的名字，那里是罗晓青的原生态铁皮石斛回归保育基地，光是悬崖峭壁上种植的铁皮石斛就有 1000 多亩呢。

六

不能不提黄草坝。

因为黄草坝是地球上唯一以石斛命名的地名。此地，后来设县。提出设县建议的那个人，名气很大。纵观他的一生，他从未提出别处设县的建议。仅此一次，仅此一处。

那个人叫徐霞客。

那个地方就是现在黔西南的兴义。兴义之前叫黄草坝，其名始于明代天启年间，因此地盛产黄草而得名。黄草是什么呢？就是石斛呀。黄草是布依族人的叫法。

兴义出产石斛 16 种以上，是当之无愧的石斛之乡。就野生石斛的产量和品质而言，当年，全国没有哪个县能超过兴义的。早年间，兴义每年收购的黄草都在 35 担（每担 50 公斤）左右。1951 年 20 担。1964 年是最高的年份——50 担。之后，一直是每年 20 担，到 20 世纪 90 年代初期，黄草越来越少，黑节草（铁皮石斛）和金钗（金钗石斛）几乎绝迹。

黄草坝的山以陡峭、高耸见奇。因之奇，徐霞客来了。

“透峡出，始见东小山南悬坞中，其上室庐累累，是为黄草坝。”显然，徐霞客是乘木船渡过滇黔襟带相接的界河——黄泥河，而来到青山环抱、碧水穿流的黄草坝的。在这里，徐霞客写下了《黄草坝札记》。

明代，黄草坝还是土司管辖下的一个小镇。

徐霞客到此时正遇大雨，宿农家，“虽食无盐，卧无草，甚乐也”。他在札记中写道：“其地田塍中辟，道路四达，人民颇集，可建一县。”徐霞客为什么提出建县的建议？理由是什么呢？在普安十二营中“钱赋之数则推黄草坝”。那意思，黄草坝这地方很富，应该归入朝廷体制内管理。可是，此地可以建县，却没有建县，长期属于布雄土司势力所辖是何原因？徐霞客写道：“土司恐夺其权，州官恐分其利，莫为举者。”老徐一语道破，两个东西在作祟，其一为权，其二为利。可惜的是，徐霞客的建议并没有引起当朝的重视，直到 159 年之后，也就是清代嘉庆二年（1797），才在黄草坝设兴义县。

然而，兴义并没有取代黄草坝。布依族老辈长者还是习惯把兴义称作黄草坝。是的，记忆中扎根了的东西，是无法轻易抹掉的。

黄草坝的地名至今还在沿用，兴义县城所在地就是黄草坝。

朋友说，赶圩的日子，黄草坝一条街上的中药材市场相当兴隆，蜿蜒数里。草药都是新鲜的草药，是采药人起早从山上采回来的，还带着露珠呢。

我问：“有野生铁皮石斛吗？”

答：“有还是有的，但很难遇到了，而且价格巨高。”

七

《千金要方》记述：“安身之本，必资于食；救疾之速，必凭于药。”这段话的意思是告诉人怎样治病，但更重要的是它提醒人怎样不得病。现代养生理念提出，防病重于治病。提高人体免疫力，增强肌体抵御病毒侵袭的能力，从而使身体健康才是养生追求的目标。

在一定意义上，与其说铁皮石斛是治病的，倒不如说是防病的。明代《本草乘雅》载，服铁皮石斛“补虚羸，暖五脏，填精髓，强筋骨，平胃气”。

什么样的铁皮石斛才是上品呢?

看似一根草，嚼时一粒糖。古代药学家张寿颐说：“石斛必以皮色深绿，质地坚实，生嚼之脂膏黏舌，味道微甘者为上品，名铁皮石斛。”

近代名医张锡纯说：“铁皮石斛最耐久煎，应劈开先煎，得真味。”

但是，也有专家主张，由于铁皮石斛最主要的成分是石斛多糖和石斛碱，水煎并不能保证多糖和石斛碱全部溶于水，因此，服用时应该把石斛也嚼细吞下。真正的铁皮石斛嚼后没有粗渣，也没有杂七杂八的怪味，只有微甘的黏稠感。甚好。

当然，用鲜铁皮石斛煲汤更是鲜美无比了（史料记载，这是乾隆的最爱）。这也没什么秘密，就是将铁皮石斛切成段，放在汤里，或者与鸡，或者与鸭，或者与鹅，或者与排骨，或者与腔骨等同时炖上一两个时辰即可。吃肉喝汤，美。不过，可别忘了锅里的铁皮石斛，要把它吃了，好东西才算没有浪费。

然而这世界变化得实在太快，古代量器中的龠、合、升、斗、斛，先是淘汰了龠和合，后又以石代替了斛。直到今天，连斛的实物也没几个人认识了。

——纲目乱了，本草难找，那药无论怎么服用都不对。

问药，问李时珍，铁皮石斛还是首草吗？

但无论怎样，我都固执并且坚定地认为，最伟大的药不是在医生开具的处方上，它一定是深藏在大自然中。

老号森铁

一

冬天，意味着寒冷和冰雪。

呜——森林的宁静被一声巨吼撞开了个大窟窿。疲惫的森林小火车吭哧吭哧喘着粗气，然后，呲的一声喷出一口白雾，停在了林区某个小站。白雾飘舞，徐徐不散，或挂在行人的睫毛上，或挂在冻僵的树梢上，或挂在七扭八歪的木障子上，那场面很是有些喧嚣和野性。

曲波的《林海雪原》中有一句话："火车一响，黄金万两。"在"大木头"年代，林区人是多么牛气和豪迈啊！森林小火车运木头，一节车皮只能载三两根。那家伙！杠杠的，多了装不下呀！一根木头有多粗呢？这么说吧，光是树皮就有砖头那么厚啊！可以毫不夸张地说，早年间，林区吃的喝的用的都是小火车运木头从山外换回来的。的确，当年林区的辉煌和荣耀是与森林铁路紧紧联系在一起的。

然而，此一时彼一时，今天东北林区实行大禁伐，对森林来说无疑是个福音，但对森铁而言，却是个致命的打击。

斧锯入库，森林休养生息了，没有木头了，森铁运什么？林区人吃什么？喝什么？

传统意义的林区已经很难找到了。与世隔绝，封闭的林区只是电影或小说里的事情了，到处是堆积如山的大木头的林区已经不见踪影。林区所特有的那种遥遥路途也已不复存在。如今，林区已大致成了静态的地方，它在地理上已经定域，今非昔比。

告别伐木时代之后，林区的困惑和尴尬，只有林区人自己知道。无奈，有的林区干脆就把利用率低的森铁铁轨拆了，铁轨当废铁能卖几个钱算几个钱吧，总比在那里闲置着风吹雨淋地生锈烂掉变成土强。

然而，事情并不那么简单，森铁的问题并非一拆了之。

在黑龙江林区桦南林业局，我走访了森铁司机任景山。他开的是一辆老式外燃蒸汽机车，车号是“森 055”，需两个司炉不停地往炉内填煤，蒸汽产生动力，机车才能行驶。开小火车是个很脏的活儿，任景山满脸都是油渍和煤灰，只有张口说话时的牙齿是白的。任景山干这个行当已有十余年了，对小火车怀有深厚的感情。他说，这家伙看起来很笨，但力气大，装上一座山也能拉走。他说开小火车不需要太多的技术，最重要的是瞭望，对路况的把握要准，到哪里该加速，哪里该减速，哪里该拉笛，一打眼便知道才行。

任景山微微叹一口气，说，早先森铁两边的树还很密，那时一年四季都在这条线路上跑，现在只有冬季两个月出出车，运运煤，干着不过瘾。我问他，没想干点别的吗？他说，干别的活儿，一下又很难适应。咱这森铁工人，若是离了森铁还真难活呢。说到这里时，他的眼睛有些潮湿。

我赶紧把话题岔开了，说，咱们照张相吧。于是就喊当地的朋友傅刚为我们照相。咔嚓咔嚓，照了十几张，背景就是“森 055”号蒸汽机车。

这些照片，也许记录的是中国最后的森铁了。

二

清朝初年，因清廷视东北为其发祥地，实行封禁制度，即禁止采伐森林、禁止农垦、禁止渔猎、禁止采矿，通称“四禁”。因而，东北林区基本没有开发。直到1895年，清廷设木植公司，山林的寂静才被打破。史料载，“黑龙江东部，山脉纵横，林木茂密。其中最富之处，则为大青山，青翠弥望。光绪时订税章，由征收局代收，作为国家正款，其办法由木把头领票入山采伐，木厂运销按照卖价而征其税”。出于税源的考虑，于是，清廷开始划分林区，组织木植公司开始采伐。

大雪封山之后，木植公司通过木把头雇用伐木工人，用大斧砍伐，木材运输采用牛拉爬犁和河水流送的方式。光绪年间，清政府派员外郎魏震赴长白山考察林业。魏震在日记中写道：“木税为奉省入款第一大宗。”好家伙，那意思就是说，奉天省最大宗的税收来源就是木头。魏震是个心细的官员，他在考察时把伐木人怎么伐木，怎么运输，政府在哪里征税都搞清楚了。他写道：“伐木把头每于冬初贷款携粮入山砍木，山雪封冻后道路溜滑如镜，马牛由山巅拉运而下，堆存山沟。四月间，雪消水涨，奔流自山沟而下。乃穿成木排，编成字号运之入江，直达安东县大东沟，俗称南海。南北木商在此定购，奉局在此征税。”魏震在日记中对临江还特意多写了几笔，“据云，临江自二道沟以上至二十二道沟，均在长白山之阳。山沟深处，丛林茂密，虽砍伐数十年不能尽，每年砍木把头约三万人。”可见，当时的采伐规模之大，人数之众了。

然而，无论怎样，这都是中国自己的事情。清朝末年，中东铁路的修筑，掀开了沙俄掠夺中国森林资源的历史——此可视为中国森林史上惨痛的一页。

1898年8月，中东铁路开始动工，以哈尔滨为中心，分东、西、南部三线，由多处同时相向施工。北部干线（满洲里至绥芬河）和南满支线（宽城子至旅顺），全长约2500公里，干支线相连，呈“T”字形，分布中国东北广大地区。中东铁路修到哪里，哪里的森林就遭到毁灭性的破坏。著名林学家陈嵘痛心地写道：“沿铁路两侧五十里内之森林，均已采伐净尽。”

一个强盗尚未歇手，另一个强盗又抡起斧头。

1904 年，日俄战争爆发。这场在中国国土上进行的两个列强间的战争，双方心照不宣争夺的肥肉竟然就是长白山鸭绿江流域的森林资源。沙俄战败后，日本无视中国主权，独家控制了这一地区森林采伐权，强行没收了中国木商存放于大东沟的原木，蛮横掠夺了鸭绿江上的一切漂流木。

在强盗的眼里，中国东北的森林，可谓“遥望其状，苍苍郁郁，若黑云横天，际数十里，不见涯溪，近入林中，数千里古树老树，若巨蛇横溪，白日犹暗，虎狼跳梁，麋鹿腾跃，菁丛深邃，幽溪潺湲，疑在太古之世”。

1908 年 9 月 1 日，日本在安东（丹东）成立鸭绿江采木公司，进行更大规模的森林采伐。所采木材，除了在鸭绿江水上流送，还在临江十三道沟铺设森林铁轨，用森林小火车运输。

——呜呜！——呜呜呜！

从此，东北林区就有了森林小火车喷云吐雾的身影。

1931 年，日寇侵占东北后，开始以“拔大毛”的方式盗伐红松、鱼鳞松、落叶松、水曲柳、黄菠萝、蒙古栎等珍贵木材。无数良材美干用森林小火车运出山外，再从安东（丹东）用轮船运往日本本土或沉于日本海域，等用时捞出。

日寇侵华时，总共从中国东北掠夺了多少木材，现在无任何资料可以查阅了，但有一个事实或许能说明一些问题。日本投降后，东北林区的森林小火车光是运输日寇遗留下来的“困山材”（伐倒来不及运走的木材），就整整运了两年。

森林，疲惫不堪；森林，伤痕累累。

三

早年间，森铁牵引机车一般是自重 28 吨的蒸汽机车，最高时速达 35 公里，常速 25 公里。所谓蒸汽机车，就是以原煤做燃料，以炉火烧开的蒸汽做动力的机车。

机车内一般有正副司机各一人，司炉两人。司机叫“大车”，副司机叫“大副”，司炉叫“小烧”。一年四季，“大车”“大副”和“小烧”都穿着油渍麻花且乌黑发亮的衣服，俗称“油包”。“油包”一般都是战利品，许多都是苏联红军留下的，用的饭盒和水壶都是日本的。

林区生活并非传说中的顿顿都是大块肉大碗酒。同伐木人一样，森铁人吃的是高粱米和窝窝头。菜呢，多半是咸菜疙瘩和盐豆。如果猎到一头野猪，吃顿红烧野猪肉，就算解馋了。当然，森铁人也还是喜欢喝白酒的。白酒一碗疏筋血嘛。在东北林区，白酒属于劳动保护用品。某森铁司机出车回来，在一家小酒馆喝了不少酒。半夜回家，却找不到自家院门了，便跳木障子进院，不想，腰间皮带被木障子挂住了，醉意袭来，那老兄便被挂在木障子上呼呼睡去。次日凌晨醒来睁眼一看，自己被小咬和蚊子叮得周身都是红眼包,木障子底下却醉死一层小咬和蚊子。早年间，森铁时常发生事故，事故原因多与司机饮酒误事不能及时瞭望有关。

往台车上装木头是个力气活，体力消耗非常大。任景山告诉我，往小火车上装木材用的是卡钩。八八的，六六的，那时的木头那个粗那个大呀，现在见不着了。八八的就是左边八个人，右边八个人才能抬起来的木头。现在呢，现在的木头一个人扛起来就走。那会儿的木头都是上等的水曲柳和红松，大部分都是军需用材，做枪托、炮弹箱、枕木和坑木什么的。

那时候，森铁通信设施也很落后，每个车站值班室只有一台老式手摇电话，通到森铁的调度室。在运行过程中，小火车上的司机与车站的联络方式非常原始，通过的车辆进站时，值班人员手里举着一个直径80公分左右的铁圈，铁圈上挂有一个很小的皮包。值班人员把调度传来的指令写在纸条上装进皮包里。纸条上的内容，诸如，在哪里停，在哪里会车，某某岔路往左还是往右，哪一站要加挂“摩斯嘎”，等等。“大副”站在右车门的踏板上，左手抓着扶手，右臂前伸，呼啸间，小火车通过时，铁圈已经套在他的右臂上了。

那个年代，能在森林小火车上工作是很风光的事情了。因为森铁人毕竟是挣工资的，还有劳保待遇。地方上人都愿意跟森铁人攀亲戚，姑娘找对象也愿意找森铁人。

中华人民共和国成立之初，东北林区上缴国家的利税曾名列全国前三位。东北林区的木材生产是新中国的第一大产业。从抗美援朝，到国民经济恢复以至第一个五年计划的实施，几乎都是由大木头支撑起来的。那个时期的“林老大”可不得了，打个喷嚏全社会都得当回事。林业工人马永顺14次进京，受到毛泽东主席的接见，毛泽东和周恩来都亲切地称他为小马。作为第一代伐木工人，马永顺曾创造了全国林区手工伐木产量最高纪录。在当伐木工人的34年里，共砍伐林木36000棵。那是何等的荣耀啊！

1959年，“国庆十大工程”（人民大会堂、革命历史博物馆、军事博物馆、钓鱼台国宾馆、农业展览馆、北京火车站、中国美术馆、北京展览馆、工人体育场、民族文化宫）相继竣工落成。全国人民欢欣鼓舞，奔走相告。著名建筑设计师张开济回忆说，人民大会堂的柱子是圆的，历史博物馆的柱子是方的，所用木料均是从东北林区调运来的。

1976年7月，唐山发生强烈地震。中央向小兴安岭的伊春林区下达了紧急调拨救灾木材的任务，不到一个月的时间，从伊春林区发往地震灾区的木材就有62车皮，计10万立方米。同年，建设毛主席纪念堂所需木材也是从伊春林区调运的。光是红松和水曲柳木材就有3万立方米。据记载，从1949年至1998年，国家从伊春林区调运出的木材达22000万立方米。

这个数字，堆起来就是一座山，放倒了就是一片海。

——呜呜！——呜呜呜！

吃苦耐劳的森林小火车，每日吭哧吭哧地跑着，不停地把采伐下来的木材运出山外，为国家建设立下了汗马功劳。

与乘务组人员相比，地面上的巡道工也许是单调寂寞的。或许，世界上最孤独的工种，就是森铁的巡道工了。肩扛一把铁锤，斜背一个工具袋，不论严寒酷暑，还是风雪弥漫，他们都坚持巡道。孤独的身影在两根铁轨之间，默默走着，时而抡起铁锤，敲几下松动的铁钉。没有人和他们说话，也没有人与他们为伴。

森铁是窄轨铁路，比通常铁路的铁轨窄许多。铁轨宽 762 毫米，每根铁轨长 10 米，每公里有 200 根铁轨，每米有 3 根枕木。巡道工寂寞时，就数枕木，一、二、三、四、五、六、七……数着数着，突然有一只狍子横穿铁路而过，一闪，就在森林里消失了。数到哪儿啦？乱了，自己也不知道数到哪里了，便哈哈一乐，重新数。一、二、三、四、五、六、七……数着数着，日头就压树梢了，接着，啪嗒一声就坠到林子里了。

森林里便一片火红了。很快，又漆黑一片了。

渐渐地，巡道工的身影也被黑暗吞噬了。

四

因功能和用途不同，森林小火车分几种，有运输木材的台车，有森铁人员出工时乘坐的“摩斯嘎”，还有绿皮的森铁客车。

那时的林区，绿皮的森铁客车是连接山里山外的主要交通工具。

20 世纪 80 年代末，我做记者时去林区采访，常坐绿皮森林小火车。绿皮的森铁客车没有卧铺，一律是硬板座，坐起来颠颠簸簸，不是很舒服。但是，窗外的景致却极美。浓郁凝重，无边无际的绿，汹涌澎湃地涌过来，呼地一闪，又汹涌澎湃地涌过去了。

1961 年，著名作家叶圣陶先生来大兴安岭林区，曾坐过森林小火车。

他在《林区二日记》里写道："早餐过后，我们上了小火车。小铁路是林业管理局所修，主要为运木材，也便利工人上班下班。我们所乘坐的小火车，构造与大小与哈尔滨儿童铁路的客车相仿，双人座椅坐两个人，左右四个人，中间走道挺宽舒。车开得相当慢，慢却好，使眷恋两旁景色的人感到心满意足。"

森林小火车上有列车长、乘警、广播员、检车员、列车员。当然，最神气的是列车长。他的腋下总是夹着两面旗，一红一绿。他一挥绿旗，车就开了。他一挥红旗，车就停了。有时，车长将一个帆布袋子交给车站上的人，那是邮袋。里面装着山外寄来的报纸杂志、信件、包裹。林场的人，一听见小火车的吼声，就往车站跑，看看有没有自己盼望的亲人的来信。

当然，列车员都是漂亮的女生，眼睛忽闪忽闪，脸白白的，手绵绵的。从身边走过，扑鼻的雪花膏香味，真好闻呀。

张淑杰，40年前的森铁广播员，现已退休在家，居住在伊春双丰林区。她与我的朋友傅刚是小学同学，我知悉她有过一段森铁经历后，特意找到她进行了采访。那天张淑杰穿一件青花旗袍，笑声朗朗，风采不减当年。当我同她谈起森铁，谈起当年的事情，她的眼神里闪烁出兴奋的光芒。

我问："当年做森铁广播员一定很风光吧？"

张淑杰说："嗯，当时年龄小，也就十六七岁吧，原来是林业局文艺宣传队的骨干，当报幕员。后来被森铁站选调到客运小火车上当了广播员。"

我问："小火车是蒸汽机车还是内燃机车？"

张淑杰说："就是烧煤的那种蒸汽机车。车厢有三四节，有时后面挂几个大闷罐车，装好多货物的那种车厢。"

我问："嗯，跑哪段线路呀？"

张淑杰说："始发站是双丰（以前叫田升），一、三、五跑爱林林场，二、四、六跑保林河林场。运行区间的车站有小站、十七公里、横太、三十一（也叫农场）、茂林、卫林、五十二、燕安、拉林、青林、曙光、爱林、保林河。保林河是最远的站了。其实，站名都是林场的名字。乘客都是林区人或来林区探亲的人。林区人都很朴实，一到站点，就像赶集似的，全是人。”

我问：“广播有稿吗？还是即兴广播？你都广播什么呀？”

张淑杰说：“有个简单的广播稿。主要是报站名，还有提醒旅客注意的事项。比如，各位旅客请注意：列车马上要发车啦！请大家在自己的座位上坐好！不要把头和手伸出车窗外面！注意安全！一到春天的防火期，就一遍一遍地广播防火的内容。比如，旅客们，林区大事，防火第一！上山不带火，野外不吸烟！”

我说：“嗯，你的声音真有特点，难怪被选中当广播员。”

张淑杰说：“森铁客车的票价很便宜，即便如此，那个年代块儿八毛的能买好多东西，所以逃票是司空见惯的现象。男人逃票我认为可耻没志气，女人逃票就可怜了。列车长查票时，我就把我认为最可怜的逃票女人，塞进我的小广播室藏起来。有时候，里边藏四五个人，大气不敢出，唯恐被列车长发现了。”

我说：“你是同情弱者啊！”

张淑杰说：“后来她们都成了我的好朋友，经常给我捎来一些山货，像臭李子，吃起来甜甜的，能把嘴唇染得黑黑的。还有松子、干蘑菇、木耳什么的。”

我问：“森林小火车停运后，你有什么感受？”

张淑杰沉默了一会儿，说：“就像一个正常的人，一觉醒来，却突然发现自己没了双腿！”

她的眼睛里噙着泪花。

五

终于来到长白山林区桦树小镇。要了解森铁的历史和现状，不能不到桦树小镇。这里曾创造了森铁当年的辉煌，这里曾留下了一代森铁人抹不掉的记忆。

桦树小镇，实际上是临江林业局所属的一个林场的所在地，因此地森林里白桦树居多而得名。白桦，本身就是一个富有诗意的树种，具有浪漫的气息，能带给人无限的遐想。普希金在自己的诗中，把白桦树比喻成俄罗斯的新娘。早年间，桦树是临江森铁处所在地，房子以“木刻楞”和“泥拉哈”为主。那会儿的桦树林子还很密，在林子里光听到喊声，人就是转不出来。林子里有黑瞎子和狼。晚上人躺在“木刻楞”“泥拉哈”里睡觉，经常听到林子里的狼嚎，黑瞎子也常来扒门，一闹腾就是半宿。当时的森铁处直属辽东省林务局，管辖着临江境内二道沟、五道沟、三岔子、大羊岔四条森铁线路。首任森铁处主任是陈光庭。

后来，随着居民的不断增多，森铁处有了商店，有了医院，有了托儿所，有了学校，有了森铁工人俱乐部，也有了森铁招待所。到20世纪70年代，桦树森铁处盖起两层小楼，改造了森铁工人俱乐部。俱乐部里可以开大会，有1000多个座位呢，蛮排场的。

森铁线路以桦树小镇为中心向山里各个林场延伸。二道沟、五道沟、大沙河、桦皮河、秃尾巴河、漫江、高丽河、黑河口、小营子、向阳、金山、酒厂、烟筒砬子，等等，都有了森铁线。沿线有24个车站，森铁处职工由最初的200余人，增加到2000余人。至1990年，临江林区共计已有森铁线路957公里，形成了主线、支线、侧线、岔线、装归线全线贯通的森铁网络。在那个年代，这可能是世界上最长的、较为完备的森铁线路了。

那时，森铁的枕木都是木制枕木，虽然经过油浸处理，但腐烂情况还是很严重，每年光是更换的枕木就达13万根。据记载，从1949年至1990年的41年间，临江森铁共运输木材1700多万立方米，客运量达到10万人次。

小镇街道两边的屋檐下，长着黑漆流光的冰溜子。酒幌子悬在半空随风摇曳，空气里弥漫着腥臭的酒味。一入冬，操着各种口音的全国各地的木材采购人员或木商，云集桦树小镇洽谈生意。饭店、小酒馆、烤串屋里的生意火爆。“五魁首啊！”“三星兆啊！”“六六顺啊！”吆嗷乱叫的猜拳声此起彼伏。常有邋遢的狗，在街边角落舔食醉酒人制造的秽物。

桦树小镇，一度是长白山林区一处繁华的所在，被誉为“林区小莫斯科”。

我到桦树小镇的那天，天空中下着绵绵秋雨，当地的朋友送上一把伞，被我拒绝了。我说：“这可能是2016年的最后一场雨了。淋淋秋雨好，这样可以清醒。”我们来到森铁处的老站台，看东看西，看得十分仔细。尽管到处锈迹斑斑，破烂不堪，湿湿漉漉；尽管一片残局，光荣消歇，荒草连天。

窄轨铁路上，几节台车静静地淋着雨。我看完火车头看守车，心情复杂，无以言表。双手抚摸着看守车车尾湿凉的门把手，分明感觉到了岁月的无情。

台车上装着两根粗大的原木，雨中的树皮泛着幽幽的光。我敢说，如今，在东北森林里再也见不到这样粗大的树了。恐怕，这样的画面已经成为绝版了。可到了近前，我隐隐感觉有点问题。这是木头吗？我问。当地朋友笑了，说，水泥制作的仿品，假的。我无语，心，立时悲凉了。

森林小火车，已经退出了历史舞台。当年的森林小火车定格在林区人的记忆中，即便能看到它的身影，要么只剩下一堆废铁残骸被遗弃在角落里，被荒草藤蒿覆盖，要么孤独尴尬地被陈列在广场或者公园里，供好奇的游客或者孩子们照相、攀爬、观赏、凭吊。

林区人已经渐渐习惯了森铁淡出视野的生活，日常的话题中也很少提及森铁了。

今天，桦树小镇给人一种简约散漫的印象，镇上的人把日子过成诗了。一位在门口晒太阳的老伯跟我说：“我只管开心地活着，其他的命运自有安排。”我在小镇上漫步，远处是若隐若现的长白山，秋风已经潜入桦树林，无边的红叶随风晃动，纷纷扬扬，满地都是来不及拾起的故事。

唉，昔日森铁的故事也不能拾起了吗？

六

兴隆也许是个特例。据说，兴隆的森铁不仅没拆，而且还要发展。兴隆拥有森铁线路近 400 公里。

若干年前，我专门来到兴隆探访了森铁。

这条窄轨铁路，环绕小兴安岭南麓，横跨巴彦、木兰、通河三县，途经 24 个站点，9 个林场所，72 个村屯，不仅在林区经济发展建设中具有举足轻重的作用，而且是巴、木、通三县城乡沟通的重要交通工具。森铁是兴隆林业经济发展的命脉。在 20 世纪 70 年代乃至 90 年代初期，仅商品材运输每年就达 30 万立方米，自 1953 年以来，兴隆森铁已累计运输优质木材 2000 余万立方米。然而，无论怎样，随着林区大禁伐的一声令下，森铁无材可运正在成为不争的事实。

兴隆林业局有见识的人并未消极，而是以变应变，很早便提出了利用森铁开发兴隆森林旅游的构想。我问："森铁干线两边景观如何？"

"你看看就知道了。"说着，那位局长掏出手机，电话打到森铁处，哇啦哇啦说了半天。末了，转过身来对我说："我安排了一辆森铁专列，明天请你到深山老林里转转，我们这里到底有没有旅游开发价值，你看看就知道了。"

次日早晨 7 点半，我们登上了森铁专列。从兴隆出发到二合营林场，专列整整运行了四个小时，沿途景观颇具北方林区特色，林海雪原，风光着实迷人。而对我来说，乘坐森林小火车进山采访，这本身就是件极有诗意的事情。

兴隆森铁线路两边的旅游资源十分丰富，如尚未开发的原始林群落，穿冰冬钓的香磨山水库，东北虎出没的八砬子，终年积雪的小兴安岭最高山峰平顶山……一个一个的风景区既是相对独立的，又因森铁线路而有机地连在了一起。

可惜，后来我听说，由于种种原因，兴隆的森铁旅游终究还是没搞起来。如今，仅剩下兴隆林业局至东兴站一段的森铁在运营，每天对发两班车。我闻之，久久地沉默。

吉林的朋友尹善普知悉我在关注老号森铁的事情，便建议我来长白山林区看看。在长白山林区，我遇到的临江林业局局长陈志倒是信心满满。长期在林区工作的陈志，对森铁怀着深厚的感情。他告诉我，风景是一种边际文化信息，而旅游则是寻找边际信息的过程，森铁则恰恰保留了这种边际信息。大口大口喷着蒸汽白雾的森林小火车就是这种边际信息的载体。他说，临江林业局将要恢复一段五公里的森铁线路开展森林旅游。

在临江北山公园，我看到一辆破旧的老式蒸汽机车上，正有几个工人在上面涂漆。相信，用不了多久，它就会喷云吐雾地重新运行了。

在日益商业化的今天，即将消失的东西往往会越具有价值。人与人之间的情绪是不能流通的，但它可以弥漫，引起共鸣，付诸行动便成为一种时尚。对今天的青年和中年人来说，“旧”恰恰是“新”，是未曾经历过、感受过的全新的人生情感和视觉形象。

怀旧是一种情绪。时代的变化越大，怀旧的情感也愈快捷愈浓烈。在东北林区，喷着蒸汽白雾，吭哧吭哧喘着粗气的森林小火车日趋稀少了。实际上，这正昭示着辉煌的伐木时代的终结，代之的是一个全新的资源培育时代的开始。

林区的城镇均是在开发者的脚步和伐木人的号子声中诞生，并随着森林小火车铁轨的不断延伸而发展起来的。横道河子、兴隆、铁力、朗乡、双丰、桦南、绥棱、柴河、二道白河、大石头、临江、桦树、闹枝子……这些早先只有猎人和皮货商们才知晓的名字，谁能说它们现在不是以城镇的意义而存在呢？有人说，这些城镇都是用森林小火车运来的。仔细想想，也不无道理呢。

我相信，那些关于森铁的记忆，将成为林区人生命中最温暖最津津乐道的部分。

我离开长白山林区的那天早晨，天空飘落下头一场雪，纷纷扬扬。空气中弥漫着雪野的鲜味，走在积雪覆盖的森铁轨道上，深一脚，浅一脚，咯吱咯吱的响声，富有韵感。

想起一首诗："每一场雪，都覆盖了过去。失去希望的人可以获得启示和重新生活的勇气。每一场雪，铺展开的都是未来。"未来在哪里？未来不在远方，而在脚下。因为脚下即是走向未来的起点。是的，林区人追寻快乐和幸福的脚步从未停歇。

此刻，在森林的上空，在我的耳畔，仿佛回荡着小火车的汽笛声。由远及近，又由近及远了。

——呜呜！——呜呜呜！

太行山林区笔记

在整个文明的进程中，人类将自己的价值等级强加给大地的自然格局——耕地、牧场和森林是按照一种逐步降低的等级来评定的。长期以来，正是这样一种价值观，才导致森林被牧场和一成不变的耕作系统所取代。

如果我们试图理解一样看似独立存在的东西，那么我们将会发现，其实，独立的东西并不存在，一切事物都是有联系的。土地的利用方式决定着森林等自然生态系统的存亡。

种植业的发展和农牧区的扩大，必然导致森林和荒野的不断减少。如果说战争、掠夺建设对森林所造成的破坏还仅是指林木的话，那么，开垦对于森林的破坏就是毁灭性的了。因为，开垦不但毁掉了林木，更主要的是毁掉了林地。对于森林来说，失去了林地，就意味着失去了一切。

林地没有了，森林自我恢复的机会也就没有了。

毁林开垦最直接的原因是人口增加，人多地少了，粮食和食物匮乏。地少了怎么办？粮食和食物不够怎么办？于是，饥饿的目光投向森林——毁林开垦。明清时期，中国人口大增，毁林开垦尤甚。有道是：“山上开一线，山下冲一片”，“开荒到顶，人穷绝顶”。历史，就这样陷入了越开垦越槽糕的怪圈。

毁林开垦带来了严重的生态问题——水土流失。20世纪末，我国水土流失面积达到360万平方公里，沙化土地面积174万平方公里，占国土面积近两成。这些地方大部分集中在西部，西部每年往黄河、长江流入的泥沙达20多亿吨，导致黄河和长江中下游的江河河床及湖库不断淤积抬高，甚至让黄河成了“悬河”。

在四川采访期间，四川省林草局巡视员王玉琳，回忆退耕还林启动始末时说，在她的人生记忆中，曾经历了两次大的长江洪涝灾害。“一次是1981年夏季，四川暴发洪灾，瞬间成都市区天府广场的洪水淹到人的腰部，安顺桥冲垮后，淹死了几十人。另一次就是1998年6月中旬至8月中旬，长江发生百年罕见特大洪灾，许多房屋、建筑、农田、庄稼被冲毁，很多人在洪水中丧命，给沿江经济和社会及生命财产造成了上千亿元的损失。”王玉琳语调沉重地说，“目睹当时的灾害现场，真是惨痛啊！”

四川是山区省份，山地占九成。

1999年之前，在四川山区“大字报地”（陡坡森林里“开天窗”的耕地）、“挂坡地”（陡坡耕地）、“三跑地”（跑土、跑水、跑肥）随处可见。“开荒开到山顶顶，种粮种到河边边。”王玉琳告诉我，当时，甚至七八十度陡坡地，也被开垦了。由于坡度太陡，耕作时频频发生耕牛用力过猛，从陡坡上摔下致死的现象。

四川的情况并非个案。全国许多山区的生态系统到了濒临崩溃的边缘。恢复退化的生态系统，防止水土流失，应对气候危机，加强粮食生产安全，保障供水和保护生物多样性，是人类共同的责任。生态系统是人类可持续发展的基础。地球上约有32亿人的生活正遭受土地退化、河水污染和生态系统濒临崩溃的威胁。据联合国提供的有关数据，全球约20%的植被呈现出生产力下降的趋势。至2050年，生态系统的问题和气候变化将可能使全球粮食作物减产10%，某些地区甚至可能减产 50%。

地球正面临着两个可怕的危机——其一，气候危机；其二，生态危机。

怎样才能避免危机呢？其实，改善了生态，也就改善了气候。也许，光靠技术手段无法解决气候变化问题，何况，一个问题解决之后，另一个问题又会产生。森林是生态的主体，森林及其各种生物之间产生的关系，支撑着生态链。所以，最可靠的方法，就是保护和恢复森林。退耕还林是恢复森林的有效手段。退耕还林不是回到过去，而是把自然还给自然。

金钱豹

施耐庵为何把林冲唤作豹子头呢？因为他是东京 80 万禁军教头吗？还是另有原因？不得而知。

在太行山林区，没法不谈论豹子。

豹子头，小而圆，耳短，耳背黑色，耳尖黄色，基部也是黄色，并有稀疏的小黑点。背部的图案，就像古代的铜钱，故名金钱豹。

在古代，金钱豹也被唤作“程”。程就是节制、克制的意思。古诗中有“饿狼食不足，饿豹食有余”的句子，说的就是豹子有节制、不贪食的属性。即便在食物充足的情况下，豹子也只吃七分饱，避免自己因饱食而昏迷倦慵，从而保持舒展的体形和迅疾的奔跑速度。

金钱豹奔跑速度极快，豹尾刚劲灵活，是捕猎时的武器，也是奔跑时的转向舵和控制器，从而平衡身体，不至于因奔跑速度太快，而导致侧翻或者摔倒。

金钱豹时刻处在警觉状态中，行踪极具隐蔽性，慢走时脚步轻柔，脚爪像树叶在地上摩挲。它常在交叉的路口兜圈子，布下迷阵，让追踪者不知它的去向。

金钱豹造型珠宝摆件，也被珠宝界所推崇。因为金钱豹既是力量的化身，也是财富的象征。北京朝阳区大屯附近有一地名——豹房。我从所住的小区去亚运村图书城必经这里的公交站牌。后来，我翻阅古书才知晓，明代时北京确有驯养豹子的场所，曰之豹房，养豹子的军士配有“豹牌”。“豹牌”正面铸有豹图，背面铸有27字：随驾养豹官军勇士，悬带此牌。无牌者依律论罪，借者及借与者罪同。我还无意中看到古书中一幅《狩猎出行图》——在一匹马上的骑手身后，蹲伏着一只警惕张望的豹子，似乎一有动静，它就从马上一跃而下，雷霆出击。

画《最后的晚餐》的达·芬奇对豹子的眼睛有一段描述，他说，豹子在猎食时常用自己的美来吸引猎物，而将凛冽的目光妩媚地低垂，使对方由于喜悦而忘记被捕杀的危险。如此看来，豹皮的斑点斑纹不光是为了隐蔽，可能更是为了示美。

世界上每一只金钱豹都有自己独特的斑点斑纹图案，就像人的指纹各不相同一样。

金钱豹的爬树本领超强，欻欻欻，攀爬大树如履平地。擒获猎物后，便把猎物拖到树上，卡在树枝上，悬挂着，悠荡悠荡的。那棵树就成了它的食物储藏室。猎不到猎物的时候，就回来享用。

金钱豹是生态系统稳定的标志性动物。在一定程度上，它代表着生态的质量。

太行山是金钱豹的主要分布区，而太行山里的和顺县是金钱豹的核心分布区。这里的树种主要有油松、落叶松、白桦树、山桃、山杏、锦鸡儿等。登临山巅，极目远眺，茫茫林海无边无际。和顺，风调雨顺，万事顺遂之意。和顺真是个好地方，不旱不涝，不寒不热，年平均气温不超过7摄氏度，无霜期120天，无蚊虫滋扰，无恶风侵害。以保护金钱豹为主要对象的铁桥山自然保护区，也主要在和顺境内。和顺虽然是贫困县，但和顺人对自然却怀有敬畏之心，鲜有盗猎情况发生。

从生态学的角度来说，中国的广大地域都应该有金钱豹的栖息活动，可为何独独太行山的铁桥山保护区及其和顺县的山林成了金钱豹最理想的栖息地呢？就此问题，我曾专门向山西省林草局副局长尹福建讨教。

尹福建语气缓缓地说：“无非三个方面的原因吧。”我瞪大眼睛听着，他望着太行山起伏的山影，继续说道，“其一，保护区有广袤的森林，方圆上百平方公里范围内少有人为活动。保护区尽职尽责，管护员巡山到位，有效清理了毁林开矿、毁林开垦现象。其二，天然林保护成效显现，生态系统稳定，狍子、野猪、山羊、野兔等野生动物日渐增多，金钱豹食物充足。其三，很重要的一条，就是这里几十年来从未发生过森林火灾，森林安宁，家园安全。”

是的，近些年，在保护区监测点，用红外线相机拍摄到的金钱豹觅食照片已经不是什么新闻了。当然，金钱豹也常常干出一些惹是生非的勾当。据保护区猫科动物专家樊德青说，金钱豹吃牛现象时有发生，每年都有 30 多头小牛被金钱豹吃掉，吃人的案例倒是没发生一起。金钱豹一般不主动伤害人，通常情况下，远远就避开人了。

“铁桥山保护区里有多少只金钱豹？”

樊德青说：“13 只。”

我说：“金钱豹的外形和斑点都差不多，怎么区别呢？”

“主要通过看斑纹来识别。”原来，动物学家区别金钱豹的方法，也是识别斑纹。“我们给每只金钱豹都编了号。9 只雄豹，4 只雌豹。豹王的特征我们也掌握了。”

“豹王有什么特征？”

“它的体形较大，重量超过 150 斤，耳朵上有撕裂的豁口。”

“好嘛！争夺王位时的场面一定很惨烈。”

野猪

野猪的名声不怎么好。

这几年，太行山区的野猪多得成灾。野猪下山拱红薯拱玉米拱黄豆是常有的事。起初，在太行山林区走动时，看到与森林边缘相接的农田四周，都用红布围起来，我有些疑惑，便问：“用红布把农田围起来干吗？”

太行山林管局局长武玉斌告诉我："那是防野猪危害的，野猪对红颜色的东西敏感，轻易不敢接近。"

不过，野猪也并非一无是处。它在森林里拱食的特性，客观上为树木松土透气，改良了土壤，促进了树木的生长。太行山林区有多少野猪尚无确切数据，但保护区护林员每天都有通过红外线相机监测到的野猪活动情况。野猪的嗅觉相当好。苗圃里刚刚播下的油松种子，在有月光的晚上生生被它一垄一垄地拱出来，咯吱咯吱，咀嚼殆尽。次日清晨，及至护林员赶来时，饱食后的三只大野猪晃动着尾巴，带领着四只小野猪已经从容地消失在了山林里。

野猪面相粗鄙，极其贪吃。野猪是一种杂食性动物，吃野果吃树根草根，也吃粮食，也吃虫子。

为防野猪危害，保护区的专家们伤透了脑筋，尝试了各种各样的办法，似乎都不太管用。他们还发明了一种太阳能警报器，用细线布设在农田四周，只要野猪一触碰，警报器就嗷嗷嗷地尖叫起来，吓得野猪迅速逃窜。但这一办法，也就管用 20 天。野猪适应了警报器的叫声后，照旧干坏事。

野兔

在太行山林区，除了野猪外，另一个多得成灾的动物就是野兔了，大白天就能看到它们噌噌跳跃的身影。当地朋友说，白天看到的是一只，晚上就能见到一群。许多油松、柠条、山杏的幼树都被兔子啃了。它们专门啃根部和根部以上的部位，经野兔啃过的幼树就很难活了。

光是和顺县，遭野兔啃噬的幼树就不是个小数目。

野兔一度令太行山林区人既喜且忧。喜的是，野兔多，说明生态正在恢复；忧的是，退耕还林的树被野兔大量啃食，会导致新的生态失衡。

不仅仅是和顺县，兔灾几乎成了中国西部的共性问题。有报道说，宁夏、内蒙古、甘肃黄河两岸及山区一带野兔泛滥，不仅对新栽的树苗和种的草带来威胁，也对田里的青苗带来极大危害。

有专家已研制出了几种药剂，涂在树根或根以上部位，用不了三天，兔子就会大批死亡。然而，这种药剂会把其他野生动物也一同毒死的——这等于是解决了一个问题，又生出了另一个问题。再说，服毒后的野兔大批死亡，横尸荒野，容易产生疫情。于是，又有人提出建议，应训练一批细狗，或者引入猎隼，追捕野兔。

野兔，这个富有传奇色彩的动物，以警觉和善于逃遁苟存于自然界，黄土高原的颜色就是它的颜色。野兔的繁殖能力是惊人的。

1859 年，24 只野兔被一个农民从英格兰带到澳大利亚，但谁也没有想到，这些野兔在此后竟给澳大利亚的农业带来灭顶之灾。野兔繁衍能力强，一生就是 20 多只，不到 100 年的时间，这个澳洲的“客人”数量呈几何级数增长，达到数亿只之巨。一时间，野兔的存在甚至影响了澳洲羊的生存。

某日，意大利米兰机场展开了一项围捕野兔的行动——原因是数量众多的野兔咬坏了机场电缆，并在飞机跑道下面打洞，给机场的正常运营造成严重威胁。机场被迫于早上 5 点到 8 点关闭，12 趟航班延误，6 趟航班重新拟定起飞时间表。在为期三小时的捕猎行动中，200 名志愿者组成四公里的“人墙”，对机场内的野兔进行拉网式围捕，并把它们安置到安全的地方。超过 50 只野兔被捕获。据说，逃匿的野兔亦不在少数。

如今，在太行山林区新造林地里，会看到幼树树干都穿上了乳白色的“筒裤”，那是专门防止啃啮的塑料制品，用来抵挡野兔的牙齿。我问了一下价钱，一个“筒裤”两元钱左右。看来，野兔的牙齿无形中增加了造林的成本呢！尹福建说，其实，解决兔害最根本的方法，不是把野兔都杀死，而是增加生物多样性，乔木灌木和草都长起来了，生物链建立起来了，豹子啊鹰啊狼啊狐狸啊也就多起来了，这样，自然就会遏制野兔的繁殖，使其不再成灾。

是呀，大自然的事情还是要靠大自然自己解决吧。

淾

在太行山林区，识得一个字——淾。估计很多人跟我一样不识这个字。怎么读呢？谁都会查字典，就不用我说怎么读了吧。那天，在太行山林管局一个林场的走廊里，墙上悬挂的一幅照片引起了我的注意——照片上的画面是层层叠叠的古建筑，给人一种乡风浑厚、淳朴的感觉。细看照片说明，只有三个字：大淾村。

当地朋友胡晋焘告诉我，大淾村是建在一块巨石山上的村庄，房舍全是用石头垒砌而成的。远看，整个村庄群山环绕，围合封闭，松柏罩头，清泉绕村。一年四季，流水潺潺，鸟语啾啾。

村口有一棵大槐树，树干三个人合抱不拢，树龄至少 500 年了。其实，淾字跟山跟水都有关系。太行山人把山上流下的水叫作淾，或曰三叠瀑布。想想看，如果这里的生态糟糕的话，或许，现实中的淾早就消失了。近年，退耕还林改变了当地生态状况，山美了，水旺了。当地人清楚，生态是大淾村的根本。

生态涵养了水源，也涵养了民风。

大淾村人用自己有滋有味的幸福生活，生动诠释了绿水青山就是金山银山的道理。随着来村里的游客越来越多，大淾村闻名遐迩了。

我没头没脑地问了一句：“金钱豹光顾过大淾村吗？”

“这个——”

胡晋焘瞥了我一眼，没有回答，却笑了。

乌鸦

一

乌鸦岭在武当山上，岭不高坡不陡，树不茂草不稠。乌鸦呢？我站在高处向四周眺望，除了三三两两的游客，未见乌鸦的影子。我来得不是时候，听正在树下小憩的挑夫说，待傍晚游客下山之后，乌鸦才从四野归来聚集岭上，黑压压的，把整个山岭都盖住了。

在武当山，乌鸦被看作一种圣鸟，许多道教信徒历经艰辛爬上武当山就是为了给乌鸦抛撒一把食物。乌鸦在这里是自由自在的，用不着担心谁会伤害它们。乌鸦为什么受到如此厚待呢？在山下的一个小铺子里，我翻看一本小书才搞清楚。原来，当年真武到武当山修行时遇妖，是乌鸦为他报祸，并叫来了救星紫元君，使真武脱险。真武修炼成神后，不忘乌鸦的报祸之恩，封了乌鸦"圣鸟"的雅号，并告诫信徒们要永世善待乌鸦。

真武是幸运的，因乌鸦帮助而性命得以保全。

乌鸦是幸运的，因真武，这个黑色的种群便越来越兴旺了。

乌鸦岭毕竟是一处可供游人观瞻的景致。就道教的整体情怀而言，乌鸦岭不过是天人合一思想物化了的存在。

道教是我国至今仍然流传的宗教之一，与其他几大宗教——佛教、基督教、伊斯兰教、天主教不同的是，只有道教是我国本土孕育的宗教。道教把春秋时代的思想家老子尊奉为鼻祖，同时也把老子的著作《道德经》尊奉为道教之圣典。

其实，乌鸦即便是对真武没有报祸之恩，武当人也不会找它们的麻烦。因为他们的教主老子早就说过：夫物芸芸，各复归其根。归根曰静，静曰复命。复命曰常，知常曰明。不知常，妄作凶。

又曰：生而不有，为而不恃，长而不宰。

道法自然，自然就是自然法则。在这里，人与乌鸦是皈依了道教，还是皈依了自然？

我是在1997年的深秋去武当山的，本是在谷城参加全国生态文学研讨会的，上武当山是会议主办单位另外一项安排。已是下午5时，就在大家转身准备去停车场搭车下山的时候，空中却传来“呱呱”的叫声。举目向西望去，似乎有几对黑色的翅膀从太阳里飞出来，无疑，群鸦聚会武当山的盛况拉开了序幕。

二

在我的家乡，把乌鸦称作老鸹。听老辈人说，乌鸦的肉是吃不得的，若吃了乌鸦肉，女的呢，就会满脸生雀斑；男的呢，就会满脸长麻子。从此我一遇见脸上有雀斑的女子和麻脸大汉，心里就挂个问号：这妮子、这厮莫非吃过乌鸦肉？

野兔、野鸡、鹌鹑之类是猎过一些的，独独不敢打乌鸦的主意。我隐隐觉得，那黑色的鸟与一种神秘的东西有着某种牵连。赵海田是村里几乎与张三炮齐名的猎手，他的枪口不放过任何鸟兽。有一年冬天，赵海田去北大坝行猎，转了一天，毫无所获，就在他沮丧地往家走的路上，遇到一群乌鸦。他摘下斜挎的猎枪,架在一个树丫上勾动了扳机——“轰”一声闷响，一只乌鸦毙命，其余几只逃之夭夭。而几乎就在同时，赵海田“妈呀”一声，手捂血糊糊的右眼扑倒在地——猎枪的枪管炸开了。

从此，赵海田失去了一只眼睛。

从此，我们家乡那一带的猎手们再也没有人碰过乌鸦。相反，每逢白雪封山的严冬时节来临，猎手们便都要在场院里撒一些苞米、谷粒、豆子或在高杆上挂些猪肠、猪肝等类的食物给乌鸦吃。

在那片贫瘠的土地上，乌鸦作为一种具有神秘感应能力的动物而存在。乡亲们敬奉着它，又躲避着它。

三

《山海经》曰：汤谷上有扶木，一日方至，一日方出，皆载于乌。乌鸦与太阳同出一母，又称“金乌”。太阳没有翅膀便由乌鸦驮之。

既然乌鸦是驮日之鸟，就应当与凡鸟有别，所以古人索性便在乌鸦图上给它添上一只脚，号为“三足乌”。

前些年，陕西华县柳子镇泉护村出土的新石器时期的彩陶上的乌鸦图纹就是“三足乌”。

凡乌皆二足，三足者必不是乌，那是神化了的乌了。我真不明白，多出的一足用来干吗呢？是驮太阳时多一份支撑的力量，保持身体的平衡吗？

不过，人间有一个太阳也就够了，可乌鸦却偏偏驮来十个太阳。

尧之时，十日并出，焦禾稼，杀草木，而民无所食……尧乃使羿上射，中其九日，日中九乌皆死，堕其羽翼。

看来，好事做过了头，等待自己的就不一定是好事了。九乌之死，实在是悲壮的。

从此，乌鸦的声威一蹶不振，贬斥之声不绝于耳，用在成语中也尽是“乌合之众”“乌兔之族”“乌七八糟”“乌烟瘴气”……

民谚：乌鸦叫，灾祸到。乌鸦当头过，无灾必有祸。

民间何以对乌鸦有如此偏颇的认识呢？这可以从乌鸦的习性中得到说明，而不必归结为乌鸦的羽色或者叫声。

在写作此文之前，我曾就乌鸦的某些行为，专门电话采访了著名鸟类专家侯韵秋教授。侯教授学识广博，从事鸟类研究已近20年，她在野外调查和学术研究过程中发现，乌鸦的记忆力惊人，对曾伤害过它，或对它不够友好的人，能过目不忘。除此，乌鸦还有强烈的复仇意识。

侯教授说，有一次，她的同事苏化龙为了搞清乌鸦的生态习性，在野外投放了浸有麻醉剂的食物。乌鸦进食后麻醉剂很快就发生了作用，在那只乌鸦未完全昏迷之前，苏化龙把它捕住放进了笼中。那只乌鸦狠狠地看了苏一眼，就合上了眼睛。若干小时之后，乌鸦醒来，但不管苏化龙投入什么美味，它都一概拒食，眼里充满着怒火。

那只乌鸦好生倔强，好生刚烈，至死也没有吃一口苏化龙给它的食物。

侯教授还告诉我，多年前，她在东北某林区的一个养貂场搞调查时，貂场常有乌鸦光顾，刚出生不久的幼貂屡被乌鸦叼走，防不胜防。无奈，貂场便派一名猎手持猎枪整日守卫，乌鸦尝到了猎枪的厉害，再也不敢偷食幼貂了。然而，乌鸦并未就此作罢。当那名猎手一旦在貂场空手出现，群鸦即立时扑来，向他发起进攻。

攻击的手段极具侮辱性——轮番从空中向猎手的头上排泄粪便。

说到这儿，侯教授在电话里爽朗地笑了。

乌鸦的嗅觉远比猎犬的嗅觉灵敏，善于发现死尸和腐肉。

乌鸦是杂食性鸟类，特别嗜好吞食垃圾堆中腐臭的动物肢体，因此哪里有了动物的尸体，哪里就往往会有乌鸦的身影。慢慢地，乌鸦的形象就与烂尸腐肉联系在一起，倒因为果，乌鸦实在有些冤枉。

其实，乌鸦也未必与不祥之事相关。民间的乌鸦报喜之说也多有流传。

康熙年间某科乡试，华亭董含应试后返里。一日，忽有群鸦数千只，飞绕其居宅，晓夜屯宿，声喳喳，驱之不去。家人咸以为不祥，村夫辈且谓噪主凶征之。如是者五日，及捷报至，鸦始散，人言亦息，群又言为报喜也。

对乌鸦的认识，因地域不同，看法也不一样。

李时珍一定是做过翔实的调查和考证的。他在《本草纲目》中写道："北人喜鸦恶鹊，南人喜鹊恶鸦。"

古代中国，南方以农业经济为主，乌鸦糟蹋庄稼的事情屡有发生，所以南方人对乌鸦的感情是可以想象的。而北方是游牧民族地区，乌鸦对游牧经济是不会造成任何危害的。相反，乌鸦啄食牲畜身上的虱虫蚊蝇，清理草原上的烂尸腐肉，对游牧经济倒有极大的好处。

乌鸦就是乌鸦，万千鸟类中的一族，种种是是非非、善恶美丑之说，都是人类强加给它的。

对于乌鸦来说，重要的不仅仅是活着，而是怎样活得更快乐。

四

读清史才知晓，乌鸦竟与大清王朝有着不解之缘。先讲一段神话——

从前有三个仙女，大姐叫恩库伦，二姐叫正库伦，三姐叫佛库伦。一天姐妹三人飘然下凡，在长白山下一个美丽、幽静的湖泊里沐浴，浴毕上岸时，一只乌鸦将所衔的一颗朱果置于三女佛库伦的衣服上。朱果鲜艳异常，佛库伦爱不释手，于是就把它含在口里穿衣服，刚要穿上衣服的时候，不料朱果滚入腹中，佛库伦即觉得自己已经怀孕，因而未能同二位姐姐一起飞上天去，不久就生了一个儿子。这个孩子生就能语，举止奇异，相貌非凡，他就是满族先人——爱新觉罗·布库里雍顺。

历经数世之后，布库里雍顺的儿孙们过于暴虐导致部属叛变，要杀尽他的子孙。其中有一个年幼的男孩叫樊察，脱身逃到旷野，正当樊察身后马蹄声声、尘土飞扬之际，恰巧有几只乌鸦栖落在路旁的幼儿头上，追兵疑为枯木，于是拨马而回，这一故事被载入史册。《满洲实录》不仅在文字上详细记述了这段故事，而且配有《神鸦救樊察》的图画。清朝历代皇帝为了不忘祖先创业之艰难，便以乌鸦为图腾。

《满洲实录》还记载“群鸦路阻兀里堪”的故事，说的是：“九月内……九国兵马会聚一处，分三路而来。太祖闻之，遣兀里堪出探。行约百里至一山岭，乌鸦群噪不肯前往，回时则散；再往，群鸦扑面。兀里堪遂回，备述前事。太祖曰：‘从可扎喀向浑河探之。’及至，见浑河北岸，敌兵营火如星密……兀里堪回报太祖曰：‘敌国大兵将至，时近五更矣！’太祖曰：‘人言叶赫不日来兵，今果然也’……”

又据《武皇帝实录》记载，满族“俱以鸦为祖”。据传，清初每年二、八月间必在盛京故宫（现辽宁省沈阳故宫）和北京故宫的空地上撒谷饲鸦，并设专人看护“圣鸦”。前人在《清稗类钞》中曾记述过紫禁城的乌鸦：“每晨出城求食，薄暮始返，结阵如云，不下千万。”

然而，乌鸦可以救樊察，可以路阻兀里堪，但救不了一个腐败没落的王朝，更不能阻止历史前进的脚步。

也许这件事，已掺杂进某种凶兆。《清宫二年记》记载：有一个太监，捉得一老鸦，系鞭炮于鸦之尾，点燃放之，老鸦飞去，飞至慈禧太后宫院，药燃爆裂，鸦遂焚身而死。

不久，恭亲王代皇帝到太庙祭祀，发现乌鸦的数量大减，再也见不到当初那种结阵如云、不下千万的盛况了。

这位大清帝国的亲王，老泪纵横，因为他已预感到清朝正在一步一步走向衰亡。

五

别国的乌鸦与中国的乌鸦大概没什么两样。

“东京也无非是这样。上野的樱花烂漫的时节，望去确也像绯红的轻云。”当年的鲁迅在这里留学时也许只留意了樱花和速成班的学生们头顶上盘着的大辫子，而疏忽了那些呱呱乱噪的乌鸦。总之，鲁迅关于东京的文字中，没有写到乌鸦。先生的课业太重，不必苛求了。

其实，除了樱花之外，乌鸦也是东京的一景：大街小巷，乌鸦的叫声、乌鸦的影子随处可闻，随处可见。这些黑色的生灵，有的在垃圾堆旁觅食，有的在屋顶或电线上小憩。

乌鸦多得简直成灾，屡屡发生的“乌鸦事件”终于令日本人恐慌了。那些黑色的翅膀光顾的地方和惹出的麻烦当然不仅仅局限于东京。

据报道，最大的事件要数乌鸦往铁轨上放石块了。早在20年前，北海道地区就曾多次发生乌鸦在铁轨上放石块，影响列车正常运行的怪事。半年前，横滨附近东海道线、横贺线等铁路大动脉上，居然两度因铁轨上发现“可疑之物”而紧急停车，后经调查发现是乌鸦所为。

东京大学鸟类学教授樋口广芳等人为了揭开乌鸦恶作剧的原因，曾对“作案”的乌鸦进行了长达一个星期的跟踪，最终揭开了谜底。原来，在横滨电车路段附近有一处养鱼池，人们常把撕碎的面包投入池内，而散落在池边的面包块自然成了乌鸦的美食。乌鸦常把吃不了的面包藏到铁路两边的基石下，以备断粮时取用。这些面包被水一泡，膨胀后粘在石头上，乌鸦为食用方便，便将粘有面包块的石头衔到铁轨上面。

更玄的是，日本的乌鸦也记仇。据NHK报道，在东京，一位老人因讨厌乌鸦而将乌鸦窝从树上捅了下来。结果，愤怒的乌鸦不但记住了这位老人的长相，而且屡次袭击他。只要这位老人一出门，埋伏在附近的乌鸦便扑向他，连连发起进攻。如此竟达一个月之久。

仙台附近的乌鸦，其聪明才智也令人吃惊。仙台地区盛产核桃，成熟落地的核桃便成了乌鸦的喜食之物。最初乌鸦是将核桃从高处抛下，摔碎再食。不知何时，仙台一所汽车教练场一带的乌鸦“发明”了一种新办法：将核桃放置于即将驶来的汽车车轮前，借车轮之力碾碎核桃，这个方法很快在仙台乌鸦中普及推广。

日本的乌鸦聚居在城市里，最大的问题是破坏环境。乌鸦为了觅食，常常将已经用塑料袋包好的垃圾搞得一片狼藉，颇令环卫工人头疼。为此，人们想出了许多办法驱赶乌鸦。在北海道地区，人们发现海鸥是乌鸦的天敌，于是便把海鸥的叫声录下来置于垃圾站旁以驱赶乌鸦。这个办法起初还相当奏效，但不久乌鸦便发现其中有诈，这种方法随之失灵。

后来环保部门将收垃圾的时间由早晨 7 点提前到 5 点，部分地区还用尼龙网将垃圾罩起来，然而这些办法要在垃圾较多的城市里普及却相当困难。看来，要对付天性聪明的乌鸦，日本人还需下些功夫。

无独有偶，就在日本人为乌鸦大伤脑筋的时候，俄罗斯的鸟类专家们正在实施一项“驱鸟行动”。

克里姆林宫金色屋顶上整日盘旋、呱呱乱叫的乌鸦群着实令俄罗斯总统头痛不已，越来越多的莫斯科市民对乌鸦的噪音和粪便污染也颇有微词。《莫斯科时报》上接连发表文章，认为乌鸦的爪子破坏了克里姆林宫那些古建筑的屋顶。

于是，根据鸟类学家的建议，莫斯科市政府作出决定：用放飞猎鹰和播放录有模仿乌鸦痛苦挣扎声音的磁带驱赶乌鸦。

俄罗斯鸟类协会主席瓦勒里·伊利切夫说，采取“猎鹰 – 磁带”行动后，这些乌鸦显然处于惊恐状态，不敢再落在克里姆林宫屋顶了。

伊利切夫说，莫斯科的乌鸦数量已有些失控，这个有 800 多万人口的都市至少栖息着 100 多万只乌鸦。

这次“驱鸟行动”的胜利会不会持久可能还是个问题，因为百万之众的乌鸦群是不会轻易消失的。

六

除了变化之外，世界上没有任何事是永恒不变的。老子曰：“反者，道之动也。”

人与动物的关系如何，取决于人类用什么样的伦理准则对待动物。

宽容是一种美德，然而，超过某个限度之后，宽容便不再是美德。

七

乌鸦之美，美在色彩。

古代先民崇尚黑色。掷骰子这种游戏就是一个证明。掷骰子首先源于占卜，进而游戏，最后才是赌博。“呼枭喝卢”就是一种尚黑心理，枭就不必说了，卢即是黑色。掷骰子出现了枭或者卢便是吉祥或胜利之彩了。

至今，我国的彝族、哈尼族、拉祜族、纳西族的服饰文化中，仍然崇尚黑色。

起初，乌鸦与太阳是同样的色彩，后来乌鸦的羽色为何变成了黑色呢？

相传，远古时大地有过一场洪荒之灾。洪灾之前，乌鸦向人间告知了这个不幸的消息，人们便躲避起来，未能灭绝。然而，洪荒却夺走了人间的火种。没有火，人类怎样生活？人类请乌鸦帮忙到天神那里取火。天神不愿将火种传播给人类，便派左右痛打乌鸦，乌鸦无处可躲，就钻到锅底下，所以染得一身黑色。乌鸦的行为感动了天神的女儿，她便偷偷把击石起火的秘密告诉了乌鸦。

乌鸦飞回到人间，人类又重新有了火种。

看来，乌鸦是做了不少善事的。

乌鸦还是一种崇尚孝道之鸟。此种文字在古籍史料中多有所见。《说文》曰：“乌，孝鸟也。”《小尔雅》：“纯黑而反哺者，谓之乌。”李密在《陈情表》中把侍养长亲的情怀叫作“乌乌私情”。《后周书》载：“宗澟为广晋县令，遭母忧去职，哭呕血，两旬之内，绝而复苏者三。每旦有群乌数千集于庐舍，候哭而来，哭止而去。”

真乃人鸟相通，孝情交感，悲悲切切。

侯韵秋教授说：“迄今为止，乌鸦是唯一有史料记载的具有反哺行为的鸟类，目前尚未发现其他鸟类有这种行为。尽管乌鸦的反哺原因还不甚明了，有待从更多的方面加以考证和研究，但可以肯定的是，其伦理意义要比生态意义大得多。”

在一定意义上，说乌鸦是富有仁爱之心、忠孝之心的鸟，总不为过吧。

然而，乌鸦就是乌鸦，叫起来呱呱呱，音调不怎么动听，举止也不怎么高雅，它就是一种实实在在的鸟，而凤凰呢，则是一个根本不存在的虚拟动物了。

古代文献中，文人们对凤凰有十分夸张的描述：鸿前麟后——龙纹龟身——饮食自然，自歌自舞。

同这种莫须有的东西相比，乌鸦的地位要低贱、卑微得多。如“凤栖梧桐”“鸦噪枯枝”，从这两个词语中便可见两者在人们心中的地位。

随着凤凰这个虚构的东西在古代文化中的出现，乌鸦的形象不仅不能保持原有的美感，反而渐渐失色了。而凤凰却在文人们的笔下多姿多彩，其神性和灵性甚至被抽象到了美的极致。其典雅，其远奥，其精幻，其壮丽，无与伦比。

而乌鸦虽然做了那么多的善事，但乌鸦还是乌鸦。这实在是太不公平了。在这里，我要为乌鸦说句公道话。

乌鸦之不幸在于它走近了人类。由于相距太近，也就熟视无睹了。它的羽色、它的叫声、它的体态，人们太熟悉了。

谁见过凤凰？也许，越是虚无的东西，越容易得到推崇。

据说，乌鸦的两只眼睛，一只能看见光明，一只能看见黑暗。若真是这样的话，我想，人间的黑暗，人间的虚假，一定早被它看穿了吧。

天文学家说，最近几年，太阳黑子逐渐增多，且活动频繁，有群聚的趋势。

那黑子极像乌鸦。难道乌鸦看穿了人世间的一切后，便飞到太阳里去了吗？

猛禽

或许，猛禽的某些品格正是人类自身所缺少的。

我们这个时代，多一点威猛和刚烈的东西，没有什么坏处。别让理智毁灭了激情。

有的时候，有的场合，人还不如鸟。

一

正是北方的深秋季节。

一个黑点在高高的空中滑动。渐渐地，那黑点由模糊到清晰，由一个逗号变成了一朵云。对于鸟们或者兔子来说，那朵云便是恐怖的信号——鹰来啦！

谁家的鸡也意识到了危险，拼命奔逃着，一头扎进了附近的谷垛里。直到危险消除，才敢小心谨慎地露出头来。

鹰实在是太厉害了，它那双大大的向前直视的眼睛和吓人的钩嘴，是它常常捕猎成功的秘密所在。鹰眼极其锐利，清晰度是人眼的八倍，所以即便在高空飞翔，地面上的一切也会尽收眼底。而那钩嘴则只是在撕食猎物时发挥作用。

爪子是鹰捕猎时的重要工具。在湖面的上空，鹰如果发现水里的鱼，它便立刻俯冲下去，用它那副长爪把鱼从水中提起抓走。

在故乡的山谷里、湖岸边，我常常意外地拾到一些鹰剩，那些鹰剩有的是被鹰挖去眼睛的野兔，有的是肉被吃得光光的野鸡骨架子，或是被掏空内脏的又肥又大的草鱼。

乡下的日子是拮据而清苦的，每有鹰剩提回家去，总是件令全家人高兴的事情。若是野兔，母亲就用开水将毛褪得干干净净，然后用菜刀连肉带骨头一起剁成末子，再加进大量雪里蕻咸菜，入锅钞熟，盛到坛子里，足够我们吃一冬天的了。若是草鱼呢，母亲就用刀背把鱼骨捣烂，然后入锅用文火慢慢地熬，约小半天的时间，出锅冷却，水晶一样的鱼冻就算熬成了。

爹最爱吃妈熬的鹰剩鱼冻，他说那是下酒的上等美味，于是就唤我去村东头孙寡妇的小卖部打酒。有一次，我看见孙寡妇趁人不注意，往酒坛里兑了一瓢凉水。我明明看见了，却没有给她说破。

我把酒提回家，说："这酒里可能有水。"爹说："是吗？我看看。"爹往碗里倒了一些酒，然后用划燃的火柴往酒里一点，酒噗的一声就燃出蓝色的火苗，而碗边却滋滋地响个不停。

爹说："不碍事，还是酒比水多。"

爹把妈端上来的鱼冻用筷子夹给我一块："吃！噢！"我把鱼冻含在嘴里，不忍咀嚼，为的是能让那美味在嘴里多停留些时间。

在那困苦的岁月里，因之鹰剩，我们的生活也多了一些盼头。放学回家帮大人们忙完一天的农活，我就坐在山坡的高处，两眼直盯住空中的苍鹰，一见它向什么地方俯冲，就提着篮子拼命向那里狂奔，跑到跟前，把鹰赶走拾起鹰剩，然后用篮子罩住脑袋就往家跑。

爹说，鹰攻击人时总是先抓眼睛。我怕鹰反扑抢它的食物，就想出这个办法保护自己。爹看到我这个样子哈哈大笑："小子，有种！"

二

鹰擒兔的场面极其惊心动魄。那是个响晴的天，我正在山崖上寻找三天未归的山羊，却见一片云影在眼前滑来滑去。抬头一看，是只觅食的鹰。顷刻，那只鹰兴奋得哇哇直叫，原来它发现了山崖下牧场上的一只野兔。这时野兔也发现了空中的鹰，吓得大耳直竖，兔子飞腿打个垫步，纵身就跑。

鹰哪里肯放过就要到嘴的猎物？砉然一声，俯冲下来，扑哧一翅，就把兔子打个趔趄。兔子翻滚着爬起来，又拼命奔逃，鹰再次俯冲，咬住兔子的头部，又是一翅，接连几下就把兔子扇得晕头转向。鹰看时机已到，流星奔月般扑向兔子，一爪抓住兔子的后背，锋利如钢的爪子深深扣进兔子的皮肉。兔子略一扭头，鹰便伸出铁钩似的嘴，啄瞎了兔子的双眼，兔子哀鸣数声，四腿乱蹬……

生命的目标是食物，吃或者被吃——这就是大自然的法则。

我被眼前的一切惊呆了，哪里还顾得上拾鹰剩。

鹰虽骁勇，但遇上狡兔，鹿死谁手就很难说了。久经沙场的狡兔，面对骄横的鹰常常表现得镇定自若，在鹰扑来的一刹那，它就势一滚，腹部朝天，四腿收缩，然后后腿猛力一蹬，就能把鹰的嗉子蹬裂。嗉子是鹰的食囊，鹰受到致命的一击，疼痛难忍，惨叫一声，带着一股疾风，钻上云天，少顷，一个倒栽葱——“噗”的一声便摔死在地上。

兔子蹬鹰的故事不知被老辈子人讲述多少遍了，不过，若是赤手空拳的人被猛禽啄住身体的某个部位该怎么办呢？若干年前，我曾读过奥地利作家卡夫卡专门写的一段有关猛禽的文字，原文找不到了，但大意我还记得——

一只猛禽啄住了卡夫卡的双脚，鞋子和袜子都被那只猛禽啄破了。一位猎人从这里经过，说：“你为什么不把它赶走？”卡夫卡说：“这猛禽力气太大，我赶不走它。”猎人说：“这好办，只要一枪就能把它结果。”卡夫卡说：“求你帮帮忙。”猎人说：“我回家取枪，你再坚持一会儿。”等了半晌猎人也没有来，情急之时，卡夫卡的脚上喷出一股鲜血把那只猛禽呛死了。

起初，我并没有读懂那段文字，后来终于弄明白了——鲜血是卡夫卡最后的武器，这是生命的强光中不可摧毁的东西。

再说鹰剩。

那次，我到山谷中拾鹰剩，结果鹰剩没有拾到，倒是拾回一只鹰。那鹰的双翅折断了，嗉子也被挑开了，浑身是血迹和泥巴。可见，鹰一定是遇见了劲敌，经历了一番鏖战，不然就是另外一种结果了。

《龟兔赛跑》是大家熟悉的童话，可是，在生物圈的链条上，很难想象鹰与龟之间有什么联系。一位湖南朋友却告诉我，鹰与龟斗法，十有八九被降服者是鹰。在湘南的大山深处，有一种白龟，个头仅有 500 克左右，壳硬如铁，尾坚如锯，一遇上危险情况，就把头缩入壳内，一动不动。当鹰在山谷中飞翔觅食时，白龟即放出奇特的腥臊气味，鹰一闻到这种气味，便兴奋不已，于是一头冲下来，用利嘴向龟乱啄。当它啄到龟头处，龟即用利嘴迅速钳住鹰的坚喙，任凭鹰怎样挣扎也抽不出来，无奈，只好带着乌龟一起飞向天空。在空中，鹰边飞边甩，而龟则弯转坚利的长尾向鹰腹猛刺，鹰受伤后越飞越低，最后，跌落地上。这时，龟便用长锯尾把鹰的头颈锯断，再把翅和脚爪锯下，然后一块一块地吞进肚子里。

鹰肉是龟的美味。而爹说："鹰肉是不能吃的。"爹把我拎回的那只鹰扔到柴火垛上说："老鼠、蛇、蚯蚓，还有死人都是鹰的食物，谁知道这只鹰吃没吃过死人？"

"吃死人？"我的喉管里像是有一只苍蝇在那儿蠕动，胃里的东西直向上拱，终于还是没有吐出来。

"走，把它埋掉。"爹拎着那只鹰扛着铁锹头里走，我怯怯地跟在后面，脑子里尽是些可怕的想法。从此，我再也不去山谷里或湖岸边拾鹰剩了。

次年春天，埋鹰的地方长出两株挺拔的向日葵。远远望去，墨绿墨绿的叶子就像鹰的翅膀。

三

不拾鹰剩了，但“老鹰捉小鸡”的游戏还是常玩的。据说，这种游戏是满族儿童模拟老鹰捕捉小鸡的各种动作编排的。

前些年，我回东北老家探亲，见这种古老的游戏仍在民间流传。

场院里一大群孩子在孩子头的吆喝之下列成一队，后者扯着前者的衣边，排头的扮成“大鸡”，其余的都扮成“小鸡”。队外那孩子头扮成“老鹰”。游戏开始，“老鹰”抖动双臂，作振翅状，然后“小鸡”与“老鹰”相互问答。

小鸡：大哥大哥你干啥呀？

老鹰：找猫呢。

小鸡：找猫干啥呀？

老鹰：猫把锅台后的猪腿叼走啦！猫呢？

小鸡：猫上树啦！

老鹰：树呢？

小鸡：树叫火烧了。

老鹰：火呢？

小鸡：火叫水泼啦！

老鹰：水呢？

小鸡：水叫牛喝了。

老鹰：牛呢？

小鸡：牛上天啦！

老鹰：天呢？

小鸡：天塌啦！

老鹰：好啊，那就抓你吧！

说到这儿，“老鹰”开始抓“小鸡”，“大鸡”便张臂阻拦保护“小鸡”，“小鸡”随之躲闪，而狡猾的“老鹰”总是能寻找机会穿过阻拦的防线，抓住队尾的“小鸡”，捉住后作吃状，然后再抓，如此这般，直至抓完吃到“大鸡”为止。

这虽然是个游戏，但从另一个侧面反映出满族文化中鹰崇拜的影子。

看着孩子们游戏玩耍，我仿佛又回到天真烂漫的童年，终于也张开双臂加入孩子们的队伍中去……

一方水土一方人。鹰的许多品质已融入北方民族的性格中——勇敢、强悍、刚烈、进击、向上……对我们的孩子从小就培养这种品质，无疑具有积极的意义。

或许，现代社会的孩子们缺少的正是这些可贵的东西。

四

鹰是威猛的，而人所具有的不单单是威猛。

“八月松花冻，家家打角鹰。山边张密网，树底系长绳。”“打鹰”即是捕鹰。每年 8 月开始，至 12 月，是北方满族人捕鹰的季节。我们村里的张三炮不但枪打得准，捕鹰也是一把好手。他在距鹰经常栖息的大树五六米的地方，掘一土坑，人潜伏在里面。当月朗星稀之夜，树上的鹰昏昏欲睡时，张三炮便将点燃的一支老旱烟，深深吸一口，抖动一下，鹰见火光，骇然惊醒，环眼暴睁，张三炮已将烟头捂在手里。鹰见没有什么动静，就又进入梦乡，未及睡熟，张三炮又抖动一下烟头，鹰复惊醒，不能入睡。如此这般，把鹰搅扰得整夜不得安宁，万分恼怒。

张三炮见东方天际已露出鱼肚白，便把腿上系着绳子的公鸡撒将出去。怒火满腔的鹰误以为这一夜的好梦未能做成，都是这只公鸡搅扰的。它双翅一抖，唰的一声向鸡扑去，哪知这一扑正中了张三炮的计——他早在那儿布设了一张丝网。

当然，张三炮捕鹰并非为了食鹰肉，而是通过一系列过程把它驯化成猎鹰。大雪封山的日子，张三炮只要挥挥手，猎鹰就把下酒的野味顷刻间搞来了。

猎鹰又是飞机的卫士。机场跑道附近总是有许多飞鸟，它们对飞机的起降构成了严重威胁，因为它们很容易被飞机的发动机吸进去。早在100多年前，人类就开始驯化猎鹰解决这个难题。猎鹰的攻击性和威慑力量足以使其他鸟类远离机场。

鹰能干的事情可真不少。

五

鹰中之王当属海东青。

《柳边纪略》载："海东青者，鹰品之最贵者也，纯白为上，白而杂他毛者次之，灰色者又次之。"

《三朝北盟会编》曰："海东青者，出五国。五国之东接大海，自海东而来者谓之海东青。"这里的五国实际上就是俄罗斯远东地区的哈巴罗夫斯克一带。海东青虽然身小，但俊健，生性十分凶猛。《幽明录》中记载着这样一个神奇动听的故事——

楚文王少时雅好田猎，尽收天下快狗名鹰。一日，有人献海东青一只。顷刻，云际有一物，凝翔飘摇，呈现白色。海东青见之，即刻振翅高飞，直上云霄。须臾，羽落如雪，血落如雨，一大鸟堕地。鸟翅展开达数十里，喙边有黄。经博物君子辨认，为大鹏之雏。

这个故事的本意说的并不是雏鹏之大，而是以反衬的手法赞美海东青搏击长空的神功。

金代女真贵族也视海东青为珍贵之物，凡是流放到东北边远地区的犯人，谁能捕猎海东青不仅可以赎罪，还能获得重金。清廷在宁古塔设鹰把式18人专事捕鹰活动，所猎之鹰一律呈进朝廷。

《大清会典事例》记载，顺治十八年(1661)议准，凡鹰户投充新丁，有交海东青者，每架可折银三十两，另赏银十两，毛青布二十匹。而交普通鹰者，一等鹰每架折银十五两，二等鹰十两，三等鹰五两，四等鹰一两。

辽东、黑龙江一带是呈进海东青的主要产区，其他地方鹰户捕海东青，皇帝也谕令照例赏赐。

每当秋高气爽、禽兽肥美之时，康熙皇帝总要到木兰行围射猎。

在上万人的狩猎队伍中，鹰手们挽弓架鹰，威风凛凛，场面极为壮观。“欧嗬嗬——”八旗官兵齐声呐喊，康熙皇帝引弓射猎，鹰隼出去必有所擒。

康熙皇帝很有一手，实际上他是借围猎来搞声势浩大的军事演习。这样，既可以震慑边关的外敌，又可在体魄上和精神上强健大清帝国的八旗官兵。

然而，若干年后，木兰围场鲜见那种万人围猎的壮观场面。荒草凄迷，月落乌啼，康熙的子孙们渐渐冷落了威猛的海东青和那些强悍的鹰。因为，此时他们已被一种叫罂粟的东西整日弄得有气无力，病恹恹了。

六

沙漠里不长罂粟，沙漠里有骆驼和石油。

不知从什么时候起，世界各地的猛禽都在向中东的沙漠地区汇集。不是它们自己飞去的，而是被走私者用皮囊和背袋偷运到那里的。

1994 年 10 月至 12 月间，北京机场海关就先后截获 8 批 92 只海东青。我去新疆采访了解到，在南疆的一些旅馆里几乎有一半的旅客是巴基斯坦人。他们长住这里，专干一些非法收购鹰隼的勾当。当地不法分子同境外的走私者秘密勾结，捕猎走私活动达到相当猖獗的程度。

哈萨克斯坦也是鹰隼的重要产地，俄罗斯的黑手党早在几年前就盯上了那里的猛禽。他们采用暴力手段将哈萨克斯坦一个保护区的 400 余只猛禽一夜之间掠走一空。

中东地区拥有全世界最大的猛禽消费市场，仅在卡塔尔从事鹰隼驯养和狩猎的人就不下 5 万人。

周末或假日，卡塔尔人去沙漠里猎鹰成为一种时尚。石油巨豪们为了弄到一只好的鹰隼是绝不吝惜金钱的，一旦到手的鹰隼精神不振、身体不爽，他们会放下手头一切要紧的事情，包专机去海湾国家最好的医院给那些宝贝医治。

猛禽，幸耶？悲耶？

城市在一天一天地膨胀，乡村在一步一步地向山野退去。拥挤的高楼把天空切割成碎片，柏油路上的嘈杂和喧哗赶走了淳朴和宁静。

“鹰来啦！鹰来啦！”

这样的喊声还能惊动那些孱弱的生命吗？

那天，我在京郊的荒野中徜徉，多么祈盼能有那熟悉的翅膀滑进我的视野。

猛禽，你带着搏击长空的猛志潜隐山林了吗？

一个声音说——我不知道！我不知道！

贡貂

一

皮裘之首，貂皮也。

貂的不幸在于其皮毛的名贵。正应了一位诗人曾说过的一句话：美，从来都是面临着灾难。

貂皮色泽华美，柔软轻暖，拂面如焰。

《长白汇征录》载：貂皮最能御寒，遇风更暖，着雪即消，入水不濡。

没有什么裘皮能够比貂皮更富贵气十足了。貂皮的雍容和美丽，貂皮的实用和气派，带着嘲笑向那些所谓的高品位的追求眨着眼睛。

凡是流行的，都是短暂的，而貂皮却以其永久的魅力而高居时代的顶峰，占尽风光，独领风骚。面对貂皮，服装设计师们不得不重新认识关于皮草和时装的概念。拥有一件貂皮大衣是多少女人的梦，然而，当大街上穿貂皮大衣的女郎越来越多的时候，山林里的貂就一日比一日减少了。

我这里所说的貂当然是紫貂。《国家重点保护野生动物

管涔山褐马鸡

沉默的山

图谱》中是这样描述紫貂的：紫貂体躯细长，四肢短健如中型家猫，鼻面部尖，耳大，尾毛蓬松，四肢短，足五趾。体色棕褐色，稍掺有白色针毛，喉、胸略橙黄色。

紫貂生活在气候寒冷、针叶林丰盛的亚寒带针叶林和针阔混交林中，筑窝于石堆或树洞中。善于攀缘爬树，行动敏捷，夜间活动为主。以啮齿动物、鸟类、松子、野果及蜂蜜为食，三岁可性成熟。国内分布于黑龙江、吉林、辽宁的桓仁县及新疆的阿尔泰山。

东北林业大学教授、紫貂专家徐利告诉我，紫貂是一种昼伏夜出的小动物，性胆小，人们很少能见到它们。

紫貂是森林隐士吗？除了觅食以外，它的大部分时间都是深藏在树洞里或穴窝中，紫貂有自己的生活方式。

虽然紫貂生性胆小，但从不惧怕严寒和风雪。

东北三件宝：人参、貂皮、乌拉草。当然这是指从前的东北，如今，人参已称不上什么宝了，在小兴安岭、长白山随便开垦一块荒地，播下种子就能长出人参，就像种胡萝卜那样容易。至于乌拉草，看看还有没有人穿乌拉就知道它的命运如何了。

唯有貂皮依然名贵天下。

二

貂皮是东北地区向清王朝缴纳的主要贡品。

贡道曲折而漫长，一头连着风雪弥漫的山林，一头连着红墙金瓦的紫禁城。

《黑龙江述略》载：“黑龙江土贡，以貂皮为重……五月纳貂之期，各部大会于齐齐哈尔城。卓帐荒郊，皮张山积。”

早年间，齐齐哈尔又名卜魁，每年冰雪消融之前，捕貂人便走出森林，或马驮或肩负或车载，将一个冬天的收获运往这里。卜魁城中商号店铺林立，商贾云集，貂皮带来的商贸活动空前活跃。赌场、妓院也因貂皮贸易兴盛起来。

貂皮在这里晾干分成等级，集中打包，结捆，然后用马车成批成批运往京城。

上大学时，每年的寒暑假我都要从齐齐哈尔中转火车，尽管车站工作人员那些糟糕透顶的举止令我胆战心寒，但多少年来，我从没有意识到这座城市的性格和血脉，曾与貂皮有关。

貂皮还是满族猎人与外界进行交易的主要产品。《柳边纪略》卷三记载：“康熙初，易一铁锅，必随锅大小布貂于内，满乃已。今且以一貂易两锅矣。易一马必出数十貂，今不过十貂而已。”

在林区，貂皮几乎成了满族人对外交易的货币。日子过得是否丰实，看看其家拥有的貂皮就清楚了。

貂皮真是个好东西。

“秋挖棒槌冬打貂”，冬季貂的皮毛丰厚，而且雪季便于追踪，所以冬季是猎貂的最好季节。气候愈寒，貂毛色愈纯，毛质愈佳。每年天寒雪降，河水结冰之后，猎民们驾着爬犁，装载着帐篷及食物用品，携带猎犬入山林中捕貂，一直到十二月或第二年春天才能归来。

捕猎活动是充满危险的，这种危险不是来自貂，而是来自那些更大的猛兽和山林中的种种意外。

在长期的狩猎中，满族人创造了独特的捕貂文化。捕貂人把猎取的对象加以神化，貂神是它们捕貂活动的主宰。因此，在猎貂的前后，要举行祭貂神和谢貂神的仪式。“貂达”（猎貂人的首领）充当萨满，主持祭祀。萨满祭祀貂神时，不系腰铃、不击鼓、不拿貂套子，因貂神胆小，以免惊动，只以酒洒地，然后升香，供奉于貂神位前。升香时要看香烟的指向，如香烟飘往东面，则意味着东方有貂，可向东行狩猎；若香烟飘向南面，则是指示南方有貂，可南行狩猎。

捕貂不需要勇武，只需要计谋和智慧。清人方登峰的《打貂歌》写道：

打貂须打生，

用网不用箭，

用箭伤皮毛，

用网绳如线，

犬逐貂，

貂上树，

打貂人立树边。

摇树莫惊貂，

貂落可生捕。

归纳起来，大致有四种捕貂方法。一曰闷穴。在寒冷的严冬，森林中每夜多降雪。貂昼眠夜出，挨搜洞窍中捕鼠，天明即伏树窍之内。捕者于清晨负一背篼，内插板斧，外带火具、硫黄线、风扇等物，于雪中踏验夜间貂踪。若是验明有入迹而无出迹者，先以树枝塞窍口，恐其出窜，再用烂木屑为火具，取硫黄线燃掩，使貂闷毙其中，然后以斧伐木取出。这种方法显然是最残忍的。

二曰网捕。《柳编纪略》卷三记载网捕之法："貂鼠……大抵穴松林中，或土穴，或树孔。捕者以网布穴口，而烟熏之。貂出避，辄入网中。"同闷穴相比，此法还算人道。

三曰犬啮。以犬啮通常有两种形式。一种是与熏穴相配合。熏貂穴时使犬守穴口，待貂窜出洞外时捕而啮之。另一种是使犬嗅其踪，觅其穴，伺其出而啮之。《龙沙纪略》记载："捕貂以犬，非犬则不得貂……犬前驱，停嗅深草间，即貂穴也。伏伺擒之。或惊窜树末，则人、犬皆息以待其下。惜其毛，不伤以齿，貂亦不复戕动。摇落，入囊中。"

捕貂，生擒者，必是高手。

四曰碓捕。其法是将铁条或木板制成的夹子、排子、关子和阎王碓等，安上机关，拴上诱饵，放在貂经常出没的通路上。貂误食诱饵，触动机关，即会被捕获。放碓一般是在寒露至霜降期间。此时，貂为捕捉灰鼠多在树木上穿行，置碓与倒木，获貂最多。不过大雪之后，貂便不登倒木觅食了，碓亦因冰冻凝滞不灵，猎人也就起碓改用他法了。

貂之精华在其皮毛。所以，出色的猎人捕貂时，从不用猎枪和弓箭。

貂极不易猎取，《盛京通志》载：捕貂者，秋去春始还，往往空手归。

每一次出猎，都是一场人与自然的较量。每一张貂皮的背后都有一段心酸的故事。

愈是珍贵的东西，愈是难以得到的；愈是难以得到的东西，愈是弥足珍贵。

三

《清实录》中有这样的记载：

> 崇德二年四月，黑龙江索伦部落，博穆博果尔率八人来朝，贡貂皮。
>
> 天聪八年十月，索伦部……巴尔达齐……等，率三十五人来朝贡貂皮。
>
> 天聪九年四月，黑龙江索伦部头目巴尔达齐，率二十二人来朝贡貂皮等物。

貂就是貂，而一旦成为贡貂，那就是一种政治态度了。

博穆博果尔是黑龙江中游索伦库尔喀部落的首领，以其文功武略促使黑龙江上游索伦各部落形成统一的部落联盟。

满族各部统一后，成为东北最强大的势力。为了同明朝争夺天下，清朝首先稳固后方，便大举征讨黑龙江流域索伦各部，使其归附并向朝廷贡貂。

然而，归附也好，臣服也罢，这只是一种形式，毕竟山高皇帝远。博穆博果尔的索伦部落日益强大起来，“江南北各城屯俱附之”。

清太宗闻之不悦，虑其势盛不可制。

机会终于来了。

1637 年 11 月，博穆博果尔率噶凌阿索伦部落首领再次来朝贡奉貂皮，同月，另一个索伦部落的首领巴尔达齐的弟弟萨哈连等 51 人也来朝贡貂皮。

清廷使了一个小小的手腕，便给两个部落之间播下了不和的种子。

清廷对这两批同是索伦、来自不同部落的朝贡使者，采取明显的厚此薄彼的态度。

清廷先后三次赐给萨哈连等人蟒衣、鞋、帽、布匹等物，并多次宴请，留清都观玩三月余。而对博穆博果尔等人仅赐物一次，便不再理会。

一方面是盛情款待，一方面是冷冷落落，这不能不引起博穆博果尔对巴尔达齐、萨哈连的忌恨。从此博穆博果尔同巴尔达齐之间产生隔阂，并不断加剧，后来发展成两个敌对的部落。

而清廷却利用这两个部落之间的矛盾，从容地控制索伦部落乃至整个黑龙江流域。然而，当忌恨转化成愤恨的时候，贡貂的漫漫长路上，便不再有博穆博果尔的身影。1638 年，博穆博果尔愤然脱离清朝的统治。

背叛朝廷，那还了得？正要给你一点颜色看看，却苦于师出无名，这回有了。清朝出师征讨，用了不到两年的时间，博穆博果尔及其部落便被剿灭。

贡貂竟与政治联结得这样紧密，此乃幸耶？悲耶？

四

不单单是索伦部落，当时被大清帝国武力征服的赫哲人及在黑龙江下游、乌苏里江一带和库页岛的费雅喀人和阿伊努人每年都要向清政府贡貂，以示臣服。

赫哲族是颇有个性的民族，除了满族之外，就是他们与貂事活动联系得最紧密了。

我是在郭颂唱的《乌苏里船歌》中认识赫哲人的。一听到这首歌，就把他们与冰雪、大麻哈鱼、鱼皮裤联系到一起。再后来读一本写因纽特人渔猎生活的书，掀过几页之后，视野里一片冰雪世界，弄不清楚赫哲人该是什么样子，因纽特人又该是什么样子。

我对那种在特殊地域里生存的民族总是怀有极大的兴趣。我曾给一位在乌苏里江下游的一个农场当宣传部部长的朋友写信，请他拍几张能够真正反映赫哲人生活的照片，寄来让我看看。

个把月余，那老兄把照片寄来了。画面是：一位西装革履的青年，手里拿着渔网，网里有一条鱼隐隐露出尾巴，而那位青年背后便是静静流淌着的乌苏里江。

我一下失望了，赫哲人怎么会是这个样子呢？

那位朋友在电话中反问我："赫哲人怎么就不会是这个样子？都什么时代了，你脑子里的赫哲人是哪个时代的赫哲人哩？"

哪个时代的赫哲人，我又了解多少呢？在静静的深夜，我一头扎进那堆发黄的史料中。

在清政府征服赫哲人的初期，清政府强迫赫哲人定期贡献方物，有貂皮、狐皮、水獭皮等各种珍贵皮毛。赫哲人纳贡的最早记载是："己亥，春正月，壬午朔（1599 年 1 月 27 日）东海渥集部之虎尔哈路长王格、张格率百人朝谒。"如果逾期不贡献方物，则被视为对清政府统治的反抗，清政府往往要派兵加以征讨。天聪八年（1634），皇太极曾对黑龙江地区来归的头目羌图里、嚓汀干说："虎尔哈慢不朝贡，将发大兵往征，尔等勿混与往来，恐致误杀。从征士卒，有相识者，可往见之。此次出师，不似从前兵少，必集大众以行。"

皇太极以这种不客气的方式，表达了清政府强硬的态度。

根据清政府的规定，凡是被编户的赫哲人，每户每年都必须向清政府贡纳一张体大、毛厚、色匀的优质貂皮（以黑色貂皮为上品），这就是"贡貂"制度。只有在贡貂之后，赫哲人所带来的其余毛皮，才可在市场上进行交易。

清初在宁古塔设点接收贡貂。离宁古塔远的，如居住在黑龙江下游的赫哲人，则于每年夏季去普禄乡（今俄罗斯波卡罗夫卡附近）贡貂，清政府届时前往收受贡貂，康熙五十三年（1714），始设三姓协领衙门，负责黑龙江中下游、乌苏里江流域及库页岛一带赫哲人、费雅喀人、库页人的贡貂事宜。雍正十年，三姓协领衙门改为三姓副都统衙门，还在黑龙江下游奇集（今俄罗斯奇集湖附近）、德楞（今俄罗斯特林一带）设立行署，就近办理贡貂事宜。

按规定，赫哲人应每年贡貂一次。如因故于当年未能前来贡貂，可于来年补贡。对这种情况，清政府在乾隆十五年（1750）做过如下规定："……惟此等人之往地距宁古塔、三姓甚远，或受阻于途而未能于约定之月份前来，或因有疫病而不能前来。如当年事出有因而于下年补贡者竟停止补贡，恐与圣上抚受远民之意不符。缘此，赫哲、费雅喀人等应贡貂皮，如事出有因短欠一年补贡者，除照旧例补给应赏之物外，如有短欠二年以上者，应停止进贡短欠之貂皮，亦停止补贡，惟收取当年应贡之貂皮并照例颁赏之……"

清政府也有另一手。

对于前来贡貂者给予回赐，回赐之物，除了锦缎衣服之外，还有靴、帽、袜之类物品。这些物品对于当时的各少数民族来说，也是些平素很难得到的日用必需品，因此也是很珍贵的。

赏赐是分等级的，赏给姓长、乡长、萨尔罕锥的是官服，赏给子弟和白丁的是常服。同是官服，姓长朝衣的面料是蟒缎，乡长朝衣的面料是彭缎；同是常服，子弟是缎袍，白丁则是布袍。

赏赐有一定仪式，酒宴是要摆的，但并不铺张，也不奢华。

《吉林通志》记载了赐宴的场面：赐宴用木几，长排两行，每人烧酒一壶，盐豆一器，以示怀远之思。其人叩头起立，饮毕，欢呼，再叩头谢恩，始各散去。

除赐宴之外，赫哲人贡貂时路途上的口粮和贡貂时逗留期间的口粮（清政府规定，赫哲人贡貂时最多可逗留五日）均由清政府负担，这笔费用却是相当大的。对此，三姓副都统衙门乾隆八年档案中有这样的记载："耨德、雅丹二姓七十五人，十五日路途用米，每人每日以合三勺算，给过口米九十一石二斗一升七合；饽饽粘米四十五石六斗八合五勺，酒一千三百三十五瓶……"

如果将贡貂解往京城的押运费、赐宴费、贡貂人路上和贡貂期间的口粮费等几项费用加在一起，我们将发现，清政府每得到一张貂皮，在经济上所付出的代价是很大的。清代的曹廷杰在光绪年间曾算过一笔账："约得貂皮一张，须费银十余两。"据档案资料记载，光绪年间，一名赫哲队兵一个月的饷银是三两。照此看来，以十余两银子换得一张貂皮，不谓不贵。

然而，经济是一笔账，政治却是又一笔账。

五

紫禁城好胃口，吞纳方物从不嫌多。

清王朝接受那么多的贡貂，干吗用呢？在写作此文的过程中，笔者翻阅了有关服饰方面的杂书，才略知一鳞半爪。努尔哈赤建国之后，为了使贵贱尊卑昭然不紊，以维护其统治秩序，逐步对衣冠的形式、纹饰、颜色、质料都作了具体规定。

尊卑贵贱，瞥一眼服饰就知道个大概了。

皇太极谕礼部："凡诸贝勒大臣等，染貂裘为袄，缘阔。披领及帽装菊花顶者，概行禁止，若不遵而服用，则罚之。衣服许缘出锋毛，或白毡帽则可用。"此外，又明文规定了贝勒以上诸臣及其家眷穿着衣冠的时间与场合。如"八固山诸贝勒，在城中行走，冬夏俱服朝服，出外方许服便服。冬月上朝，许戴尖缨貂帽，夏日许戴缨凉帽。素缎各随其便，不得擅服黄缎及五爪龙等服，若系上赐，不在此例。"

服饰是一种社会符号，这是一种权力的炫耀，还是一种奢靡之风呢？

或许可以说，清代的上流社会就是展示貂皮华美的社会。因为貂皮袄、貂皮大帽、尖缨貂帽、貂鼠团帽等与貂皮有关的衣冠，只有高级官员才有资格受用，而且冬夏有别，上朝居家禁例分明。

当然，贡貂绝不仅仅是为了清朝高级官员的服饰需要。仁抚远民，稳定边关才是贡貂制度的根本所在。

六

林海雪原，赫哲人捕貂忙。

清朝初期和中期，赫哲人的捕貂热情空前高涨。那时，深山老林里的紫貂尚多。

同齐齐哈尔附近的满族猎户相比，朝廷规定的每户每年贡貂一张，对于赫哲人来说还算不上什么负担。贡貂之后，赫哲人除了能得到当时在赫哲地区很难得到的日用必需品，如锦袍、布衣、靴帽、袜、带之类，还可以获得由官方提供的进行毛皮交易的机会，在经济上是很实惠的。所以，当时赫哲人把贡貂称之为“穿官”。

在一定意义上，贡貂启蒙了赫哲人的商品经济意识。

三姓副都统衙门乾隆四十二年档案载：“进贡貂皮之耨德、都瓦哈、雅丹、绰敏、陶五姓姓长五名，每人赏给无扇肩朝衣折合之蟒缎一匹、白锻四丈五尺、妆缎一尺八寸、红绢二尺五寸、家机布三尺一寸……乡长十六名，每人赏给朝衣折合之彭缎二丈三尺五寸、白绢四丈五尺、妆缎一尺八寸、红绢二尺五寸、家机布二尺一寸……子弟二名，每人赏给缎袍所用彭缎二丈、白绢四丈、妆缎一尺三寸、红绢二尺五寸……白丁八十七名，每人赏给袍子折合之蓝毛青布二匹、细家机布三丈五尺、妆缎一尺三寸、红绢二尺五寸。”

这笔“穿官”账目真是琳琅满目，五彩缤纷。

“穿官”不但不是一种负担，反倒成了一种诱惑。

从清初直至乾隆年间，赫哲人贡貂人数逐年增多，以至清政府不得不限定贡貂名额了。乾隆十五年，大学士傅恒在奏折中称：“……所有赫哲费雅喀人等贡貂，皇上重重颁赏者，虽系仁抚远民之至恩，然此等人贡貂时如不规定户数，随其意愿准其进贡，则必视皇上隆恩为定例，陆续增加，天长地久，反致不如皇上隆恩矣！”

这位大学士是做过一番调查研究的。“奴才等查得，康熙十五年赫哲费雅喀贡貂之人一千二百零九户，自十五年至六十一年陆续增加七百零一户，共计一千九百十户。自雍正元年至乾隆十五年，又增加三百四十户。现有赫哲费雅喀人二千二百五十户……然此等人进贡貂皮年久，如裁去增加之户数，则与圣上抚远之意不符，理合将现今贡貂之赫哲费雅喀一百四十八户作为定额，不再增加之处，均照依该将军卓鼐之请……”

事实上，这位大学士已感觉到贡貂制度有点走调，皇恩浩荡也不是无边无沿的。

没有永久的兴隆，没有永久的鼎盛。

当外国列强的坚船利炮打开中国的大门之后，大清帝国开始走向衰落。割地赔款，国内动乱不止，再加上皇族的挥霍无度，各级官员的腐败，清政府的财政日益拮据起来，很难再拿出大笔款子抚远贡貂各族了，甚至出现打白条的现象。

官府打白条，赫哲人也打白条，赫哲人开始拖延贡貂。今年拖明年，明年拖后年。

清政府非常恼火。咸丰元年（1851），朝廷严令驻防卡伦官员：务将赫哲费雅喀人等何故至今未来城中贡貂缘由查明，本月二十日前火速详报。

实际上，也用不着详查，原因就两条：一则清政府不能兑现赏赐，赫哲人再无捕貂积极性；二则由于多年捕猎，林中紫貂确实所剩不多了。

压力最大的是地方官员。

三姓副都统衙门为了交差，满足清皇室对貂皮的需要，不得不借助商人和商号四处购买貂皮。三姓副都统衙门档案中有载：衙门例应进贡貂皮，现因本地出产无多，是以派出商民汤培基、王世昌等随带工人二名，前往下江伯力一带购貂皮。

又载：本衙门当即差派五品官常贵并皮商温宜清等，前往盛京等处购买貂皮，以资进贡之需。

再又：缺进额数甚巨，故托与和成利与伯老柜去信，代为购买……

光绪二十六年（1900）以后，三姓副都统衙门档案中再无赫哲人贡貂记载。这时清王朝似乎感兴趣的是鸦片，而不再是貂皮了。

过去车马辚辚的贡道，已被荒草残蒿深深地覆盖了。

七

历史把贡貂制度压没在厚厚的典籍中，而紫貂还在山林里生活着，并且延续着后代。

为了弄清它们的一切，科学家们正在苦苦寻找着它们的踪影。

在紫貂研究领域中，徐利先生是国内外知名的专家，他曾带领一个课题组深入大兴安岭腹地，对紫貂的生态习性进行了整整三年的野外跟踪研究。利用先进的全球定位系统和无线电遥测技术，首次较准确地掌握了紫貂昼夜活动的节律特征。

紫貂生性胆小，机敏灵巧，它的本领不是进攻，而是逃避。所以，若想同紫貂打交道必须经历重重艰辛，付出极大代价。

徐利说，紫貂在我国的分布是整个紫貂分布区的南缘。俄罗斯的远东地区是紫貂的主要分布区，每年紫貂皮张生产达 100 万张以上。

目前，我国野外紫貂的数量很难估计，尚待进一步野外调查。

徐利在发来的一份传真上写道：紫貂资源减少的原因很多，从程度上看，首先偷猎是影响紫貂分布区减少和种群数量降低的直接和最主要的原因。其次是乱砍滥伐导致紫貂栖息地原始林大面积地减少，紫貂失去了自然庇护，难有安宁立身之地。其分布区内人类各种经济活动也抑制了紫貂种群的发展。

由于自然环境的变化，紫貂的求食极其困难，特别是在漫长的冬季里，紫貂几乎每日都处于饥肠辘辘中。

此外，林区喷洒的鼠药，既灭了老鼠，也殃及了紫貂。

紫貂人工养殖被视为养殖技术的尖端。目前，国内成功的例子鲜见报道。

吉林省左家特产动物研究所早在20世纪50年代就攻克这一难题，取得人工养殖紫貂的成功，人工繁殖数量最多时达500只。然而，由于野外紫貂数量剧减，经营上不能形成规模，失去了产业价值，特别是《野生动物保护法》颁布后，紫貂被国家列为一级保护动物，严禁出售活体及其产品，这就无形中给紫貂养殖判了死刑。所以，左家除保留几只种貂外，未再发展。

毕竟这不是长久之计，若一夜之间那几只紫貂被狼啊狗啊叼去，那么，中国的紫貂人工养殖史不就呜呼哀哉了吗？

损失的是种群，断代的是科学，是该想想办法了。

紫貂种群是否有望恢复？在一个细雨蒙蒙的深夜，我拨通了我的老朋友张永明先生家的电话。永明兄曾任黑龙江省林业厅野生动物管理处副处长，工作之余，练得一身武功，七节钢鞭，舞起来呼呼生风，三五个大汉也不能近前。永明介绍说，拯救紫貂，人工养殖不是根本办法，重要的是怎样复兴野外种群。这几年通过严厉的保护手段，黑龙江省的部分林区紫貂资源有恢复的趋势，如大兴安岭林区，紫貂活动踪迹逐渐增多。张永明说，紫貂属林栖动物，保护紫貂的前提是首先保护好森林群落。

对于森林来说，那些倒木、朽木及林下的灌木浆果，也许是多余的，但对于紫貂来说，没有那些东西就意味着饥饿和灾难。

无为无不为。保护紫貂的最好办法就是什么也不要去做，让它们按照自己的方式在深山老林里栖息繁衍。千万别去打扰它们，哪怕是善意的关爱。

贡貂时代离我们越来越远了，今天的话题中不会有贡貂这样的词汇了，我把贡貂翻腾出来，也许是不合时宜的。不是为了某种历史的凭吊或某种伤感的怀念，我的本意是提醒人们思考一些问题。

千百年来，貂皮，作为皮裘之首的地位一点也没有动摇，皮草商们为了弄到野生貂皮几乎用尽了一切手段。走私、倒卖……黑市里交易依然火爆。

就地理纬度而言，裘皮在新加坡是不会有市场的，因为这里与寒冷和风雪相距太远，几乎四季酷暑，大热天，谁会穿着裘皮大衣招摇过市呢？然而，写《马桥词典》的韩少功去新加坡考察却发现了一种奇特的现象：这里的貂皮女装行情颇佳。有的女士甚至家藏貂皮盛装十几件，还频频在商店里的貂皮前流连忘返。

开始，作家百思不得其解，后来终于明白了。貂皮的使用价值对于新加坡女郎来说已经毫无意义了，但她们压抑不住对貂皮的占有欲望。貂皮能够带来的愉悦非使用本身所能比的。经常把貂皮拿出来示人或示己，心里就格外地踏实和舒畅：张太太有这东西，我也有。

当那些时髦的女郎在市场上用挑剔的目光选购貂皮大衣的时候，是不会关心林子里还有几只貂的。

老鹰谷

之前，我从未见过上万只鹰群聚的壮观场面。

那座山谷里的鹰多为苍鹰，黑褐色，白羽尖，胸部密布灰褐与黑白相间的横纹。飞行时，双翅宽阔，翼展蓬勃。细观之，翅下灰白色，并间杂黑褐色横带。好威武的鹰啊！

那座山谷，在大西北天山脚下。早先，这座山谷没有名字，当地人说起它时就叫“那块地”。我去后认为不妥，这么有故事的山谷怎么可以没有名字呢？应该有个名字呀，便曰之：老鹰谷。当地村民都很赞同这个名字。于是，“老鹰谷”取代了“那块地”，就被叫开了。

老鹰谷自西向东走向，两边是起伏的悬崖峭壁，裸岩狰狞。山谷是陡然沉下来的，沉到最底处，便是一条河了，蜿蜒曲折，河水静静地流着，滋润着两岸的万物。胡杨，一副忍辱负重的样子，倔强地生长着。数不清的鹰栖在树枝上，远看如同树上挂满了黑褐色布条。红柳，虽然个体纤细柔弱，但个体组成的群落却密密实实，以绝对多的数量，占据着山谷里最惹眼的位置。它们在河水反衬下，泛着幽幽的暗红色的光。红柳丛中，跳跃着生命。野兔、野鸡、沙斑鸡、田鼠、刺猬、旱獭、草蛇出没其间。鹰，在高处盘旋，时而静止不动，时而滑翔翻转，一圈，一圈，又一圈，寻找抓捕时机。

老鹰谷的鹰可不好惹。它们性格暴烈，彪悍。

鹰的嘴和爪子如铁一般，强劲有力，抓取猎物时，犹如疾风扫落叶般凶猛。鹰的身躯壮健而厚实，肌肉紧实，羽毛坚硬。它的姿态是轩昂而英挺的。在浩茫的天宇间，动作疾骤，快如闪电。在所有鸟类中，鹰是飞得最高的。

清晨，当第一缕阳光照亮老鹰谷的时候，也照亮了这片斧削般的峭壁。黑褐色的羽毛微微动了动，鹰便睁开了眼睛。

“丢——溜——溜——”

长长的唳啸，唤醒了沉睡的山谷——新的一天开始了。

鹰巢筑在悬崖峭壁上，这已经不是什么秘密。牧羊人陈老爹知道，村民也知道。但是，没有人把这当回事。

鹰巢像是一个平底筐，用横七竖八的木棍枯枝树条，就那么毫无规则毫无逻辑搭建而成。不是凹下去的，而是杂乱无章胡乱堆起来的。“平底筐”往往建在两块岩石之间（那里干燥安静，少有干扰），简陋，粗鄙。看起来似乎并无多少道理，也没有多少美感。但是，错了——如果我们都那么认为，说明我们是多么的愚蠢。其实，“平底筐”恰恰透着鹰的大智慧——稳固、牢靠、避风、避险、耐用。

从生存学的角度来看，也许“平底筐”的实用价值远大于美学价值。不过，“平底筐”的缝隙里也间或夹杂着一些羽毛，是为了装饰？还是为了舒服？大概只有鹰自己知道吧。

老鹰谷的鹰，虽说不是作恶多端的坏东西，但有时它们也会惹是生非，令人讨厌。

这天，陈老爹赶巴扎回来，手里拿着一个锅盖大的馕，边走边吃，不觉间就进了老鹰谷。一不留神，陈老爹手里的馕却丢了。他回头寻找，路上没有，旁边灌木丛没有。馕哪里去了呢？难道馕长了翅膀吗？对了——馕真的长了翅膀。陈老爹抬头向上看，原来，空中一只老鹰叼着他的馕，正忽闪忽闪抖动翅膀嘲笑他呢。陈老爹很是生气，捡起一块石头抛向空中，老鹰一惊，嘴巴一松，馕从空中滴溜溜落下来。陈老爹奋力去接，可还是没有接住，馕落在了一个沙坑里。腾的一下，沙坑里蹿出一个黄色的影子惶惶然逃进红柳丛中。是野兔吧？也可能不是。

陈老爹拾起馕，用嘴吹了吹沙，接着，狠狠咬了一口，往下咽，却噎住了，噎得直翻白眼。他挺了挺脖子，骂了一句。

“丢——溜——溜——”空中的鹰，排出几粒屎，陈老爹躲闪不及，屎落在他脖颈上。臭！

鹰是在故意羞辱陈老爹。还没完呢。

次日，陈老爹家鸡窝里的鸡蛋被什么贼偷吃了，光剩下空蛋壳。次日的次日，正在下蛋的芦花老母鸡又不见了。陈老爹忍着，没言语，照旧在老鹰谷牧羊。可是，于崖壁的底端，陈老爹却发现了一堆芦花鸡的羽毛，一片狼藉。

陈老爹怒火满腔了。

陈老爹打算给老鹰点颜色看看。某日，在老鹰谷里牧羊的陈老爹一眼瞥见了崖壁上的老鹰巢，便举起牧羊的杆子要把它毁了。忽然，却听到“溜溜溜”一声唤。细观之，崖壁上趴着一只老鹰，挣扎着动了几下，就又安静了。

原来，那只鹰的翅膀断了。鹰的眼神里没了戾气，却满是恐惧、无奈和哀伤。陈老爹心软了。

陈老爹爬上崖壁，把衣服脱下来罩住了受伤鹰的头，抱回家。找出接骨木叶子，捣成糊糊，涂在鹰翅伤口处，再用绷带小心翼翼地缠上。多日之后，在陈老爹的细心照料下，老鹰翅膀上的伤口渐渐愈合了。然而，在陈老爹看来，那只鹰还相当虚弱，元气和体力恢复尚需时日。陈老爹三天两日，从镇上屠宰场弄回一只鸡架子喂鹰。后来，鸡架子涨价了，陈老爹的开销有些吃紧，就去田里下夹子夹老鼠，给老鹰吃。伤筋动骨一百天，老鹰的伤终于养好了，元气和体力也恢复了，翅膀一抖动呼呼生风。陈老爹知道，老鹰又可以把云和风踩在脚下，重返蓝天了。

选了个晴朗的日子，陈老爹便把它放飞了。

陈老爹看着鹰徜徉于老鹰谷，心里空落落的，怅然若失。

这是多年以前的事情了。

因之鹰，老鹰谷里的草木，从没有遭受过鼠害虫害。老鹰谷麦田里的麦穗粒粒饱满，年年丰收。

头一场春雨过后，老鹰谷沉浸在超乎想象的宁静里。头顶晴空水洗过一般，瓦蓝瓦蓝。那些胡杨，那些红柳，又长出新叶，欣欣向荣。风仿佛是甜的，微微拂动着树梢。

然而，想不到的事情发生了。嘭！陈老爹在追赶一只走散的羊羔时不慎坠崖。从此，老鹰谷里不见了陈老爹的身影。

“丢——溜——溜——”

老鹰谷，不时传来一声声凄凉的唳啸。陈老爹并没有摔死，而是摔断了脊椎，再也不能健步如飞地行走，再也不能挥动着杆子牧羊了。在陈老爹养伤的日子里，家人清早开门的时候就会发现，门口总是有人隔三岔五地丢下一只野兔。

会是谁呢？

抬头望天，一只鹰在陈老爹家房子的上空盘旋着。一圈，一圈，又一圈，久久不肯离去。

后来，每年四月间，老鹰谷就会出现上万只鹰群聚的现象。

“丢——溜——溜——”

老鹰谷充满喧嚣。鹰鹰鹰鹰鹰。空中是鹰，胡杨枝头是鹰，红柳丛中是鹰，地上是鹰，河边是鹰，麦田里是鹰。鹰鹰鹰鹰鹰。如此多的鹰聚在一起，出现在这里，到底是什么原因呢？连鸟类专家也无法解释。

我出差恰巧来老鹰谷看退耕还林，却偏偏看到群聚的鹰，不禁吃惊地瞪大了眼睛。

生态需要空间的分布，也需要时间的积累。修复了自然，也就治愈了自然。我隐隐感觉到，随着生态系统的逐渐恢复和稳定，老鹰谷里，所有的美好，都会如期而至。

老号骆驼

每当困惑或茫然的时候，我常常想起骆驼。

除了骆驼仍在固守着自己的精神和灵魂之外，在这个浮躁的时代，有多少人还会把精神和灵魂当回事呢？透过城市的喧嚣、伪善的假面和种种诱惑，我隐隐感到，在西部悠悠的驼铃声中，美丽的余韵，似乎负载着过多的血泪和辛酸。

骆驼，耐渴的骆驼。

骆驼，干大活走远路的骆驼。

一

我要去寻访骆驼，一种力量驱动着我，一种精神激励着我。

我拨通了甘肃省野生动物管理局局长的电话，他在电话里说："你来吧！我们全力支持你的采访。你可先到武威的濒危动物繁育中心看看，那儿有几峰野骆驼呢。"

说来就来了，同机飞到兰州的还有相声演员姜昆。不过，姜昆来兰州不是为了骆驼。

次日清晨，我们就上路了。汽车经过5个多小时的颠簸，终于到了武威东沙窝——甘肃濒危动物繁育中心。繁育中心位于腾格里沙漠的南缘，流动的沙丘一寸一寸向繁育中心厚厚的院墙逼近。

若不是用绿色筑起一道屏障，流沙吞噬繁育中心只是迟早的事情。

繁育中心拥有金丝猴、野马、白唇鹿等 129 只珍稀动物，其中包括野骆驼 7 峰。

这个数字看起来并不大，但这儿却是圈养野骆驼数量最多的地方。在国内，除了北京动物园圈养了 1 只野骆驼外，其他动物园中的骆驼均非野骆驼。

目前，我国野外拥有野骆驼 1000 余峰，主要分布在甘肃、青海、新疆等省区的荒漠或半荒漠地区。野骆驼属国家一级保护动物，种群数量处在极端濒危状态，野外已经很难觅到它们的踪迹了。

甘肃濒危动物繁育中心的专家们正在积极寻求办法对野骆驼的种群习性、生理特性及生态学意义进行多方面研究，希望能够创造一个适宜的栖息环境，为野骆驼的人工繁育及扩大种群找到更多的理论依据。

然而，这一课题的研究过程是极其艰难的。繁育中心现有干部和科研人员 50 人，不要说还要养活 129 只珍稀动物，就是这些干部和科研人员的吃饭都是个问题，日子过得紧巴巴的。

为了最大限度地节约开支，这个中心的头头张国祺几乎想尽办法。他带领干部职工们种了 500 亩苜蓿、200 亩谷子，每年能生产 100 万公斤草，光是这一项就能节约开支 10 余万元。此外，也种庄稼和果树，还养了 300 余只羊。张国祺开玩笑说：“我们没有钱，但有的是力气。”

张国祺和他的同事们大都穿着解放鞋，个个脸膛如炭，身上老有抖不尽的黄沙，到外地出差专找小街巷里的地下室旅馆住宿。初来一看，根本搞不清他们到底是专家还是农民。

然而，我们没有任何理由忽略他们所从事的一切，因为他们的每一天都是与野骆驼及其他濒危动物的命运和未来连在一起的。

二

少年时代，我曾在科尔沁沙地的南缘生活过一段不短的时间。那个叫那木嘎土的村庄常有出入沙地的牧人、商人经过，我第一次看见骆驼就是在村头那口老井旁边。牧人从我家借去一个木桶，提水给骆驼喝。我躲在矮墙的后面，远远地看见那骆驼，高高大大的体躯，浑身疙疙瘩瘩的，一副忍辱负重的样子，心想，这真是个奇怪的动物。

也许是作为一种回报吧，还木桶时，牧人让我骑一骑骆驼，我却怎么也不敢，提起木桶，扭头就跑回家去了。因为在这之前，我听爹爹说，骆驼一发怒，就打喷嚏，那喷嚏喷到谁的脸上，谁的脸上就会长疮，一片一片的，难看极了。所以，我不敢骑骆驼，不是怕骆驼，而是怕骆驼打喷嚏。

骆驼，古人称之为“橐驼”。橐，囊也。驼，负荷也。骆驼在动物分类学上属于哺乳纲，偶蹄目，骆驼科，是一种反刍动物。骆驼的体态高大且善于负重。《尔雅》曰：“驼，国外之奇畜，皆有两峰如鞍。其足三节，其色苍褐，负物至千斤，凡有负载，辄先屈足受之。”

骆驼有三类，一类是单峰驼，另一类是双峰驼，第三类是无峰驼。单峰驼生长于非洲北部和阿拉伯地区，双峰驼分布于亚洲的干旱地区，无峰驼呢？我不知道，只在书中见过记载，也许就是羊驼吧。

晋人郭璞曾写道：“驼为奇畜，肉鞍是背。”李时珍在《本草纲目》中则称其“长项垂耳，脚有三节，背有两肉峰，如鞍形”。江南人初次见到骆驼时，则以为这高耸着肉峰的庞然大物，是因为背部受伤而肿胀的马。

当然，骆驼的奇特，还是它的长相。

“驼状如马，其头似羊。”这样的描述还仅仅是个轮廓。如果我们再仔细观察一下，就会发现它还有着兔子的嘴唇、老鼠的眼睛、牛的蹄子、马的长鬃……

骆驼的步履从来都是坚定的。骆驼总是昂首挺胸，阔步前进。骆驼在干旱少雨的茫茫沙漠里，有善于负艰载重、长途跋涉的本领，远非其他动物所能及。

骆驼的四肢细长，蹄子大而扁平，这就可以使它在滚滚的流沙上行走，不致陷落。而这恰恰是马、骡等动物比不上的。

骆驼胃口好。它从来没有挑剔食物的坏毛病，骆驼刺、苦艾、沙蒿、沙葱、沙柳等植物都是骆驼的可口食物。

骆驼的耳朵能够随风就势，灵活转动，掩蔽风沙。骆驼眼睑为重睑，在荒漠里，遇到“鸣沙射人石喷雨”的风暴是常有的事，但它依然可以辨明方向，悠然前进。

公驼于春季发情期间，口吐白沫在荒漠里狂奔，寻找母驼。这就是听说的犯潮现象。骆驼寿命一般在 30 年至 50 年。母驼的怀孕时间比一般动物要长，怀孕期 12 个月至 14 个月，一胎只能生一个驼羔。母驼生小驼时不让人看，躲到大沙漠深处去生，生下来好多天才把小驼领回来。

在艰难的环境中，它还锻炼出了可以预报大风的本领。据《北史》记载：“且末西北有流沙数百里，夏日有热风，为行旅之患。风之所至，惟老驼预知之，即嗔而聚立，埋其口鼻于沙中。人每以为候，亦即将毡拥蔽鼻口，其风迅快，斯须过尽，若不防者，必至危毙。”

且末位于塔克拉玛干沙漠的南部，生态环境极其恶劣。我曾于 1993 年到这里采访过。县长孙建新告诉我，且末的老百姓须臾离不开骆驼，在沙漠中生活，若是没有骆驼，那简直是不可思议的。

青年学者吴景山徒步考察丝绸之路时，曾发现一石碑上记载着一则这样的故事。

“磁县山中有竹林寺，五百罗汉所居。齐天保末，使人取经，使者辞以不知，文宣曰：‘取我骆驼乘之，则自至矣。’使者入山，数僧相谓曰：‘高洋骆驼来也。’使者曰：‘帝命于寺东廊从北第一房取经函及尺八黄帕等。’僧命取与之。”在没有任何标识的戈壁瀚海中旅行，却可以不迷失方向，这无疑可以说是骆驼的又一独特本领。

对付干旱，骆驼自有自己的办法。盛夏的沙漠中，当气温升至50摄氏度左右时，直接曝晒的沙石，辐射的温度可以高达70摄氏度至80摄氏度。在这样的条件下，人体中若蒸发掉占体重5%的汗水，就会丧失正常判断事物的能力。失水量占体重10%时，人将变聋，感到全身疼痛而失去理智。在比较凉爽的地方，人无水尚可应付很长时间，失水量达20%时，人就难免罹难。处于同样条件下的骆驼，没有水坚持的时间比人长10倍，比另一种沙漠中的动物野驴长3倍。

曾有两位美国学者在非洲撒哈拉大沙漠的贝尼阿巴斯绿洲进行过这样一项“残忍”的实验。他们先对几头骆驼进行了称重、血液分析、体温测量，然后将骆驼拴在太阳下晒了一周且不给水喝。结果骆驼失重达100公斤，大约相当于体重的22%。经过这样的折磨之后，骆驼一个个变得骨瘦如柴，肋条裸露，凹腹深陷，肌肉萎缩。即使这样，骆驼还是以惊人的毅力坚持挺立在太阳底下……

骆驼实在是太顽强了。

当人们中断实验，给了骆驼一定量的水之后，它们的体力很快就恢复了。

1984年，非洲发生严重干旱，几乎有一半牛羊被活活渴死，而骆驼却全都安然无恙。

骆驼为何在失水如此之多的情况下依然安然无恙呢？一般来说，人与骆驼的血液中，含水量几乎相同：约占身体含水总量的1/12。由于汗水蒸发，骆驼失重占体重的1/4时，血液中的水分仅失去1/10，血液循环依然畅通无阻。而人处于类似的情况下，血液中的水分将失去1/3，此时血液变稠，无法在微细血管中畅流。这样血液无法把积存在体内的热量传送到体表并使之散发，从而导致体温很快升高，当达到一定程度时，人就会被活活热死。

骆驼不怕炎热，耐干渴，当然还有许多别的原因。骆驼全身都是细密而柔软的绒毛，它既可保温，又可防暑。尽管骆驼每年夏季脱毛，但在背部依然保留了乱蓬蓬的毛层。它们就像一层蓬松的毛毡，挡住了阳光的直接曝晒。

骆驼总是在改变着自己，努力适应外部的一切。

骆驼的体温上下波动幅度大，夜间降至 34 摄氏度，日间可升至 40 摄氏度，不需要排汗降低体温。

骆驼耐干渴，这与它本身消耗水分较少也有一定的关系。为了尽量避免水分的蒸发和浪费，一般情况下骆驼绝不轻易开口，甚至在最热的天气里，每分钟呼吸也仅仅只有 16 次，比较凉爽的时候呼吸仅有 8 次。此外，骆驼的粪便形如核桃大小的球，与牛粪等相比，所含水分要少得多。骆驼从方方面面注意节约每一点水。

对于骆驼来说，水比油要重要得多。

骆驼本身丰富的脂肪，也增加了它自身的造水功能，因为动物的机体均由蛋白质、脂肪和碳水化合物组成，它们与空气中的氧化合产生热量，同时也产生水分。

骆驼除了自身消耗水分较少，可以自身造水之外，还可以将多达 100 升的水一次畅饮而尽，以备慢慢受用，而且它对戈壁沙漠中苦涩的咸水也毫不在意。一些驱赶骆驼的人在进行长途跋涉之前，往往要给骆驼多吃一些盐，这样就使它们可以喝到更多的水，从而也就增加了它们耐渴的程度。骆驼喝下去的水，不仅积存在机体内，而且红细胞也充满了水分。

沙漠中最缺乏的是水，没有哪一种动物像骆驼那样能够真正理解水的意义。

骆驼对水的感应能力极强，如果附近有一条河流、一股泉水，行进中的骆驼会骤然停住脚步，高高地昂起头颅，或者深情地倾听，或者贪婪地翕动着鼻孔，然后大步向有水的地方奔去。正是靠骆驼这种特殊感应能力，人类才在沙漠中找到了许多水源。

《博物志》记载：敦煌西涉流沙，往外国，沙石千余里，中无水，时则有沃流处，人莫能知。橐驼知水脉，过其处辄停不肯行，以足踏地，人于所踏处掘之，辄得水。

不知在大漠深处找水多年的李国安给水团中有没有骆驼，若是没有，那实在是李国安不小的疏忽。

最近，一个国际专家组提出一个有趣的问题：骆驼能够制止土壤荒漠化吗？

这个专家组受联合国教科文组织的委托，在肯尼亚北部进行了历时3年的试验研究后得出了肯定的结论。

专家们认为，同牛羊相比，骆驼与沙漠地区的生态系统更为协调。骆驼偏爱树叶和灌木丛，较少去伤害地面上柔弱的植物，而牛羊却首先要吃地面上的青草——这会加速荒漠化。所以，专家们呼吁在干旱地区应当限制牛羊的数量，最好改养牛羊为骆驼，这样就能有望恢复荒漠地区的绿色植被，遏止荒漠化的进程。

看来，骆驼还要担起防沙治沙的重要使命。

去年冬季的某一天，妻子下班后给我带回一件毛衣，说是骆绒的，我疑是假货，便没有在意。不过，穿这件毛衣去寒冷的北方出差回来后，我相信了，那的确是一件纯正的驼绒毛衣。

拉驼人对骆驼带来的温暖感受更直接。

“沙漠雪盛，令驼迭其身，终夜不动，用断梗架片毡其上，而寝处于下，暖胜肉屏。”

夜晚，拉驼人往往把走了一天的骆驼一个接一个地围成圆圈，然后把毛毡覆于其上，这无疑就是把骆驼的血肉之躯筑成了暖墙的毛毡帐房。

在大漠中，有了骆驼就能同一切进行抗争。

三

除了人之外，在沙漠中或者草原上，骆驼的天敌只有狼。狼的凶残和恶毒就不必说了，用牙齿作武器来征战厮杀，骆驼肯定不是狼的对手。

不过，骆驼却有另一手——它的生存手段不是进攻，而是逃跑。

每逢骆驼与狼相遇，狼总是急切地发起进攻，企图速战速决。而骆驼却从不仓促应战，常常是吼叫一声，便撒开四蹄狂奔起来。

狼哪里肯放弃就要到嘴的美味？就追将起来，这一追就正好中了骆驼的计，此狼必死无疑。

最初的奔跑速度骆驼当然不如狼，但跑着跑着，狼就慢下来了。骆驼见之就主动放慢速度，给狼一点鼓励，一点希望。狼就继续用力追赶，骆驼就继续逃跑，一副惨兮兮筋疲力尽的样子，实际上真正筋疲力尽的是狼。

骆驼一直把狼引向大漠的深处，引向无水无食无生命的大漠深处，狼用完最后一点力气，四肢发软，口吐白沫，便呜呼毙命了。而骆驼的力气还足着呢。

骆驼不是把狼打垮的，而是用耐力和智慧把狼拖垮的。

狼贪婪的本性把自己害了。

骆驼利用狼贪婪的本性把自己救了。

四

五里不同风，十里不同俗。

有什么样的自然环境，就有什么样的生活方式。

我国西北的甘肃、青海、宁夏、内蒙古、新疆等省、自治区，多戈壁沙漠，传统的牛拉马驮在这里根本无法施行。

风沙主宰了这里的一切。

自古以来，维系大西北交通运输的唯一工具就是骆驼。张家口、呼和浩特两城多有养驼人家，人们习惯称这些养驼人家为驼户。驼户有回汉两族人，他们中养驼多的有上千峰。

拉骆驼的人称为驼把式，富有的驼户是不拉骆驼的，驼把式多为贫寒的壮丁。驼把式分几等，各司其职，有领房子、骑马先生、锅头、水头、拉列子之分。一支驼队一般有五六列，每列有驼 20 峰左右，一支驼队的骆驼数一般在 130 峰至 150 峰之间。领房子是驼队中的首领，总管驼队的一切事务，就像船队的船长，路途中探寻道路、寻找水草、了解骆驼的病伤情况等，一切事宜他都要过问拿主张。领房子并不拉骆驼，旅途中他骑在马上，走在队伍中间，前后照料着驼队。白天行走，领房子可以放松，偷闲片刻，一到晚上，就得倍加警觉，一是怕骆驼走失，提防发生意外；二来茫茫沙漠中，古道难辨，百里一井，若有恍忽错过，又需行百里，往往造成重大损失，丢货甚至丧命。通常领房子为驼户聘雇的信得过、能放心的人，领房子的聘金也高。有些骆驼少的驼户，不雇领房子，自己亲自上路，充当领房子。

骑马先生的地位在驼队中，仅次于领房子，充当的是领房子助手的角色。行途中迷失了道路，找不到水源，惊跑了骆驼等，骑马先生就纵马四处探寻，直到驼队恢复正常。骑马先生路上骑马，也有的骑骆驼，不负责拉骆驼。

锅头，也叫“大头”，负责牵拉驼队的第一列骆驼，途中休息、宿营，由他负责生火炊饭事宜。锅头是整个驼队的先锋，又掌管着整个驼队的饮食，所以一般选体格健壮、熟悉道路的驼把式充当。

水头，也叫“二头”，在驼队中牵拉第二列骆驼。另外还要负责提水、炊茶等杂事。

拉列子，是驼队中普通的驼把式。不仅负责拉骆驼，还要负责拾粪、砍柴、值夜、放牧骆驼诸事，成天忙上忙下，少有空闲。

骆驼虽体大，却胆小。驼把式一副笼头、一根牵绳就能牵制它。

驼把式终年在沙漠戈壁上奔走，夏冒酷热，冬蹈霜雪，不分春夏秋冬，都一身皮袄皮裤，脚上穿一双奇大无比的皮鞋，鞋内塞满草，外用绳子捆扎，身上污垢斑斑，虱子列队，吃的是面糊炒米。若遇上风暴沙暴，或是迷失道路，找不到水源，还有丧命的危险。

民谚：“吃粪喝尿，皮裤里睡觉。”或许，这就是对驼把式生活的真实写照。

如今，已经很难找到那些拉骆驼的驼把式了，他们或者已经故去，或者早被历史遗忘了。不过，经过一番曲折的探访，在民勤县重兴乡扎子沟村，我还是见到了一位老驼把式，他叫赵大才，80 岁。

这是一位饱经沧桑的老人，走路已经很不灵便，只能靠两根木棍撑着，一步一步向前挪动。谁能想到，当年他竟是拉着骆驼去过北平，到过绥远、包头、哈密的棒小伙呢。

民勤话很难听懂，当地林业局的老叶为我翻译，当老叶说，我要了解他过去拉骆驼的经历时，老人脸上漾着兴奋的光。

老叶递给他一支烟，并点燃，老人心满意足地吸了一口，许久才将烟雾吐出来，他尘封已久的话匣子打开了——

“我跑长道（拉骆驼）跑了 14 年。西路东路都跑过，东路跑过包头、绥远、汉中、张家口、北平，西路跑张掖、哈密。去时一般驮的是盐，回来时一般驮的是纸张、水烟、干果、茶、瓷器，还有一些我们不知道的东西，老板也不许问。

“我那时跑长道是为了躲抓壮丁，在外不敢回家。干什么？就拉骆驼吧。每年的农历八月起场上路，从武威到绥远要走 33 天，到北平要走 83 天。走西路最辛苦，吃住都在野外，走东路一过黄河，就有店可住了。领房子一般吃小灶，我们拉骆驼的就用铜锅自己做面疙瘩，菜是黄豆芽和土豆，领房子心疼盘缠从不给肉吃，住店也就是睡地铺。

“工钱按月给，一个月挣 8 块大洋，那时 8 块大洋能买 400 斤粮食。

“领房子把沿途的土匪头都买通了，驮贵重的东西，便有土匪的马队护送，一般不会有什么闪失。也被流匪劫过一次，把领房子捆起来了，我们也被捆起来。土匪头子说，没我们什么事儿，叫我们别害怕，照看好骆驼。他们把领房子身上的盘缠银两全部劫去了。

“新中国成立后，就不再跑长道了。用积攒的大洋买了 6 峰骆驼自己养，后来搞合作化时，都入社归公了。”

我说，能不能把当年拉骆驼用的驼具找出来看看。老人说，都没了，就剩一件驼毛褥子了。老人示意老伴找出来，老伴便颠着小脚到仓房里叮叮咣咣地翻了起来，终于找到了。她把驼毛褥子拿到院子当中，用一根棍子抽打起来，尘土在阳光下弥漫，我趁机拿起相机抓拍了几张照片。

我想，这也许是中国现存的旧时代的拉驼人仅有的物件了。

老人指着驼毛褥子说，那是个好东西，防寒隔潮，雪地、湿地、草地都能用。

不知怎么，他的老伴却在一旁不断抹起眼泪。她说，老头子的腿就是拉骆驼拉坏的，垛子太重，上垛时就用膝盖往上顶，有一次没顶住，垛子就滑下来，把腿骨砸断了。

她说，她跟着老头子受了一辈子苦。说完，又是抹眼泪。抹完眼泪，就张罗着要做饭。我说，您歇着吧，一会儿我们还得赶路。赵大才老人两眼看着驼毛褥子沉默不语，老人的内心中一定有许多苦难和辛酸。此时，也许他的思绪又回到过去的岁月。

多少世纪以来，驼队就是这样生存和奔走在茫茫的大漠戈壁上。驼队里的人是完全特殊的一群人，是凭借古老的规章、传统和习惯结成的兄弟关系，谁要胆敢触犯这些规章、传统和习惯，谁就会永远声名狼藉。

驼队的每一个驼把式都有着一种难以察觉的幽默感。他们的生活可能总是充满艰辛、困顿，然而他们却又从来都是快乐而满足的。他们收入很低，令人不可思议。他们牵着骆驼缰绳，要走无穷无尽的路。他们的耐心和坚韧是无与伦比的。

在冬天，他们常常在夜间行走，因为骆驼需要借白天的光亮寻找又硬又干的骆驼刺充饥。

一位到过中国西部的外国作家是这样描述中国西部驼队的：

> 骆驼被一串串牵过来，一眨眼工夫，货物便全都从卧在地上的骆驼驮鞍上卸了下来。然后，骆驼被牵出去在白天的光亮下去寻找草吃，吃完便牵到井边饮水。水是用柳条筐汲上来的，再倒在木盆里或木槽里供饮用。忙完这一切，驼队的人都聚到帐篷中，锅里的水在沸腾，茶壶在冒蒸气。有一种长长的旱烟筒，烟窝是用白色金属做的，一旦他们点燃并抽起来，顿时便对生活心满意足。他们喝着茶，抽着烟，聊着天，讲讲故事，谈谈每天的见闻。

接着一个个铺开羊皮袄，倒在帐篷的地上，呼呼入睡，任凭虱子在他们身上大开血宴。

日落西天，分手出发的时候到了。这些睡眼惺忪、衣衫邋遢、常年不洗澡的过路客，站起身来，到草场牵回骆驼，熟练敏捷地把它们赶往行李旁，使劲一拽缰绳，骆驼立时跪下，卧倒在地，这时人们用力把货物抬到驮鞍上，再用绳扣捆牢。

这对一个初来乍到的西方人来说，拥有几百峰骆驼的驼队整装待发的过程，如此神速，真如魔法一般。几分钟工夫，帐篷也收起卷好，搭到了骆驼背上，连同营地的全部用品都由骆驼来驮。一队队骆驼出发了，荒漠上又响起了阵阵铃声。弯弯曲曲的、长长的行列向荒寂的、历经风霜雨雪的大漠深处走去。

五

张骞出使西域时骑的一定是骆驼。

百余人的使团随着长长的驼队在大漠上艰难地行走。

当时河套地区的匈奴是中原大汉帝国最危险的敌人。汉武帝之所以派张骞率团出使西域，是为了寻求同月氏的合作，共同对付匈奴。张骞历尽艰辛，却未能圆满完成其外交使命，在行至河西走廊时他落入匈奴之手，被囚禁 10 年之久。然而，躯体是可以囚禁的，智慧和勇气却是无法囚禁的。待他寻机逃出重返故里后，向汉武帝提交了一份内容极为丰富的出使见闻报告。

张骞的这次出使，前后历时 13 年，出发时曾有百余人的队伍，返回时只有两人生还。

这位陕西城固人不仅向汉武帝陈述了新疆所在地诸绿洲和百姓情况，而且禀报皇帝哪些线路可以通向西域诸国、印度、波斯和一直延伸至里海的广袤地域，还介绍了那些具有高度文明的各族和丰富的物产资源情况。

汉武帝万分高兴。因为他心里清楚，这些情况对于中国贸易的发展和向西扩张势力具有何等重要的意义。

此后，汉武帝发动两次远征，卫青和霍去病动用了3万峰骆驼，6万步兵，6000骑兵，两路夹击，大获全胜，终于把强悍的匈奴赶出河套。

一条与西域各国相连的交通大动脉形成了。中国内地沿这条皇家驿道出口的商品，无论在数量或地位上，都没有哪一样能与华美的丝绸相媲美。2000年前，中国丝绸是世界贸易中最受崇尚、最受欢迎的商品。

从此，中国的西部便有了著名的丝绸之路。公元前119年，汉武帝派张骞第二次出使西域，使团共有300余人，500余峰骆驼，驮着大量金帛财物，与西域大部分国家沟通往来，对西域各国的山川景物、民俗风情有了直接了解，使当时的汉朝对西域有了一个正确的认识。

由于“丝绸之路”的正式开道，中国与西域的文化交流有了极大的发展。中国的丝绸、冶金技术和穿井技术传入西域和中亚广大地区，同时，西域的石榴、葡萄、苜蓿、香料等物产也源源传入内地。

文化渗透是双方面的。内地的“井渠法”传入西域后，成为当时汲水灌田的重要手段，并逐渐扩大，演进为今天仍很著名的“坎儿井”。而汉代的画像和织锦，已开始出现带有西域特点的动植物图形。四川新都出土的画像砖上有双峰骆驼，驼峰上设有建鼓，两侧有鼓手用力击鼓的图案。在甘肃敦煌佛爷庙出土的汉代画像砖上，则出现了胡人牵骆驼的形象。

“丝绸之路”这一名称不是在中国的文献中首先使用的。这一名称首见于法国地理学家李希霍芬教授。

不过，在我看来，与其叫丝绸之路，倒不如叫骆驼之路更准确。有能够行走的丝绸吗？

没有骆驼就没有丝绸之路。

一位历史学家说，丝绸之路是穿越整个旧世界的最长的路。2000年前，在西安和洛阳等各大商业都市里的商人们永远不会知道，那些驼队往西运送的无数大捆的丝绸到何处才是旅程的终结？对于他们来说，重要的也许是从第一个转手商那里拿到货款。

事实上只有地中海沿岸的腓尼基水手才清楚，罗马是丝绸贸易最重要的市场。

漫长的丝绸之路上，骆驼不再是骆驼，而是一种不可替代的沙漠交通运输工具。

六

不能不提斯文·赫定。

20 世纪初，瑞典人斯文·赫定踏上西行之路时，也是以骆驼作为交通工具的，当时他的骆驼队有近 400 峰骆驼，每次宿营，营地几乎成了一座骆驼城。

不过，没有人记得那些骆驼。

随着丝绸之路上的神秘古城——楼兰被重新发现，斯文·赫定成了名扬世界的探险家。

1933 年，斯文·赫定率领车队，沿古丝绸之路又进行了一次艰苦卓绝的探险考察。

赫定是中国西部的最后一位古典式探险家，又是第一位具有现代意义的探险家。当他的福特卡车驶上西行征途时，被称为瀚海之舟的骆驼就成了一个时代行将结束、另一个新时代即将开始的象征。

一提到骆驼，赫定总是带有深深的怀旧情愫。

这时的赫定，已经近 70 岁了。伴随着骆驼产生的对青春岁月的回忆，往往浸润着难以言状的迟暮之感。

像那些饱经沧桑的骆驼一样，赫定老矣！

探险车队在额济纳河宿营的时候，一列专门驮运汽油的驼队从营地前经过。凑巧这些骆驼都是 1927 年赫定前次探险时的老队员，左颊的烙印“H”（赫定名字的头一个字母）已浅淡难识了，其中一峰老骆驼一眼就认出了久违的赫定。它疾步离开队列，向赫定走来，就像从前一样，伸出毛茸茸的大脑袋。

当然，除了赫定没有人能知晓这一举动意味着什么。

老骆驼向他讨面包吃。赫定自然心领神会，立时将一个大大的面包卷扔进了它那垂涎欲滴的嘴里，那情景就像老朋友久别重逢。

赫定老泪纵横，深情地抚摸着老骆驼的大脑袋："老伙计，你好吗？"

驼队上路了，赫定目送着它们伴随悠扬的铃声一步一步走向远方。老先生回头在日记本上写道："驼铃是无韵的诗，我聆听着，深深为这古老而又熟悉的铃声所打动，正是这千万年来回响在驼队经过的古道上的特殊旋律，长伴着旅人商贾展开了一幅幅多姿多彩、震撼人心的沙漠生活图景。"

骆驼，在赫定的记忆中已没法抹去了。

旅人、商贾、探险家……不过是匆匆来往的过客，推动古道繁荣的丝绸并没有留下兴盛的痕迹。

岁月之鸟拍打着双翼疾驰而过，如今，丝绸古道上到处是当年盛景衰败的残迹，昔日的浪漫风情已经所剩无几了。

七

清代以来，在西北大漠上，最壮观的驼队场面出现过两次。第一次是清代乾隆六年（1741），准噶尔驼队前往肃州等地进行贸易，这次动用骆驼 2 万余峰。第二次是 20 世纪 50 年代初，青海省受命组织援藏运输物资，一夜之间，就调集了 4 万余峰骆驼。

不过，骆驼的身影一旦在战事中出现，注定就有悲剧发生了。

康熙二十九年（1690）八月，康熙皇帝派大将军率 10 万大军征讨叛贼噶尔丹，最严酷的决战是在乌兰布通打响的。

噶尔丹自知力弱敌不过清军，便四处抢掠骆驼，布阵于山岗。1 万余峰四足被捆缚的骆驼横卧于阵前，背上驮着箱垛，渍水的毛毡盖在箱垛上。叛兵躲在箱垛后，或射箭或发枪或施钩矛，抵御清军猛烈的进攻。

大将军号令三军，让叛贼尝尝大炮的厉害。于是，帅旗一挥，众炮齐发，声震天地。硝烟中两军阵前骆驼被击毙无数，鲜血染红了山岗。

乌兰布通一战，1 万余峰无辜的骆驼无一幸存。

这些骆驼死得实在是太悲壮了。人间的争杀与骆驼何干？直到今天，当我重读这段史料，仍禁不住泪流满面。

八

骆驼是乖顺的，鲜见生猛、凶悍的兽性的一面，即便野骆驼也是如此。然而，在野外目睹野骆驼的机会并不是每个人都有的。

野骆驼是国家一级保护野生动物。目前，我国除了西北局部地区尚有少量分布外，野外已经很难觅到它们的踪迹了。

1993 年，我和林业部官员王伟在新疆一同考察吐拉猎场时，曾在阿尔金山的腹地见过野骆驼。当时，我们的越野车正在河川上急驰，透过车窗看到三峰野骆驼正在悠闲地吃着骆驼刺。三峰骆驼两大一小，大概是一家三口吧。由于是冬天，看上去野骆驼身上的绒毛很厚，抵挡严寒和风雪的袭击光有高大的体躯是不够的。

司机把越野车停在一处隐蔽的地方，我们跳下车，拿起相机悄悄向野骆驼靠近，企图拍些特写。可野骆驼早已发现了我们，它们三步两步翻过山梁，眨眼就消失在山谷中了。

拍的几张照片都不够理想，但我一点不觉得遗憾，因为，我毕竟亲眼看见野骆驼了。

野骆驼带给我的惊喜比拍照本身要重要得多。

野骆驼被驯化成家骆驼最早始于何时已无从查考了，但就骆驼的本性而言，驯化的过程一定不会过于复杂。

甘肃的民勤是著名的驼乡，这里明代时叫镇番，家家有养骆驼的习俗。初冬，正是骆驼膘肥体壮之季，选其青壮、乖顺者组队，当地叫“起场”，然后行走于四方。被选入驼队的骆驼也许直到老死也不得安歇。

民勤地处西北内陆，到处都是广袤的戈壁草滩，生长有大量的骆驼刺等骆驼喜食的牧草，特别利于骆驼的生殖与繁衍。明朝初年，民勤地方政府就采取了一系列的措施，鼓励这里的驼户积极从事骆驼的牧养。

《镇番遗事历鉴》载：成祖永乐十一年（1413）癸巳，始定养驼例，每五丁养一驼，三年增倍。凡五丁养二驼者，免应差、地亩征，粮减半；五丁养五驼者，征粮皆免；一丁超养一驼者，按例奖赏。以故镇番橐驼日有增加，不几年，其数至十万计。

一县之地有如此众多的骆驼，不仅可以为人们提供丰富的奶、肉、皮毛等日常生活用品，而且给当时丝绸之路上的货物运输带来了便利。

早年间，民勤驼队是活跃于丝绸之路上最具影响力的驼队。民勤马永盛驼队光是白驼就有600余峰，他曾向朝廷一次进贡过60峰白驼，颇得皇帝的赏识。马永盛以民勤为发祥地，进而垄断、操纵了河西走廊的市场，其商号陆续发展到北平、张家口、绥远、包头、南京、上海、杭州等各大商埠，往来于各地的驼队，也许就是这个家族兴旺发达的奥秘。

民勤历史上曾有过赛骆驼的习俗。明朝代宗景泰三年（1452）重阳节，邑民于城北教场赛骆驼，红柳岗牧民刘玑如夺得冠军。

民勤人在与骆驼朝夕相伴的生活中，自然也就会对骆驼产生深厚的感情，无论是牧人还是骆驼客，无疑都希望能在紧张的奔波劳累之余，驱赶着自己的骆驼参与竞争角逐，在一决胜负的激烈气氛中寻求一份安慰与乐趣。

民勤的赛骆驼习俗在清朝末期还依然存在，驼户在历年的赛事活动中也积累了丰富的比赛经验。清道光九年（1829）九月十日在苏武山进行赛驼，武举唐灏国获胜夺魁。其所役之驼癯清羸瘦，犹有重疴，讵意四蹄若翅，奔走如飞。有询于灏国者，答曰：驼于马同，竞跑最忌饱食饱饮，意欲夺魁，择健跑者，断水草七八日，临赛时间以精料鸡卵可矣。同道者以为此乃赛驼经验云。

民勤人，因之骆驼多了一些振奋，也多了一些盼头。

九

高昌是骆驼驮来的城。

一位诗人面对丝绸之路上出土的驼俑，深情吟诵：虽然仅仅是驼队的往来，却也驮送过古老的文明和一代强盛。

高昌，是丝绸之路上的重镇。元代以前，在差不多1400年的漫长岁月里，西域大地上发生的任何政治、军事事件，可以说都和高昌有着一定的关系。每年入夏，国内国外，有多少人，都因为怀有对古代西域文明的眷恋之情，怀着了解曾沟通过亚、欧古代文明丝绸之路的美好愿望，奔向吐鲁番盆地，踯躅在高昌故城，低首徘徊，寻觅一切可以得到的信息和历史的烙印。

作为丝绸之路上的重要商业都会，古代西域的政治、军事中心——高昌，在历史上的确繁荣一时。东来西往的使节、商旅，亚欧各国的特色名产，都曾经在这里集散、交易。那时的高昌城，真可以说是声名煊赫、闻名遐迩。高达12米的城墙上，人来马往，旗帜飘扬。周围达5公里多的方形城墙，每一面有两到三座城门，分别冠以“玄德门”“金福门”“金章门”“建阳门”“武城门”等不同名号。城门外面，还有曲折的瓮城。行人至此，远远就下了骆驼，接受检查，办理入城手续。占地达220万平方米的古城内，街道纵横，商肆骈列。熙熙攘攘的人流，有不同的肤色、发式，各异的服装、语言，真可以说是当之无愧的国际商业都会。

骆驼驮来的东西真是应有尽有。米面、帛练、干鲜果品、棉麻布、陶器、釜铛以及靴鞋、皮毛、布衫、金属工具、木炭、饲草、牛、鞍、辔、药、糖、酒，等等。高昌城中，同一行业的店铺，组织成了行帮。某一种商品价格，由“行”来规定，这就禁止了不同店铺销售同类商品的不正当竞争。每种商品，都按质论价，规定出上、中、下三种价格。

高昌丝绸织物的交易活动，更是引人注目。当年在高昌城里供人选择的丝织物，诸如绸绢、锦、绮、绫罗、刺绣、纱，等等，品类繁多，每一种商品又有不同产地、不同档次之分。这些丝织物有很大一部分来自中原地区的四川、江苏、山东、河北、山西等地，也有的来自波斯等国。

驼队越过天山，像流动的大小血脉，使高昌随时随地都能吸收到新的营养，也能把高昌得自长安、罗马的新的物资、商品，随时输送到吐鲁番绿洲中的大大小小村镇或更远的农民牧点，显示了强大的生机和活力。

如今，这一切都早已消逝在历史的烟云之中了。高大的城墙，虽仍然屹立，城中荒废迷乱的途径，也都可以随便涉足，但它往昔的繁华、荣耀，却难以寻觅了。

高昌沉睡了吗？

十

赵大才老人告诉我，他拉骆驼跑长道时，每年都要进一次北京，前门那一带他非常熟悉，前门火车站门口排着一大溜洋车，车夫穿有带号码的坎肩，争先恐后地招揽乘客。他还坐过洋车呢，那感觉当然和拉骆驼不一样。

骆驼曾有京华之舟的美称，早在1000多年前，北京就用骆驼当交通工具了。据史书记载，天宝十四年（755），安禄山起兵范阳的时候，就是用骆驼运送粮草的。此后，京西磨石口、石景山、门头沟和丰台的农村，就开始喂养骆驼了。为了骆驼出入方便，农户的院门一般都很宽大，形如倒置的墨水瓶。传说，北京城骆驼最多的年月，骆驼排成队，能绕北京城三圈儿。

那时，京西星罗棋布的小煤窑产的煤，都是用骆驼运到北京城供给千家万户的。就连石景山发电厂的煤，最初也是靠骆驼运输的。北京的城门是晚上关、早晨开。每当晨曦，阜成门、复兴门和西便门、西直门外的骆驼就排起长蛇阵，等待进城，有时长达好几里。城门一开，骆驼便鱼贯入城。

北京牛街的回民驼户还长途跋涉，用骆驼把布匹、百货等穿过长城送到口外，又把口外产的皮毛、药材等驮回北京。

1922年，牛街回民创办了“驼行公会”。驼行，是骆驼行的简称，这一行业中的屠宰业是由回民经营的，也是牛街回民特有的行业。自清代至北京解放前，原来的糖房胡同、羊肉胡同以西的吴家桥、老君地一带是驼行的老营盘。夏天，那里高粱玉米遍地，秋后，庄稼收割了，骆驼便在那里集中，等待交易或屠宰。

一个星期六的上午，我骑自行车特意到牛街转了转——在北京生活15年了，这还是第一次来牛街。

一位正在卖羊杂碎汤的老掌柜告诉我，早年间，牛街的驼行有三种经营内容：买卖骆驼；用骆驼搞运输；屠宰破骆驼开“骆驼锅房”（回民不能称汤锅，破骆驼就是淘汰下来的不能干活的老骆驼）。这三种内容可以兼营并举。如驼行的某一家，买进一批骆驼，处理其中一批，或出售活体，或自行屠宰，要看怎样合算，然后择其优者搞运输。驼肉的批发，与牛肉大致相同。

驼肉与牛肉近似，不是行家，很难分辨出来。有的说驼肉较牛肉老，肉纤维粗，脂肪呈白色；也有的说驼肉胜于牛肉。但当时驼肉在价格上比牛肉低得多，因而，常有人以独轮车推着驼肉，冒充牛肉沿街叫卖。老掌柜说，驼肉的熟肉制品，与酱牛肉无甚差别。过去酒馆门前卖的“酱牛肉”，有的就是以驼肉冒充的。然而，驼蹄却是高级美味，特别是驼蹄中的“蹄黄”更为名贵，驼蹄筋则可充鹿筋制成高档菜肴。当然，一般驼户是舍不得自己受用的。

骆驼为北京人的吃穿住行出了大力气。

每年一入秋，秋风刚刚吹落第一片树叶，驼把式拉骆驼跑城里的就开始多起来，运煤、运石炭、运木头或其他大宗货物，走街串巷，驼铃悦耳动听。最忙的是冬季，一队队骆驼出入各城门，来来往往，有的将货物运到集市上，有的将货物直接送到客户家里……

一天的劳作之后，当骆驼在晚霞的余晖中回眸紫禁城的那一刻，骆驼便和旧北京的一切融为一体了。

十一

探访赵大才老人那天，在村口，我们遇到一个中年人正在修小四轮拖拉机。他戴着电影《青松岭》里钱广戴的那种布帽子，帽檐已经打卷儿，满身都是油渍，旁边有两个小孩子在看热闹。

我问他，家里养骆驼了吗？他说，前些年养了30多峰，现在不养了，改成养这东西了，他指了指小四轮。我问，为什么不养骆驼了呢？他说，现在世风糟糕得很，骆驼常被贼娃子盗走，看也看不住喽。过去就不这样，骆驼在山里吃草，十天半月去照看一眼就行了。唉，都是钱把人闹的。

据说，这个村子尚有60多峰骆驼，可我们在村子里转了半天，也没有发现一峰。陪我采访的陶冶说，骆驼可能都被牵到田里拉犁了，咱们去县上吧。我说，也好，到畜牧局再了解一下全县的骆驼情况。司机张锦华便调转方向，向县城驶去。

民勤县畜牧局局长李松春是个很风趣的人，他说，你叫李青松，我叫李松春，咱俩就差一个字。我乐了，说那个“青”字，常被人写成“春”字。他说，你这个人挺有意思，据我所知，专门到我们民勤采访骆驼的记者，你可能是第一位。我说，别的记者专门找热点，而我是专门找冷点的。我们彼此都乐了。接着我们言归正传。他说，民勤骆驼数量减少原因主要有这么几个。第一是成本高，养一峰骆驼相当于养两头牛。1993年，他当局长时，兰州牛肉拉面正风靡全国，牛肉价格一下涨上去了，骆驼便被大量屠宰，骆驼肉被当牛肉卖了。第二是生态环境恶化，荒漠植被大面积减少，草场质量严重退化，湖泊也都消失了，骆驼日日处于饥渴状态中。第三是除了传统的使用价值外，骆驼新的价值没有被开发出来，就是下羔、抓毛、拉车、耕地，似乎没有别的用途。

作为政府主管部门，他们当然不能坐视骆驼这一物种走向消亡。1995年，政府已经下发文件严禁宰杀骆驼，并已制定出骆驼普查本品选育方案，采取了一系列保护措施，从政策上、资金上、科技上，对骆驼养殖给予鼓励。现在，已经初步遏制了骆驼数量急剧减少的局面。前段时间，李松春去外地走了走，感到骆驼毛产品很有市场，他们想在这方面多做文章，用市场来驱动骆驼养殖。这或许是保护骆驼种群的根本办法。

骆驼注定拥有越来越多的昨天，越来越少的明天。

李俊钢是兰州西北武胜驿镇一家回族餐馆的老板，37岁。我是在他的餐馆就餐时同他结识的。当他得知我是就骆驼问题来这里采访时，便主动告诉我，他的祖辈曾养过60余峰骆驼，不过，前些年大都宰了，剩下的两峰，恰巧被途经这里考察丝绸之路的几个加拿大人以每峰3000元的价格买去，驮东西了。

我问他，你作为年轻的一代，对养骆驼感兴趣吗？李俊钢坦率地说，他不感兴趣。现在他家拥有两辆卡车，搞运输再也不用骆驼了。

丝绸之路沿线的兰州、武威、金昌、张掖、酒泉等城市均有他家开设的清真餐馆。他说，每年的6月到10月是旅游的旺季，餐馆生意还算可以，收入也不薄。虽然很辛苦，但无论怎样，做生意都比老辈人拉骆驼跑长道强多了。

时代毕竟不同了，夕阳残照终归不能久留。

火车、汽车、飞机等现代化的交通工具取代古老的骆驼运输方式是历史的必然。

不得不承认，骆驼的步履已经很难适应市场经济的脚步。

但是，我们不能忘记骆驼。

我们该向这位为中国西部的文明和发展作出贡献的“老英雄”致敬。

从河西走廊返回兰州后，我住进了中山宾馆。

我的房间在宾馆的5层，窗口面对中山铁桥，铁桥下面就是日夜流淌的黄河，浑黄浑黄的，就像骆驼的毛色。

那天，当我凭窗眺望黄河和黄河岸边景致的时候，竟真的意外发现了一峰骆驼，那骆驼披着彩带，大红大绿的，很是惹人注目。不时，有外地来的游人骑上去，照相留影。

我走出宾馆，找到了骆驼的主人曹永年老汉。他告诉我，他家有10亩地，拉犁播种都靠这峰骆驼。农闲的时候，他就拉骆驼进城，给旅游的人当道具，骑一次收3元钱，一天下来，也能收入30多元呢。

骆驼，你这位退役的“老英雄”又有了新的差事。而此刻，你面对的是城市的喧嚣，林立的高楼，滚滚车流和人流，背景呢，却是沉重而古老的黄河。

这是一个意味深长的画面。

十二

老舍的《骆驼祥子》是家喻户晓的名篇。

起初，我以为祥子真的是拉骆驼出身，后来便改拉洋车了。最近，看了一篇老舍谈创作的文章，才知晓，实际上，骆驼与祥子根本没有任何关系，只不过老舍正在动手创作这篇小说时，胡同里被抓了丁的青年从口外逃回来了，还牵回三峰骆驼。老舍和邻居们都去看，觉得这骆驼给胡同里添了不少新内容。晚上，在灯下坐定，老舍顺手便在祥子的前面加上两个字儿：“骆驼。”

文人们多半喜欢骆驼。20世纪30年代，冯至和废名就在北京创办了一本刊物叫《骆驼草》，薄薄的，文字竖排，且是从后面往前面翻的。我是在东四附近一家老号书店里看到这本刊物的。刊头的“骆驼草”3个字是沈尹默先生手书的。

为什么取名《骆驼草》呢？冯至先生在一篇小文中写道：“骆驼在沙漠中行走，任重道远，有些人的工作也像骆驼一样辛苦，我们力量薄弱，不能当骆驼，只能充作沙漠地区生长的骆驼草，给过路的骆驼提供一点饲料。”

在《骆驼草》上经常发表文章的作家有周作人、冰心、俞平伯、冯至、废名。鲁迅当时在上海，有人问他：“看到《骆驼草》了吗？”

鲁迅说：“看到了，以全体论，没有《语丝》开始时那么活泼。”

原来，《骆驼草》的前身，便是《语丝》。难怪先生要拿它与《语丝》进行比较呢。

《骆驼草》是否起到了骆驼草的作用？那都是20世纪30年代的事了，时间久远，不必论了。

不过，鲁迅甘愿做一头牛，吃进去的是草，挤出来的是奶。先生喜欢牛是可以肯定的了。

鲁迅对《骆驼草》的评价不高，并不意味着先生厌恶骆驼和骆驼草。

法国作家布封笔下的动物极具感情色彩。他说，在所有的动物中间，马是身材高大而身体各部分又都配合得最匀称、最优美的。当然，布封也提到骆驼，可惜只有一句：骆驼是畸形的。

布封一定没有去过沙漠，一定没看见过马随驼队一同行进的情景。负重的总是骆驼，即使马的草料和水也要由骆驼驮着。

马太娇情了，一日不可缺吃少喝。草料和水，总要备得足足的才能上路。这一切，骆驼都看在眼里，但从不计较，只顾一步一步地走着，忍饥忍渴，任劳任怨，一直向前。

同那些娇情的马们相比，骆驼无疑是吃了大亏的。

吃亏不是一种美德，尽管郑板桥先生说，吃亏是福。骆驼也不是生来就喜欢吃亏。只不过，骆驼不在意吃亏罢了。

骆驼最敏感的部位是鼻子。

骆驼最致命的弱点在于鼻子的敏感，掌握了骆驼的鼻子就掌握了骆驼的一切。一根细细的麻绳穿过它的鼻孔，再轻轻那么一拉，骆驼就可以跟你走遍天下了。

人恰恰利用了骆驼的这一点，做成了许多大事情。

在一些人的眼里，骆驼是愚蠢的，笨重的，丑陋的，也缺乏激情，被人利用了还全然不知。其实，骆驼什么都知道，在茫茫无际的沙漠中，能够帮助迷途的人走出困境的骆驼，怎么能不知道呢？

骆驼就是骆驼，它不在意吃亏，当然也就不在意闲言碎语和人的那些伎俩了。不过，如果你在大啖生猛海鲜狂饮人头马之后，最好别对刚刚负重上路的骆驼说三道四，不然，骆驼一时不慎打个喷嚏，而那喷嚏又恰巧喷在你的舌头上，那就活该你倒霉了。

骆驼，骆驼，了不起的骆驼。骆驼，骆驼，了不起的具有骆驼精神的人。

遥远的虎啸

虎迹虎讯

宁静在瞬间断了。

“唔——”空谷里，回荡着长长的啸声。在武功山神秘的腹地，那啸声如狂风裹挟着碎石和草屑，一阵阵，摇撼着汹涌的林涛。

正在觅食的锦鸡、野兔，还有爱占便宜的赤狐，蜷缩在树丛中瑟瑟地乱抖。

“唔——”森林仿佛降临了灾难。

终于，懵懂多日的芦溪人从懵懂中醒过神来：莫非老虎又回来啦？

是回来了。

那虎即到西涧，却立住了脚步，眼睛映着月亮，灼亮灼亮，并不朝着驴子看，却对着这几个人，又呜的一声，将身子一缩，扑过来。这时候，山里本来无风，却听得树梢上呼呼地响，树叶簌簌地落，人面上冷气棱棱地割。那几个人早已魂飞魄散了。

这是晚清小说家刘锷先生在《老残游记》中对老虎的一段描述。

在中国古代文化中，作为一种权力和威严的象征，虎是仅次于龙的第二位“神物”。龙作为帝王的象征，其实是根本不存在的东西，而活生生的虎则是统帅、大将军的标志。它存在于军旗、徽章之上，也存在于匾额、镇物之中。手持虎符就意味着有指挥调动千军万马的大权，坐上虎皮交椅，就意味着身居权贵，八面威风，甚至江湖匪盗、草寇侠客也兴这一套。看过《智取威虎山》吗？座山雕屁股底下那把交椅上披的就是虎皮……

“唔——”久违了！老虎。

然而，对于这样的消息，芦溪的山民们可不像老虎专家那样兴奋。

老虎的出现搅乱了山村的宁静。

最先遭殃的是狗。据《萍乡日报》报道，仅 1990 年上半年，芦溪镇至少就有 7 只狗被野兽吃掉了。高楼村村民沈世芳反映，一天，他带着狗进入懵懂冲打柴，突然听到密林里一阵极端恐惧的嚎叫，回头看时，狗已不知去向。当他正在愣神的时候，远处传来一声长啸，他吓得要命，转身拼命奔跑。同沈世芳一样，住在玉女峰下新拢村的老刘，一天下午也忽闻不同寻常的狗叫声，他冲出屋门，已不见狗的踪影，但地上却清晰地留下了老虎的脚印。

另有报道，1991 年 11 月 8 日，芦溪县东阳村一村民路遇一老虎，并清晰看见虎身上的扁担花。1991 年 11 月 10 日，芦溪林业分场场长黄新明巡山至玉女峰山腰时，猛见一只老虎横闪而过。

此外，奉新、靖安、武宁、乐安、吉安、广昌、全南等地也相继发现虎迹。

这是一些可喜的信号。

自然环境无时无刻不在影响着人类的生产和生活，而人类的活动也在不断地改变着自然界。

虎迹的重现远远超出了老虎本身的意义：历史仍在山岭密林中活着。

人类可以毁坏自然，但是，自然却是不会屈服的。

自然界也有自己的秩序。只要给它时间，它就会按照自己的法则休养生息，孕育生命，并创造出许许多多的奇迹。

频频传来的虎讯，引起野生动物保护部门的注意。

江西省林业厅迅速组织专家草拟《华南虎及栖息地调查计划》，并上报国家林业部。随后，华南虎考察队成立。江西省自然保护区管理办公室主任王宝金任队长，老虎专家、高级工程师刘智勇任副队长。

考察队外业调查分两个阶段。第一个阶段调查路线为：

> 南昌→吉安→永新→莲花→宁冈→井冈山→赣州→全南→安远→寻乌→会昌→瑞金→宜黄→抚州→南昌。

第二阶段调查路线为：

> 南昌→九江→瑞昌→武宁→修水→万载→莲花→吉安→永丰→乐安→宜黄→抚州→南昌。

一辆越野车在山路上疾驰。

是日，刘智勇率领华南虎考察队抵萍乡。在两位山民的带领下，考察队弃车爬山，于上埠镇九州村附近一座高山上，发现一处老虎脚印，在山顶，考察队还搜寻到老虎“挂爪”（老虎抓挠留下的痕迹）若干。队员们或惊或喜，疲劳顿消。

中午，考察队来到另一个山村，获悉村民何家明最近拾得一个动物骨架。考察队走访了何家明，老何从屋内墙角拿出几只黑蹄。

考察队员通过分析，认定是水鹿的蹄子。水鹿是草食动物，也是华南虎的佳肴之一。

在自然界中，植物是动物的食料，草食动物又是肉食动物的食料，而所有动植物的遗体残骸被微生物分解之后再提供给植物吸收。

生态系统中的生产者、消费者和分解者之间不断地进行着这种能量转移和物质循环。

一个达到动态平衡的生态系统，动物、植物及其他生物不仅在数量上保持相对稳定，而且具有典型的食物链关系和符合物质与能量流动规律的金字塔形结构。

生命的织锦环环相扣，以致如果有一根生命线不幸断掉，生命的织锦就可能一根一根地脱落，甚至导致整个生态系统的解体。

水鹿与老虎之间的关系就是这么奇妙。

听说有个叫彭章生的村民，于两个月前在庄稼地边放置铁夹子，本意捕杀野猪，孰料却夹住了一只12公斤重的猫科动物，打死后美餐一顿。近日得知考察队进山寻虎，吓得彭章生躲进后山竹林，不敢露面。其妻见到考察队时眼圈发红，声音颤抖。经动员说服才将彭章生唤回，交出一只兽牙和两根小骨……

考察队采取投饵（山羊、大狗等）招引的方法和收集足印、挂爪、粪便、残饵、卧迹等实物资料证实，萍乡玉女峰山区现存华南虎至少3只，其中母老虎2只、幼虎1只。

巍巍玉女峰，你那茂密的森林里还藏着什么？

一封电报引出的新闻人物

在考察队回南昌休整期间，笔者采访了刘智勇先生。

刘智勇说："通过我们的考察认为，华南虎在江西境内的活动主要集中于井冈山、吉安和芦溪的山区，活动最频繁的是芦溪山区的罗霄山脉。"

同其他猫科动物一样，华南虎喜欢单独栖居，占山为王。

动物的集群和独居是一种奇特的现象。非洲的塞伦格提草原牛羚迁徙的场面被称为"地球上伟大的奇景"之一。

春天，5600平方公里的塞伦格提草原显得过于狭小，不足容纳这支50万只向前推进的有蹄类大军。远远看去，它们挤得那样紧，以至于形成了自己的云雾。

如果说这些看起来有些愚蠢的动物聚集起来是一种生存的需要的话，那么分离和独居则是更高等的动物无可比拟的智慧了。

华南虎的寿命一般在20年左右，一生要捕食动物3万至5万公斤。一条水鹿约重52公斤，虎一生要吃掉1200至2000只水鹿一样的哺乳动物。

这个巨大的胃口常常是难以满足的。于是，山民的狗和牛等家禽便成了老虎的补充食物。

“你们发现活体了吗？”

“考察队尚未发现活体，但看到活体的老百姓有20余人。”老刘展开一本相册，指着相册上的照片说，“看到活体是相当困难的。今年春夏之间，我们考察半个月就发现足迹50多个，挂爪30多个，拾回老虎粪便5堆，此外还拍摄卧痕照片20余张。”

“老刘，电报。”一个青年人走进屋来，打断了我们的谈话，将一封电报交给刘智勇。

老刘擦了擦眼镜，看罢笑了笑：“又是关于老虎的。”

我瞥了一眼，电文是：

已取几样鲜虎粪便，请速来人鉴定。吴。

“这位吴是谁？”我无意之中问了一句。出乎意料的是，我的采访因这封电报又有了另外的收获。

“吴德崇。”

“吴德崇？”

“对，这个人不简单，过去是林业干部，退休后专门从事华南虎考察和研究工作。”

老刘站起身来，从抽屉里取出一封信："这是老吴前几日写给我的信，你看看，也许有什么用。"

经老刘同意，现将那封信全文抄录于此：

刘老师：

您好！

今日又见新虎迹。地点：石子岭。在您发现挂爪处往西北下坡30米的石头上，老虎扒下千年马皮草，同时在东南上坡处屙有两节串联粪便。粪中毛棕白色无骨质，是小山猪毛。再向上2米处又屙一节，长20余毫米。

两处粪便都有一个毛尾巴，是小虎之粪，已留存标本。

11月30日晚，三尖峰镇山大虎在茶垣岭大冲。

礼！

吴德崇

1991年12月4日

职业的敏感使我意识到，吴德崇肯定是个新闻人物。倏忽间，一个念头闪过脑际：追踪采访吴德崇。

狗脑冲的发现

芦溪，武功山脚下的一座古镇。

芦溪镇四周方圆1000平方公里的山林都是卧虎藏龙之地。历史上，这里有天然动物园之称，明、清两代的县志中对王斑虎在本地的活动多有记载。人虎相习，人不伤害虎，虎亦不伤害人。20世纪50年代初期，芦溪人崇尚打虎，在打虎运动中，涌现出了许多打虎状元、打虎英雄。然而，自从进入20世纪70年代后期，这个著名的虎乡就再也难以发现老虎的踪迹了。

芦溪镇正大街2号。吴德崇。

他是一个普通的农家子弟。

1968年，他从造反派焚烧“毒草”的灰烬中发现了一本被烧得面目全非的《世界珍稀动物》一书，回去用糨糊粘巴粘巴还能看。其中的王斑虎一章最使他感兴趣。从此，他与虎结下了不解之缘，业余时间，潜心研究虎的栖息及生活习性，20多年来从未间断。

冥冥中，他似乎听到了山林里虎啸的回声。

他终于等到了这一天。

1991年4月6日，吴德崇与芦溪林业分场会计种生，护林员吴启根、吴启伟一同巡山，中午在兴隆村村公所小憩，几位妇女的闲谈引起他们的注意。

“嗜，真倒霉，我家鸭子不知叫什么东西吃了7只。”一位抱孩子的妇女说。

“哎呦呦，7只？你家的鸭个顶个都是肥鸭啊！”

“可不，辛辛苦苦喂了一年，”抱孩子的妇女说，“到头来，连根鸭毛都没剩下。”

吴德崇好奇地走上前去，问：“什么野兽吃的？”

“谁知道，可能是狼，也可能是豹子。”抱孩子的妇女看了吴德崇一眼回答。

“在哪儿吃的？”

“狗脑冲。”

“离这儿多远？”

“不远。”抱孩子的妇女用手指了指山那边。

“走，看看去！”吴德崇和会计及两名护林员急火火赶到狗脑冲。

嚄，现场乱糟糟的，大兽的足迹尽在眼里，小兽的足迹也很清晰。吴德崇取出卷尺量了量，大足印宽120至125毫米，小足印宽50毫米。

“是老虎的，是老虎的，”吴德崇惊喜万分，喃喃自语，“还是一母一子哩！”

对于吴德崇来说，这一发现是多么重要。做完现场笔录，他一路哼着小曲，下得山来。

“老婆子，炒几个鸡蛋！”吴德崇未进家门就笑嘻嘻地嚷嚷道。

“死老头子，今天是怎么啦？”

“老虎！老虎！哈哈——在狗脑冲发现了老虎的脚印。”

“疯疯癫癫的，瞧你那样子，早晚得让老虎吃了。”老婆唠叨着，刷锅点火。

吴德崇走进里屋，吩咐正在磨柴刀的儿子：“快，去小卖部打酒！”

这天，吴德崇喝了个烂醉。

虎讯惊动了萍乡市林业局。林业局的段媛女士上山踏看，却因连日降雨，未能复制模型。

9 月 17 日，破塘冲又出现虎迹。随后，吴德崇在井窝南山的芭茅丛中发现一处虎卧。

科学是严谨的，来不得半点虚假。足印、卧迹仅仅是可供研究的自然证据之一，吴德崇更大的目标是获得活生生的活体照片。

想获得照片却没有照相机。买，家里没有这笔积蓄；向上面申请，自己又是个业余的，没有正当渠道。就在吴德崇愁眉不展的时候，二女婿杨炳芳来了。机灵的女婿看出了岳父的心事：“爸爸，我去借一架。”

“上哪儿去借？”

“您别管了，反正过些天您有照相机用就是了。”

果然，没过几日，女婿背来一架照相机，是从亲戚家里借来的。吴德崇高兴得像个孩子似的，半天合不拢嘴。

吴德崇上山了。

狼群和恐怖的夜

打虎亲兄弟，上阵父子兵。老婆担心他万一有个闪失，就叫儿子跟去照应。

在一片山林里，父子二人发现几个新鲜的老虎脚印。咔嚓咔嚓，吴德崇兴奋地按动快门。

“爸，镜头盖没打开！”儿子在旁边提示父亲。

吴德崇一看镜头，果然盖未取下来。“哎哟哟，浪费了两张。”好一阵心疼。

突然，一阵微风吹来一股虎臊味。“爸爸，你看！”儿子小声说。

吴德崇定睛一看，在身旁两米处一片被压倒的草丛上，还有热气，显然是老虎的卧迹。

他们继续向前寻找。心，怦怦乱跳。

他们似乎忘记了时间。天渐渐暗下来，茂密的森林里死一般的沉寂。

儿子有些怕。因为隐伏的黑暗中的恐怖随时都在等待他们。

吴德崇也意识到了危险。老虎就在附近，老虎一旦出现，他们的处境极其严酷。他们是孤立无援的，想到这一点，吴德崇不由打了个寒战。

“儿子，听着，”吴德崇对儿子说，“一旦我被老虎踩在脚下，你千万别管我的死活。你赶紧按快门，把老虎吃我的场面照下来。”

吴德崇的手一抖一抖的，从脖子上取下照相机，递给儿子。

“记住了！”儿子接过照相机，眼睛潮潮的。

在那阴郁的冷酷的森林深处，几双眼睛在树隙间透过黑暗早已盯住他们。那是几双闪着绿光的凶恶的眼睛。

突然，儿子的一只手紧紧地抓住爸爸的胳膊。吴德崇的声音有些颤抖地说：“别怕！几只草狼。”

虽是草狼，也不是好对付的。逃是逃不掉了。一把斧头，一把柴刀，硬拼，也不是办法。最好的对策就是等待。

等待需要耐力，而有时耐力能够战胜一切。

足智多谋的吴德崇知道，与其拢一堆篝火坐等天明，倒不如在大树上搭一个窝棚，睡上一觉更为安全。

儿子放哨，吴德崇挥动斧头，砍断一些树枝，再割来一些长藤，将几株大树联结起来。不多会儿，一座树上房子便建成了。他们爬了上去。

那是一块属于他们父子的领地。

他们铺上雨衣躺了下来，希望睡上一觉，暂时忘记危险。可哪里睡得着呢？他们瞪大眼睛，手里紧紧握着斧头和柴刀……

“唔——”

一声虎啸划破长夜，狼群惶惶逃遁了。

他们在极端恐惧和疲惫中又迎来新的黎明。

访虎：目击者说

虎叫为“啸”，狼叫为“嗥”。虎叫的声音长，气粗，且有穿透力；狼叫的声音短，低沉。

古人的用字是很讲究的。

每只狼一年要吃掉 1 吨肉，一只 40 公斤重的狼，一次可吃下 10 公斤的肉。他们吃鹿、狍、野鸡、野兔和各种家畜，有时不是为了取食，而是咬死抛掉。

狼有很强的耐久力，一夜能跑 100 余公里。

狼能忍受长时间的饥饿，受伤后，甚至受两三粒霰弹的穿透伤，也不立即倒下。被踩夹夹住时，能咬断腿部，自己解脱，逃之夭夭。

在东北农村，猎人用圈猎法捕狼。捕狼圈小而严密，用组木杆围成螺形的圈，下面埋得非常牢固，上面向内倾斜，形成上小下大的圆圈。圈内放置诱饵，当狼沿着螺形的圈进入圈内取食时，便不能再出来了。

狼非常狡猾多疑。与其说狼怕老虎，倒不如说狼怕老虎的叫声——虎啸。

在群山密林之中，虎啸一声，四山皆应，啸声所及的几十里范围都能感受到虎威的震慑力。若虎到平原就没有这个威势了。

所谓虎借山势，山借虎威，说的就是这个意思。

在野外，目睹野生虎的机会并不是人人都有的。据笔者所知，甚至国际上的一些老虎专家虽然出版了许多本专著，但大多未在野外遇到过老虎的活体。

吴德崇永远不会忘记那几次与老虎的奇遇。

> 记得我10岁那年，父亲带我去放夜水。在山间的拐弯处，遇到一只大王斑虎，相隔10余米左右，呼啸一声，掉头走了。我被吓得两天未进食。
>
> 1991年10月3日上午10时许，我带儿子在破塘冲塑虎脚模时，正下毛毛雨。当我们工作完毕准备下山时，忽然对面山冈上传来四声呼啸。一分钟后，我们清清楚楚地看到老虎慢条斯理地走上另一座山冈，并不时转过头来看我们父子。
>
> 还有一次就是1991年12月中旬，我在岩婆冲冈上取虎粪，老虎从山腰芭茅丛中走出来，掉头看我，我也看它，双方对视3分多钟。

吴德崇，这个普普通通的人竟有着极不普通的经历。

寻虎，寻虎，还是寻虎。既是一种痴迷，又是一种信念。

1991年以来，吴德崇父子先后访问了200余位猎民或山民，搜集资料120余宗，取得虎足印模型7个，虎崽毛1撮，虎粪7堆。

说到吴德崇的名字，山民们也许并不熟悉，但一提起“寻虎叔叔”，就无人不知无人不晓了。

哪里发现了虎迹，人们就会主动跑来告诉他。

刘世云（芦溪镇兴隆村猎手）：

> 1991年10月12日晚11时许，我和本村青年徐新泉带着猎铳和手电筒在红薯地守夜（防野猪糟蹋红薯），跑过龙灯窝口时，

听见大兽行走的响声。我们二人猫腰躲进树丛中，看见约有 10 米远的田里有一大兽。那大兽“唔”地长啸一声。我们打开电筒开关一照，妈呀！不得了啦，是一只老虎。我们二人吓得仰身跌入水沟里，弄得满身泥水，回到家还说不清话。

刘福元（芦溪镇田心村猎手）：

1991 年 10 月 17 日凌晨 2 时，我与水湄村两青年一起打猎，在兴隆村附近，遇见一只老虎。

龙正来（芦溪镇半山村村民）：

1991 年 11 月 3 日下午 4 时半左右，我往条盘坑收集晒干的稻草，赶牛回家时遇见老虎。当时，我挑着稻草，走了不到百余米，牛就停步不前，拼命往稻草下钻，而刚出生两个月的牛犊则钻入母牛肚下。一时，我不知将发生什么事情，于是，就大声吼叫逐牛，牛推也不动。谁知，这时山下的窝坑里，一只老虎长啸一声。我全身的骨头都吓散了，哪敢乱动一步？不过，我的头脑还是清醒的，为避开不幸，我准备把小牛喂虎吃。天照应，虎慢条斯理地，哼哼着，上到对面的山冈。我等了 5 分钟，一直看不见了才敢逐牛回家。

每一个目击者都有一个惊险的故事。

至今讲起来，他们仍心有余悸。那与老虎对视的刹那，已深深刻在了他们的记忆中。

月光下的红薯地

最纯朴的是百姓，最通情达理的也是百姓。

“如果没有他们的支持和帮助，恐怕我的寻虎工作很难坚持到今天。”说这番话时，吴德崇的眼里闪动着泪花。

吴德崇闻知华云乡磨高村一村民家的两只母狗被野兽叼走了，便步行 25 公里前去看个究竟。不料，那天雾大，迷了路。他一天未进食，饥饿难忍。傍晚时，他来到高步岭村，叩开一户屋门，一问，户主吴冬生，同族人。

吴冬生一看“寻虎叔叔”疲惫不堪的样子，什么都明白了，赶紧叫女人安排饭菜。

一会儿工夫，一碗腊肉炖豆角，还有几碟小菜及香喷喷的米饭端上来了。

吴德崇狼吞虎咽地饱餐一顿。

“天黑了，山上虎豹出没无常，你就别走了，”热情好客的吴冬生说，“明天，我带你去磨高村。”

像吴冬生这样为吴德崇提供方便的山里人并非一两个。如：半山村贺森林、何仕成，仁里村黄保材、马文武，兴隆村吴启根、徐新龙、刘良光，等等，足足有 20 多户。

最令吴德崇感动的是上毕镇王源村。

一日，村民们听说“寻虎叔叔”进村了，纷纷围上来，有的向他探听虎讯，有的向他提供老虎活动的最新信息。村支书还专门组织群众谈情况。

夜深了，谈情况的群众散去。村公所里好静，吴德崇躺在床上，久久未能入睡。他想起那件事，心里有些惭愧。

几天前，他和儿子在山中寻虎，整整寻了一天。已是晚上 11 时了，离家尚有 30 余公里。

附近没有村落，不要说有人款待，就是讨饭也找不到门户。儿子一屁股坐到石头上再也不想走了。

吴德崇看了看儿子，一声未吭。他跌跌撞撞地走下山坡，用一根树枝翻动一丛野葡萄秧，借着月光，企图找到几串野葡萄充饥。可是，找了半天，什么也没有找到。

当他沮丧地抬起头来的时候，奇迹出现了。距他不过 5 米远的地方是一片红薯地。

“这里有红薯！”吴德崇像见到救星一样，唤着儿子。

他们扒开田垄摸出大个的红薯，大口大口地嚼着，脆生生的红薯，真香。

填饱肚子，父子俩才意识到，他们做了一次贼。

“我对不住乡亲们，对不住，对不住。”1992 年 2 月，吴德崇在一封写给笔者的信中还提起这件事。

吴德崇也真够认真的。实际上，谁会计较那几个红薯呢！何况，又是在那样的情况下。

唉，这个吴德崇。

虎论 ABC

民谚曰：“老虎，老虎，铁头芒杆腰。”

“铁”就不用解释了，“芒杆”是南方山区的草本植物，稍用力一折，就断。

一位有猎虎经验的猎民也说：“打虎不一定带枪，只要有较粗的硬木棍，狠打老虎的腰部，就能把它降伏。”

看来，武松打虎专打老虎的腰部是有一定道理的。

“老虎为何吃人，到底在什么样的情况下才吃人呢？”一次，笔者专门就这个问题给吴德崇去信，请他谈谈自己的看法。

吴德崇在回信中写道：

> 把虎当巨敌，就是对虎的偏见。虎所受之冤太多了。前人早已总结了虎的习性，只是不被人所认识。攻击人的极毒之词“狼心狗肺”，而不是“虎心豹肺”。在动物世界里，最恶者是狼而

不是虎，“狼”字少一点就是狠，所以最狠者就是狼而不是虎。

除疯虎外，虎从不主动攻击人。但是，虎有极强的报复心理。我在访虎时了解到许多这类的故事——

芦溪镇王家岭村魏春秀口述：我11岁时，家里养了几只鸭。一日我听到鸭叫，跑去一看，一只黄色的大兽在追鸭。我急忙叫喊，母亲拿出一根竹枪，一面喊打一面乱舞竹枪。虎见竹枪打来，将身一跃，竹枪划破老虎头部，鲜血直流，虎逃走了。谁知，从此招来大祸。老虎每天围着我家房子转来转去，伺机报复，弄得我家人日夜闭门不敢外出，连摘菜挑水都不敢出去。打铜锣，开鸟铳都无效。前后有5名枪手守护我们母女达半个月之久，老虎才没伤着我们。

魏春秀的邻居黄建义口述：说也奇怪，我们想可能是老虎要吃她家狗，就把狗推出去让它吃，老虎吃完狗后，也无济于事。虎只要听到她母女俩说话，就守在窗外。

芦溪镇丰泉村聂冬生口述：那还是新中国成立前的事情。一天晚上我们串门回家，正逢一只大虎准备扑狗。我大喊：“老虎吃狗哇！”就这一声，老虎一愣神未扑上狗。于是老虎一转身就追我，我急忙跑回家闩上门。老虎拼命撞门，一连闹了4天才离去，吓得全村人都不敢外出……

信是用毛笔写的，蝇头小楷，极工整。也是在这封信中，吴德崇用16个字概括了华南虎濒临绝迹的因素：恶性捕杀，通道险阻，会区遭劫，情场凶变。

吴德崇认为，华南虎有自己的产地，有会（雌雄相会）区，有情场，有行走路线。不是有雌雄就可产崽，虎有自己的配偶。在老虎的种族中存在着残酷的族杀现象。

一山不能藏二虎，这是前人对虎的族杀现象的总结。在大自然中，雌雄除发情相遇外，一般是难以共处的，一旦相遇，必有一场恶斗。虎格斗开始时先消耗体力，当一方力不能支时，强者即将弱者推倒在地，咬住喉管，这一咬定要使对方断了气才肯罢休。

虎有固定的交配场所。若遭到破坏，雄虎就拒绝与雌虎交配。

不打虎，但捕猎其他动物，对虎也是无益的。饥饿而死的大都是幼虎。

华南虎有卧山、过山的生活习性。吴德崇认为，雌虎一般都是不过流浪生活的，过山虎大都是雄虎，而镇山虎则大都是雌虎。雄虎的流浪往往有一定目的，或者为它的未婚妻选地盘，或者是自己厌倦了旧地，想开辟一片新的疆土。

虎似乎有着特异功能。虽远隔千山万里，雄虎对自己配偶的定居点、何时发情，仍了如指掌。冬末春初，只要雌虎发出吼声，不出几日，雄虎就到了。

通过走访猎户和自己对华南虎的观察，吴德崇总结出这样几条：

一、虎穴一般选在大岩石下，夏冬两季居住较多。但雌虎分娩时一般在茅草丛中，不入穴。可能是便于虎崽活动隐藏。

二、虎喜居山峰。多居于主峰连接支峰数处的地方，独峰则不居。出入走山冈脊背处，适应瞭望，很少走路中心，常靠长茅草路边走。

三、虎到新处才在地面分路点的大树旁，爪抓挂牌做标记，抓地定撒尿才抓。一般出入不挂牌（用虎尿留下标记）。

四、虎一般不卧大树下，少入密林中，地不光不屙屎。

目前，有关部门尚未组织专家对吴德崇的研究鉴定真伪。因此，吴德崇的研究实际上处于一种既否定不了也不能肯定的境地。

也许，吴德崇追踪的本不是华南虎，而是云豹或者别的什么。

也许，吴德崇在寻虎访虎的过程中，被一些传说和现象迷惑，自己也陷入了怪圈……

然而，无论怎样，山林里那长长的啸声却是真实的存在。

虎事回眸

中国虎有几个亚种？专家的意见也未统一。有的说两个，有的说三个，有的说四个。各有各的根据，各有各的道理。

中国虎至少有两个亚种是可以肯定的，即东北虎和华南虎。

东北虎又被称为西伯利亚虎或西伯利亚长毛虎。在前苏联著作中则被称为乌苏里虎和阿穆尔虎，体形大、毛色淡、冬毛特别长，尾毛也很丰满，条纹不十分清晰。

同东北虎相比，华南虎的毛色要深得多，条纹也深重，且多形成环形或菱形。

华南虎的分布区域也比东北虎广阔。20 世纪 30 年代初期，香港曾发现过有大陆泅水过来的华南虎。

云南的勐海、思茅等地分布着一个叫拉祜族的少数民族。“拉祜”即是用特殊方法烤吃老虎肉之意，因此“拉祜”又被称为“猎虎”的民族。

可见，自古以来，云南南部和西南部原是多虎的地区。

四川也产虎。《四川资源・动物志》载，四川产华南虎的地方有：青川、绵竹、北川、平武、万县、甘孜。1960 年全省收购虎皮 23 张，1962 年收购虎骨 45 公斤，是历史上最多的年份。

罗布泊是个谜，可很少有人知道，这个谜面上竟也留下了老虎的脚印。20 世纪初，塔里木河两岸森林茂密，栖息着种类繁多的野生动物。继彭加木之后担任罗布泊考察队队长的夏训诚，1981 年在罗布泊考察时，曾意外地遇上了几位 90 岁以上高龄的老“罗布人”。

这一族人世世代代生活在罗布泊南边的阿布丹一带。他们回忆说，1920 年，那里发生了一场大瘟疫，死了许多人，野兽也死了不少，有时在河谷里还能看见奄奄一息的老虎。有一位塔依尔猎人和他的儿子，还曾亲手把两只虎崽抬回家喂养了一段时间。

1959年至1964年，有人仍在这里发现过老虎，后来就再无音信了。

罗布泊的虎，是华南虎还是东北虎？“这很难讲，也许都不是。”著名老虎专家谭邦杰说，“根据前苏联老虎专家斯卢德基提供的资料，20世纪50年代，前苏联中亚几个共和国都有虎，特别是哈萨克斯坦共和国的阿克苏河和斋桑河一带老虎活动更是频繁，而那里再往东就是我国新疆的边界了。”

动物是没有国界的。谭邦杰笑着说：“冬天江水结冰，老虎可以自由通行。况且，老虎好水性、善游泳，夏季即使江水澎湃，也能游过对岸。”

印度“老虎计划”

虎曾一度分布于亚洲的大部分地区。在20世纪生态环境尚未遭到大规模破坏之前，世界上共有10万只老虎，而现在只剩下5000只了，有3个亚种即巴厘虎、里海虎和爪哇虎趋于灭绝。

1969年，国际自然和自然资源保护联盟在印度新德里召开会议，呼吁拯救濒临绝种的老虎，提出禁止虎皮贸易的提议。

作为会议东道主的印度首先响应大会号召，率先采取行动保护老虎。

1970年，印度政府下令全国禁止捕杀老虎，印度野生动物局为此开展了一项号称“老虎计划”的行动。邻国尼泊尔、不丹和孟加拉国也采取了保护老虎的相应措施。

印度野生动物局的第一个任务就是普查全国老虎的数量。根据可靠的足迹调查，1972年5月，他们宣布：印度只剩下1827只老虎。

老虎数量的锐减，震惊了世界。

1972年9月，印度联邦国会通过了《野生动物保护法令》，大部分法令涉及老虎保护问题。根据法令，印度投入大量人力和财力用于拯救老虎。

1973年至1974年，印度在老虎栖息地开辟了9个自然保护区，后来又发展到15个，面积达24600平方公里。占地1940平方公里的堪哈自然保护区过去是著名的狩猎区，现在已成为“老虎计划”的一个窗口。印度政府将保护区内22个村庄的4000户居民搬迁到保护区外，并为他们另辟土地和重建家园。

同中国的自然保护区一样，堪哈自然保护区也分为“核心地带”和“缓冲地带”。核心地带严禁人类进行开发活动，缓冲地带只许进行保护森林的工作。同时，在保护区内还实行水源和土壤的保护，荷枪实弹的森林警卫队日夜巡逻。

印度野生动物研究所所长海曼德拉·潘沃先生说：“我们的目的是把人类对自然保护区的干扰减少到最低限度，以便使林木复生，野生动物得到庇护。”

为了实施“老虎计划”，印度政府耗资巨大。仅1972年至1980年，就耗资1000万美元。其间，世界野生生物基金会还捐款100万美元支持印度购买设备。

印度政府的努力收效显著。据统计，印度的老虎从过去的1827只现已增加到4000多只。在堪哈自然保护区，乘大象参观，随时可以眺望到隐藏在丛林中的老虎。

美国著名动物学家彼得·杰克逊教授在考察后写道：

> 一只硕大的老虎躺在丛林里的浓荫下打盹，不时用巨大的脚掌驱赶面前的苍蝇。它是心满意足和完全轻松的形象。我和几个朋友正骑在大象背上注视着它，只不过离它几米远。我们故意咳嗽几声，它有一两次睁开惺忪的眼睛，但是后来，无论我们发出什么噪音，也不能惊动它了。

倒钩刺：老虎生殖器之谜

1986年，在美国召开的“世界虎保护战略学术讨论会”上，各国的专家们一致认为，中国的华南虎应作为最优先保护和挽救的濒危动物。

不得不承认，除了乱捕滥猎和栖息地的日益残破之外，华南虎走向灭绝也有其自身的原因。

浙江林校82岁的徐允武先生回忆说：

> 我的家乡在闽浙交界的仙霞山脉的山脚下。我少年时期，父辈开木行，做木头和林产品生意，经常有山民和猎人来往。他们常把雄虎的生殖器带来卖。
>
> 雄虎的生殖器生有倒钩刺。它和雌虎交配时，因那尖锐的刺钩钩住雌虎的阴道，很难拔出。待用力拔出，雌虎的阴道被刺破，鲜血直流，雌虎痛不欲生，再也不敢交配。通常雌虎一辈子只生一胎，一胎只生一只或者两只，最多四只。

徐老先生的话被一实例解剖所验证。

1989年11月14日，黑龙江省东方红林业局采伐区内一成年雄性东北虎被猎杀。当时，这一消息经中央电视台播发后，震惊了全国。

那只罹难的老虎被运至黑龙江野生动物研究所作为标本收藏。在解剖尸体时专家们发现：生殖器官发育完好，阴茎自然状态外观长度为75毫米，龟头呈尖状，长度16.5毫米，有倒生的角质短刺。

看来，无论是华南虎还是东北虎，雄性生殖器上带有倒钩刺是确实无疑了。

倒钩刺仅仅是为了刺破雌性阴道，造成交配的痛苦吗？恐怕个中的道理并不那么简单。

野生动物也有自己的繁殖规律，不过这种规律还没有被完全研究过，而证实这种规律，一定会对物种进化理论有决定性的意义。

达尔文告诫我们："每种在自然状况下的动物都在有规则地繁殖下去。但是对于某一个早已固定的物种来说，它的数目显然不可能有任何大量的增加，因而也一定受到某些方面的制约。可是……很难明白这种限制的实质是什么。因此，我们就不得不作出这样的一个结论：某一个物种的数目将会众多或者稀少的现象，是取决于我们通常还没有明了的一些原因。"

可以说，我们对于虎和虎的种族的了解还只是一知半解。对于人类来说，虎在自然界中的种种现象，仍然是个谜。

凶猛的老虎　脆弱的种群

生命是一种依靠。

生命又是一种制约。

在自然界的食物链中，虎以各种大小动物为食，对维持各种动物种群平衡和生态系统的稳定起着控制器的作用。

到处是控制器的自然界，注定要出现危机和灾难。而没有控制器的自然界更是不可思议的。

中国华南虎现在的分布区域是东经 119° ～ 120° （浙闽交界），西至东经 100° （青川交界），南至北纬 21° ～ 22° （粤桂南端），北至北纬 34° ～ 35° （秦岭—黄河一线）。在这个广阔区域内，华南虎的分布中心是湘赣两省。相邻的粤、桂、闽、黔四省，是它的扩散地带。

彼得·杰克逊教授致函我国有关部门，建议："拯救中国的华南虎要做两方面的工作，先保住动物园里的华南虎，建立繁殖的种群基地；同时，调查华南虎的野外活动情况，划定保护区。"

自然保护区是保护、发展和研究自然条件、自然资源，拯救某些濒于灭绝的生物种源和具有重要科学价值的典型生态系统的基地。

目前，我国已建立野生动植物类型的自然保护区 520 余处。其中，广东的车八岭自然保护区、福建的武夷山自然保护区、江西的九连山自然保护区和井冈山自然保护区等均是以华南虎等珍稀野生动物为主要保护对象。

虽然我国现存华南虎的数字还难以准确掌握，但之前公布的数字则是令人担忧的。1988 年 6 月，在哈尔滨召开的“中国虎学术讨论会”上，专家们估计，我国野生华南虎仅存 50 只左右。

50 只，作为个体的虎是凶猛的，但作为一个种群则是脆弱的。

虎是喜欢独居的动物，但它从来不是独立的存在物。因为任何生物个体之间，生物个体与环境之间都有着密不可分的联系。

自然界是个整体。

生物个体离不开种群的群落，更不能离开环境而生存。

遗传学家认为，要保持大型动物种质特征，必须要在一定范围内容纳参与繁殖的 300 个以上的个体。

只有形成一定的种群密度，才能保存其遗传种质不至衰变。

人类不但承担着改造世界的责任，同时也承担着拯救自然的使命。

遗憾的是，人类总是不能摆正自己的位置，贪婪和主宰欲驱使我们拔掉了一个又一个的控制器。

实际上，从某种意义上可以说，人类是自然界最有害的动物。没有一种动物能够像人类一样，构成了对整个地球生态环境如此严重的威胁。

别再干蠢事了，给老虎和一切生物以生存的权利吧，因为这个世界不仅仅属于我们人类自己。

老虎雄风今犹在？

我似乎又听到了那久违的啸声。

“唔——”

“唔——”

老鹰谷的鹰

利川水杉 0001 号

相信自然

> 自然就是自然，但是，自然也是一切。
>
> ——题记

老鼠

民谚曰：船之将沉，鼠亦相弃。

——意思是说，老鼠具有未卜先知的本领，轮船启航前，如果有群鼠纷纷弃船上岸，那就预示着此船可能有灾难要发生了。不过，“泰坦尼克号”沉没之前，老鼠没有发出预警，因为“泰坦尼克号”是刚刚打造好的新船，头一次出航就与冰山相撞，遭遇惨剧。或许，船上的老鼠还没来得及出生呢。

2004 年印度洋大海啸发生前的头一天，有渔民遇见，海岸上有成批成批的老鼠向高山上转移。也有渔民看到，老鼠惶惶然往树上攀爬，“远看，黑压压，树枝都压弯了”。

然而，长期以来，老鼠与人的关系，一直不怎么融洽。“鼠目寸光”“贼眉鼠眼”“无名鼠辈”“狼贪鼠窃”“抱头鼠窜”——这些成语，话里话外透着厌恶和不屑。人讨厌老鼠，老鼠无时无刻不处在危险中。老鼠过街，人人喊打。因为老鼠总是在人的居舍打洞吗？因为老鼠总是偷吃人的食物吗？似乎也不尽然。

老鼠确实干了不少坏事。老鼠把草原搞得千疮百孔，老鼠把农田糟蹋得不成样子。老鼠在水坝上制造隐患，导致溃堤。老鼠咬破电缆的绝缘层，用含油的破布和火柴做窝，引起火灾。老鼠爬到电线开关上磨牙，造成短路，使整座城市陷入黑暗。本来嘛，猫是老鼠的天敌，可是，近年猫被老鼠欺负、猫被老鼠咬死的事情屡屡发生。自然的逻辑也要发生反转了吗？

更可怕的是，老鼠传播病毒，向人类发动鼠疫战争。人类，对老鼠充满了敌意。老鼠，从来都是人类诛杀的对象。可是，千百年来，老鼠的数量从来就没有减少，相反，倒有越来越多的趋势。真是怪事。

老鼠的繁殖能力和适应能力，超出我们的想象。地球上的老鼠有多少呢？没人做过调查，恐怕也无法调查到结果。然而，科学家却说，如果一对老鼠所生的后代全部存活，并且继续繁殖的话，那么，三年中，一个空间里的老鼠就能达到三亿五千万只。啧啧，这个数字是有点吓人呀。老鼠的生存几乎不择条件——寒舍、陋室、残垣、旷野、地下、水中、树上，都可以是它们的住处。

它们从不挑剔，往来随意，自由自在，其乐陶陶。

或许，城市里的老鼠要远远多于乡村。因为，老鼠发现，城市为它们提供了所需要的一切。越是人多的地方获取食物越容易。于是，越是人口密集的城市，越是老鼠的天堂。

事实上，我们对老鼠还知之甚少。且不说老鼠在科技试验和医学试验方面，以身试死，为人类捐躯，光是排除战争遗留下的地雷的英勇表现，就令我们自叹弗如。排雷鼠通过敏锐的嗅觉，能准确判断地雷所在的位置。排雷鼠排雷，就像摘西瓜一样简单，手到擒来，易如反掌，准确率几乎是百分之百。它们机敏灵动，挖掘本领强悍。一只排雷鼠 20 分钟的工作量相当于一支排雷工兵旅 5 天的工作量，而且安全、可靠、效率高。

排雷鼠——真棒！

对老鼠的敌意，分明是我们的问题，不是老鼠的问题。

我们应该放弃固有的傲慢与偏见，改变对老鼠的看法。蒲松龄讲的一个故事倒是挺有趣，不妨看看。

见二鼠出，其一为蛇所吞。其一瞪目如椒，似甚恨怒，然遥望不敢前。蛇果腹，蜿蜒入穴，方将过半，鼠奔来，力嚼其尾。蛇怒，退身出。鼠故便捷，欻然遁去。蛇追不及而返。及入穴，鼠又来，嚼如前状。蛇入则来，蛇出则往，如是者久。蛇出，吐死鼠于地上。鼠来嗅之，啾啾如悼息，衔之而去。

这段话不难懂，就不用翻译成白话了吧。

是的，在某些方面，人，不如鼠。

在十二生肖中，鼠列首位。鼠之后才是牛虎兔龙蛇马羊猴鸡狗猪。这并非古人胡乱排序，也并非老鼠窃取了子属，而是自然法则的选择。开天辟地之前，天地混沌一片。老鼠时近夜半之际出来活动，将天地间的混沌状态咬出一道缝隙。——渐渐地，缝隙里便有了鲜活的光。

当我们还在睡着的时候，老鼠却醒着，并且奔波忙碌着了。

有道是：鼠咬天开，黎明即来。

蟒桥

南方某山区，一寨子只有五六户人家，居于峭壁之上，一条刀劈斧削般的深渊，把寨子与外界隔绝了。寨人外出赶圩，只能走深渊之上横着的独木桥过去。深渊里常年积水，云雾缭绕，常有大蟒活动，身影隐隐约约。

此寨被称为“云端上的人家”。

民国初年，寨人还是刀耕火种，日子过得安稳，踏实。忽一日，暴雨狂泄，寨被水淹，深渊满盈，独木被大水冲走，寨人被困峭壁不能出。情急中，始见一黑影横卧深渊之上，搭桥救人。慌乱中，寨人相携相助自桥过，脱险。

回望之，寨人阿呆赶着耕牛正走到桥中间，耕牛惧之，腿抖不已，阿呆便用力推牛屁股，把耕牛强行推到对岸，耕牛无恙。然而，阿呆却用力过猛，不慎跌落深渊之水中，奋力挣扎。

“阿呆！”寨人惊呼。

呼的一阵风声，一道弧线横空荡过，将水中阿呆钩住，抛出深渊，阿呆得救。寨人定睛一看，那是一条大蟒的尾巴。原来，横卧深渊之上的“独木桥”便是那条大蟒。它将首尾两端分别缠绕在树干上，用自己的躯体搭成了一座桥。

寨人叩首，无不感激。

三日后，水消。寨人置木建桥于渊上，曰之蟒桥。寨人回寨，一切恢复如初。

是日，一蛇贩来寨，问：“此处有蟒乎？”寨人守口如瓶，半个字也未透漏。蛇贩不死心，说：“蟒皮制作二胡用，可高价收购。”阿呆看了一眼蛇贩，摇摇头。狡猾的蛇贩嘴角露出一丝不易察觉的表情。

傍晚，蛇贩悄悄来到阿呆家，掏出一枚“袁大头”银圆，对着嘴巴，用力吹了一口，嗡——回音响亮。蛇贩将“袁大头”置于案几上，不说话，走了。阿呆追出来，蛇贩摆摆手，照走。

次日傍晚，蛇贩又悄悄来到阿呆家，又掏出一枚“袁大头”，吹了一口，嗡——又置于案几上，起身告辞。这回阿呆没有追出来。

第三日傍晚，蛇贩又来了。阿呆家的案几上已经摆了三块“袁大头”。这回，未及蛇贩开口，阿呆说：“大蟒在深渊里。”

蛇贩哈哈大笑，又掏出一块“袁大头”，吹了一口，嗡——置于案几上。问计：“如何捕之？”

阿呆说：“须网捕。”

蛇贩说：“然！”

蛇贩回，昼夜结网，穿梭不歇。

又过了几日，蛇贩带网临渊，并有帮手同来布网。用活鸡做诱饵，蟒入网被擒。阿呆藏在一石头后面，不敢近前。蟒被装入铁笼中欲运走，蛇贩高声喊：“阿呆，蟒已被捉，你何惧之有？出来看看吧！”阿呆露出头来，往这边惶恐地张望。大蟒也睨了一眼阿呆，目光里充满了愤怒。阿呆双腿乱颤，不能移步。

突然，笼中大蟒张开大口，对着阿呆喷出一股黄色液体。阿呆惨叫一声，一只眼睛瞬间失明。阿呆心里愧疚，纵身一跃，投渊而亡。

这时，寨人闻讯，持刀抡棒赶来，将蛇贩缚之以绳，将铁笼砸毁，大蟒放生。大蟒爬出铁笼，簌簌而动。

倏忽间，晴天一个响雷，大雨滂沱。接着，大雾涌来，大蟒无影无踪。

象牙

20世纪60年代初。

西双版纳某傣族村寨。芭蕉掩映，鸡犬相闻，炊烟袅袅。

是日中午，寨民岩先勇正蹲在火塘旁抱着水烟袋，咕噜咕噜吸烟。岩先勇是傣族，面部黝黑，满口黄牙，头用黑布裹着，脚上穿一双草鞋。水烟袋是用粗竹筒做成的，竹筒是新竹筒，皮绿绿的，竹节与竹节对接分明。咕噜咕噜，岩先勇用力吸了几口，烟雾从鼻孔喷出来，在火塘上空停了片刻，就被梁上挂着的腊肉吸去了。

他的嘴巴从水烟袋的端口移开，用黑黑的大拇指将烟丝往烟锅里续填了几缕，按了按，然后，抬头看一眼那块黝黑的腊肉。腊肉上落着两只苍蝇，苍蝇的脚蹬了几蹬，就将腊肉上的一滴油蹬下来，落到了火塘的火里——噗！火苗炸开，升腾出蓝色的火焰，就像是一条龙在舞动。岩先勇咧开嘴，露出满口的黄牙，笑了。

忽然，只听得窸窸窣窣一阵响，哗啦一声窗子被推开了。接着，咣当自己又关上了。岩先勇起身看看，什么也没有啊，以为是风，就回到火塘旁抱起水烟袋，刚要继续吸，哗啦一声，窗子又开了。他惊得瞪大了眼睛——因为一只巨大的脚掌伸进了屋里，原来一根竹刺扎进了那个巨大脚掌的肉里。他立时明白是什么意思了，便放下水烟袋，双手用力把那个竹刺从粗糙的脚掌上拔了出来。那是一只大象的脚掌。

三天前，也是这头大象曾大闹寨子。

“野象来啦！”“野象来啦！”只听咔嚓一声，大象撞断了寨口一棵杧果树，接着，轰隆一声，一座谷仓塌了半边。大象挥动着巨大的鼻子，发疯似的横扫着面前的一切障碍。那对锋利的象牙，在阳光下闪着寒光。愤怒的大象实在是太可怕了！可是，它为什么愤怒呢？

这时，有人拿出破铜锣、洗脸盆一阵猛敲；也有人挥起锄头、砍刀、长矛，高呼杀杀杀；还有人端起老火铳朝天鸣放，企图把它吓走。然而，大象根本不害怕。它转身向人群冲去，寨人四散而逃。大象把人丢下的脸盆一脚踩瘪，然后嘭一脚踢出老远。

砍柴回来的岩先勇背着一捆柴进寨，正赶上壮汉们跟大象对峙。岩先勇知道，大象一般不主动伤害人，它今天进寨袭击人一定是有原因的。他摆摆手，让大家散去。他走上前去，把一串香蕉丢在大象面前。大象猛地挥起鼻子，在空中停留了片刻，就轻轻放下了，鼻孔嗅嗅那串香蕉，并没有卷起来吃。大象看了一眼岩先勇，眼神里透着某种哀伤。它晃了一下头，打了个响鼻，掉转身子，朝寨子外面的丛林走去。岩先勇暗暗注意到，那头大象走路时步履一晃一晃的，似乎是前腿的一只脚掌上有什么问题。

他万万没想到，三天后大象居然向他求助来了。

这会儿，岩先勇往拔出竹刺的脚掌伤口处敷了草药，然后进行了简单的包扎处理。那头大象却扑通一声跪在他的面前，这是干什么呢？岩先勇丈二和尚摸不着头脑了。不过，他从大象的眼神里看出，大象好像还有什么事情需要他帮助。莫非林子里还有受伤的大象吗？岩先勇便骑到那头大象的背上，大象慢慢起身，缓缓而行，驮着岩先勇沿着一条羊肠小路，向热带雨林深处走去。

小路旁边的荒草里，堆着圆滚滚的象粪蛋，一个个比人脑袋还要大。该消化的东西都吸收到了体内，未能消化的树籽草籽和粗纤维就排出了体外。一些种子经过了象的肠胃处理后，就很容易发芽了。大象在什么范围活动，就把种子播撒在什么范围。象粪蛋，也是甲虫最爱吃的食物。一个象粪蛋够一群甲虫享用几个月了。

不过，这头大象的肚子里有些空。竹刺造成的疼痛难挨，几天来它无心觅食，更没有排出一个粪蛋。

这下好了——脚掌上的竹刺拔出后，浑身舒坦了不少。当它驮着岩先勇走到一块林间空地上时，便停了下来，前面双膝跪地，岩先勇从大象背上跳了下来。只见大象开始用前掌刨地，用象牙掘地，渐渐地，土里就露出了三根白色的东西。

大象用鼻子卷起那三根白色的东西，送到岩先勇面前。

那是三根白色的象牙。

蛤蚌

长白山富儿岭有条河，叫富儿河，流向西南注入松花江。富儿河水流平缓，不急不躁。话说清朝光绪年间，有一支八旗兵，经此泅河调防。月夜，河面上人头攒动，马鸣啸啸，水中火光密如繁星。无人举火把，何来火光呢？俗语云：水火不相容。此河却水里有火，火里有水，众疑为怪。待过对岸后，回首依旧。

一个叫富尔汗的小卒张望良久后，悄悄跟首长报告说："此河必有珍珠！"

"何以见得？"首长问。

"水中火光即是珍珠所发。可入河捕之？"

"为甚不呢？准。"

富尔汗脱衣赤条入河，泅水奔火光而去。不多时，得蛤蚌而归，察蚌体内果然有珠。首长甚喜。传令兵员统统下河，按火光去采，得蚌无数，蚌蚌皆有珠。大者如鸽子蛋，小者如米粒。将官兵员皆欢腾不已。

为何富尔汗能由水里的火光判定有珍珠呢？这源于他对珍珠的了解。珍珠的形成，与蛤蚌的痛苦密不可分。

本来，沙粒是沙粒，蛤蚌是蛤蚌，两者没有必然联系。但是，富尔汗自小在河边长大，深识水性，也深谙捕鱼采蚌之道。他知道，沙粒无意间进入蛤蚌体内后，便会粘在蛤蚌硬壳里面的外套膜上。这时，蛤蚌的痛苦就开始了——它必须分泌出一种叫作珍珠质的物质来排斥沙粒，才能减少痛苦。然而，无论怎样排斥，沙粒是无法排出去了。这样，珍珠质就会不断分泌下去，日日，月月，年年。不断分泌的珍珠质将沙粒一层层包裹起来，珍珠就一点点形成了。

珍珠，一向被尊崇为珍品宝物。因争夺珍珠甚至爆发过战争——恺撒大帝于公元前55年发动的对英国的战争，就是他听说苏格兰的河里盛产珍珠。罗马时代，上层的贵妇均以拥有珍珠首饰为荣。

珍珠是会发光的，即便在水里，它也是会发光的。于是，寻光采捕即可得之。

事实上，蛤蚌本无太大价值，肉也不怎么好吃。我小时候，在河里捕过蛤蚌，肉抠出来，扔进锅里煮，结果越煮越硬，嚼也嚼不动。一恼火，就都喂鸭子了。我捕的蛤蚌，体内从未抠出过珍珠。可见，珍珠不是轻易就能得到的。蛤蚌就是蛤蚌，但它创造了珍珠，就不是通常意义上的蛤蚌了。也许，没有沙粒造成的痛苦，蛤蚌便不会产生珍珠。蛤蚌的生命及其价值，也因之珍珠的出现，而得以延伸，并有了美感和夺目的光彩。

那支八旗兵驻防后，以珠易银，充作兵饷，乐哉乐哉。

富尔汗有功，提拔为官。什么官呢？大概相当于现在连部管兵饷管伙食的司务长吧。

猴怒

太行山腹地，某林场。山高坡陡，森林广袤，也有猕猴、野猪、狍子出没。森林里的主要树种是油松，松果满枝，颗颗饱满。松果是好东西，籽儿可以育苗，也可以熟食。

每年松果成熟的季节一到，天刚放亮，林场职工就上山采摘了。出售松果是林场的大宗经济收入，林场上百号人口主要靠松果养活着呢。然而，令林场场长头痛的是，每年采摘松果都要发生一些事故。因为人工采摘必须爬树，稍不留神，就有人从树上摔下来。前前后后，已经摔伤二十余人，摔死的也有七八个了。断腿断臂的职工越来越多，没了男人的寡妇也越来越多。

在其位，谋其政。场长寝食难安——必须得改变采摘方式了。可是，怎么改呢？有人给场长出主意说，不妨让猴子上树去采摘，人在树下捡拾即可。场长一听乐了，说，这主意好。于是，弄来一批猴子，简单训练几天，就上树采摘松果，果然效果很好，甚至松果产量还多于往年。

场长走路也哼哼几句小曲了：“天上星星千万颗，树上猴子多又多，树上猴子干什么？它把松果抛小哥。”

某日，一个外号叫“瘪嘴”的职工跟场长神秘地报告说：“山上发现宝石？”

“什么宝石？”

“腊八蒜宝石。价格很俏！”

“腊八蒜？”

“不是腊八蒜，是像腊八蒜的宝石。”“瘪嘴”从兜里掏出一块宝石递给场长，场长接过宝石朝太阳看了看。

“嗯，还真有点像腊八蒜的颜色。哪座山上发现的？”

“断头崖。”

场长一惊，说：“那上面可是没人能上去。”

“不一定吧！”“瘪嘴”说，“今年松果是怎么采摘的？”

“断头崖上有猴子吗？”

“有，二十余只，是一个家族。这颗宝石就是猴子从崖上抛下来的。”

“问题是怎么让它们把宝石抛下来呢？”

“逮一只猴子，折磨它，激怒崖上的猴子，它们就会往下抛石头，这样连宝石也就一起抛下来了。”

“然，就依你计。”

次日，场长及“瘪嘴”等一干人，缚猴子一只，来到断头崖下。仰视之，果然崖上树林里有猴子簌簌窜动。嗨！嗨！嗨嗨嗨——呀！“瘪嘴”大叫几声，故意引起猴子注意。不多时，崖顶一排棕色的脑袋，齐刷刷向下看。

场长说：“动手！”“瘪嘴”一刀削掉所缚猴子的一只耳朵，猴子疼痛难忍，哇哇乱叫。崖顶群猴见之，一片喧嚣——吼！吼！吼！吼！吼！

随之，有零星石块投下来。

少顷，“瘪嘴”又手起一刀，猴子的另一只耳朵也被削下来。猴子头部鲜血直流，哀号不已。“瘪嘴”捏着削下来的猴子耳朵，晃了晃，故意给崖顶的群猴看。这时，崖顶的群猴被彻底激怒了，吼声如潮，石如雨下。

崖下，场长等一干人未及拾起宝石，就抱头鼠窜。慌乱中，“瘪嘴”躲闪不及，被一枚石块击中了嘴巴，满口牙齿只剩下一颗。

从此，“瘪嘴”的嘴巴便彻底瘪了。

黑蚁

广西中越边境。一个叫四郎的山民以采药为生，也搜集野蜂蜂巢和蚁卵出售。这天四郎带着儿子阿醒在深山里采药时发现了一个巨大蚁穴，四郎面有喜色，因为凭经验可以判断，蚁穴里一定有不少蚁卵。

鸡生鸡蛋，蚂蚁生蚂蚁蛋。

蚁卵，就是蚂蚁生的蚂蚁蛋。不过，这个蚂蚁不是普通的蚂蚁，而是黑蚁。黑蚁身躯壮硕，颜色深黑，而且有一排锋利的前牙。此蚁凶狠无比，遇敌必置其于死地，不留活口。蚁卵，是一种高蛋白食品，强肾健脾，在国际市场上紧俏，价格不菲。据说，迪拜的高级酒店里的“墨西哥鱼子酱”，其实不是鱼子酱，而是蚁卵酱。

四郎知道黑蚁凶狠，能杀人。但四郎更知道，蚁卵是好东西，能给他换来钞票。况且，他是“老山里通”了，自有对付黑蚁的办法。四郎脱掉衣服和裤子，防止黑蚁钻进衣裤里咬他。他顺手将衣服和裤子挂在旁边的一棵树上，赤条条趴在蚁穴洞口，用药铲挖掘洞里的蚁卵，并将蚁卵装进竹篓里。儿子阿醒站在洞穴外面，手持一个长树枝，不断清扫爬到阿爹四郎身上的黑蚁。还好，已经采集半竹篓蚁卵了。可是，这时发生了意外——一条蛇从后面袭来，咬了阿醒一口，阿醒毒性发作，昏迷倒地不省人事。

然而，贪心使然，四郎只顾埋头采集蚁卵，身后发生的事，竟全然不知。

当他感觉到全身刺痛时，叫了一声：“阿醒！”没有回应。他又叫：“阿醒！阿醒！”还是没有回应。四郎回头一看，儿子已经躺在地上，他大吃一惊，拔腿就跑，可是哪里还能跑得了——他的全身已经爬满黑蚁，身上沉得像一座山压着，不能透气。黑蚁疯狂啃咬，如同万箭穿身，他重重地跌倒了，眼前一片漆黑，什么也不知道了。

次日，当巡山人发现四郎和阿醒的时候，看到的只是两堆骸骨，还有零零星星的黑蚁在骸骨上爬来爬去。空中有黑蝇乱舞，起起伏伏，密集得如同飘动的破布。之前，一只穿山甲在蚁穴洞口舔食了竹篓里的蚁卵，吧唧吧唧吧唧。那是四郎慌乱中遗弃的，不消半个时辰，竹篓里已经空空如也。一只小崽慵懒地趴在穿山甲的尾巴上安然地晒着太阳。

那棵树看见了一切，但默默无语。

四郎的衣服和裤子，还在枝丫上挂着，风一吹，衣角和裤脚微微动一动，就又静了。

其实，黑蚁能要人命，也能救人命。

早些年，我老家一位叫“二德子”的人得了一种奇怪的病——腿关节部位溃烂，流脓流血不止，奇臭难闻，人都不能自己站立。他家庭困难，一直没钱治病。后来村里人给他凑了些钱，让他赶紧治一治。他父亲把他背到医院，医生诊断后摇摇头。无奈，他父亲流着眼泪只好又背上他回家。他自己也不抱什么希望了——等死吧！

背他回家途中，他父亲实在太累了，就把他放到一块石头上喘口气，歇歇脚。谁知他屁股底下的石头旁是个黑蚁穴，黑蚁瞬间就爬满他的大腿，猛咬关节处的溃烂部位。他父亲忽然想起，好像有人说过，黑蚁能治病，那就不妨试一试吧。于是，他就狠狠心任由黑蚁啃咬。“二德子”疼得哇哇乱叫，后来就昏迷过去了。

“二德子”醒来时已经是次日清晨了。

奇迹出现了——他的病腿关节处奇痒无比，但脓和血却不再流了，臭味更是没有了。几天后，溃烂的地方长出新肉。“二德子”竟能双腿站立了，并且走路健步如飞。再后来，“二德子”当兵去了，还成了部队里的特等射手。

奇不？

长嘴

某林区。护林员老孟巡山时，眼见两只长着獠牙的公野猪在打架。大个的长嘴，略小个的花腰。它们翻腾着厮杀，几个回合下来难分胜负。獠牙撞击声，咔咔咔！很沉闷。是争夺地盘呢？还是争夺某个母野猪呢？老孟很好奇，干脆坐在一根倒木上看个究竟吧。

两只野猪打架太过投入，根本就没在意不远处有一双眼睛在看着它们呢。野猪打架用的武器就是獠牙，一挑，一撅，一扫，一拍，招数不多，主要看哪个更有耐力。

老孟看呆了。

只见“花腰”急速向悬崖奔去，“长嘴”以为“花腰”力气不支，败走了，哪里肯放过呢，便疯狂追赶。追到悬崖边上时，突然“花腰”一闪身，“长嘴”扑空了。——直接扑到悬崖底下，没影了。

那悬崖足足有五层楼房那么高啊！

“呀呀！不好！”老孟大叫一声，“花腰真坏！”叫声惊动了“花腰”，它看一眼老孟，掉头就跑，几秒钟后就消失在山林里。老孟起身，三步并作两步跑到悬崖边上向下看——崖底全是灌木丛，扑下去的“长嘴”砸断了很多灌木，躺在地上。

老孟急火火赶到崖底，一摸“长嘴”的鼻孔，已经断气了。

于是，老孟喊来几个护林员，大家七手八脚把“长嘴”抬回了林场场部。场长见之，高兴不已，说：“好啊！改善伙食！”就命人在场部的院子里，架起一口大锅，柴火烧得旺旺的。嘴里叼着烟袋杆儿的老人，怀里抱着娃娃的少妇，鼻孔淌着黄鼻涕的小孩也赶来看热闹，院子里洋溢着欢声笑语。

大锅里的开水烧得翻滚，热气腾腾。

“来来！把野猪放到锅里煺毛。”场长撸起袖子，指挥几个小伙子下手抬野猪。哪知，“长嘴”放进锅里，被滚开的热水一烫，激灵一下，居然活了。它嘴里喷着白沫子，从锅里翻身跳起来，一下蹿到地面上，接着，又连续蹿了几下，就蹿到场部大院外面，眨眼间，就钻进一片玉米地，逃遁了。

“找！”

场长带着老孟等人在玉米地里进行了地毯式的搜索，直到太阳落山，也没找到“长嘴”的踪影。场长看看时候不早了，就摆摆手，收工吧，各回各家。唉，野猪肉没吃成，大家很是沮丧，但也没办法呀。

半年后，老孟发现，夜里总有个黑影时不时潜入林场家属区，猪圈里的猪哼哼几声也就没有动静了。但奇怪的是，并没有发生什么偷盗案件，老孟也就没有声张，更没有跟场长报告。

次年开春，林场职工家里养的母猪，都莫名其妙生出一窝小野猪仔。那小野猪仔个个长嘴，欢实，性野，浑身还有一股松油子味儿。

猫鱼

沈阳之北，巨龙湖。岸边一老者持杆垂钓。屁股坐在香蒲团上，眼睛东看看，西看看，很放松的样子，可是他的心思全在那钩上。此翁是垂钓高手，远近闻名。

我在一旁静静观察。人钓鱼，我看钓鱼的人钓鱼。钓鱼的人，睨一眼，也觉察到，一个看钓鱼的人在看他。

老者钓的鱼都是猫鱼。顾名思义，猫鱼即头部及形体像猫的鱼。酱炖，清蒸，味道好极了。奇怪得很，在巨龙湖岸边垂钓者无数，猫鱼独独上此翁的钩。老者身后等待买鱼的人，排成长队。蜿蜒数里有点夸张，十几米长还是有的。

老者钓猫鱼，猫鱼钓喜欢食猫鱼的人。猫也喜食猫鱼。未见猫，猫在钓猫鱼人家里的沙发上睡觉呢。

说到猫鱼，我想起小时候的一件事。某年夏季，大雨滂沱，三天三夜不停。爹忽闻院里有啪啪啪起跳之声，观之，是三条猫鱼在雨中的地面上快活得乱蹦。怪哉，宅院附近无河无溪，也无塘坝，鱼从何来？一解，雨稠，即为空中的河，猫鱼可翔之；一解，空中的鸟，遇暴雨，即变做水里的猫鱼了。

爹讲这个故事那年，我七岁，听得瞪大眼睛。

凿穿

清光绪年间，一采药人在长白山采药时，遇雨，便就近闪进一山洞避雨。扑棱棱有一四翼鸟从洞里飞出，长啼一声，余音在洞内回荡，久久不消。须臾，四翼鸟又飞回洞内。地球上，唯长白山有此鸟。嘴短，羽白，身长三寸，头大于身。鸟有四翼，前两翼长，后两翼短。

采药人深感奇异。

幽暗中，谨慎深入，探之。忽然间，面前光明一片，明如白昼。石玲珑，状如晶。洞中有潭，水青碧，深不可测。水中有鱼，曰之倒鳞鱼。雌鱼鳞层逆身而长，全身赤白色，善于跳跃。采药人徐徐往前，见四翼鸟栖于石柱上。欲捉鸟，石室里却有人走出，躯长三尺，体形古怪，衣衫甚朴。

问："作何？"

答："凿地球者。奉地皇之命，凿穿地球，以资老虎来往飞鸟迁徙便捷也。"

问："那要多久才能凿穿？"

答："八千年。"

问："地球有多厚？"

答："取直线计，九万万里有余。"

问："多久凿穿？"

答："凿之恒久，必穿也。"

未几，采药人惊惧，奔返。

若干年前，我去长白山，遍寻沟谷山林河溪，终于找到了那个通往地球另一端的洞——"仙人洞"——位于长白山七星湖北十公里处。洞里产红石，色如琥珀。未见凿洞人，未见四翼鸟，未见倒鳞鱼。

"可有乎？"我问当地朋友。

“或许有吧！”

话音未落，太平洋上间续传来哀鸣声，如同女人绝望的恸哭——呜哑哑哑！呜哑哑哑！令人惊悚。探测之，声音来自大洋深处，再探，声音来自两万米大洋深处。坐标定位，此处即为马里亚纳海沟。

马里亚纳海沟正在开裂，咔咔咔！咔咔咔！随之，海水被裂缝喝进去了，海水与空气的摩擦即产生哀鸣之声——呜哑哑哑！可是，喝进去的海水怎么消化呢？地球的肚子会不会胀破呢？

看来，凿穿确有必要——但不是地球，而是人内心的贪欲——至少心里的恶念、阴暗、龌龊、污浊应该排泄出来。否则，要小心胀破肚皮了！

老屋

大别山脚下燕庄。

若干年前搞新农村建设，呼啦啦，村里土坯旧房全部拆除了，盖起统一标准的砖瓦结构的新屋。一幢幢，一户户，一家家，左看一条线，右看一条线。然而，村头大榆树底下一座老屋却没拆，墙上写着一个大大的字——拆！不过，近前仔细一看，“拆”字后面，还有两个字——不得！笔画瘦，薄，但很坚韧。从字迹看，“拆”是一个人写的，“不得”是另一个人写的。三个字连起来念——拆不得！

一年夏天，我途经燕庄，看到这座老屋，引起兴趣。直觉告诉我，这座老屋一定有什么故事。不妨探访一番，了解一下情况。轻叩柴门，一老人家开门将我迎进屋里。老人家姓许，70余岁——就叫他许爹吧。

“别人家都住上了新房，你家的老屋是不是也该拆啦？”

“不能拆！”他指着屋顶让我看，“拆了，你说这东西该咋办？”

我抬头一看，怔住了。

屋顶房梁上居然有好几个燕子窝，每窝都有七八个粉红色的小脑袋露出来，唧唧唧唧叫个不停，透着顽皮和几分稚气。我数了数，一共七窝。大燕子在屋里穿梭，飞来飞去，不断把捕到的蚊虫衔到窝里喂食雏燕。屋外的大燕子急匆匆飞进来，收拢翅膀，稳稳落在窝边上，动作轻盈准确。霎时间，窝里的小脑袋们吵闹着伸长了脖子，张开口袋一般的小黄嘴，争着要吃的。

燕子妈妈嘴对嘴把小虫子送到小黄口袋里。小宝宝急不可耐，三下两下就吞咽下去。然后，吵闹着再要，直到吃饱，就静静地趴下了，藏起来了，小脑袋就隐了，不再露出来了。而大燕子呢，就箭一样飞出，接着觅食去了。

“好啊！这么多燕窝，这么多燕子。”我忽然想起了小时候，大人让猜的一条谜语：嘴像红辣椒，尾像剃头刀，天天都在土里宿，离土还有丈八高。谜底就是燕子窝——用泥垒成的，垒在离地一丈八尺高的屋梁上。

“过去，燕子垒窝不愁。一搞新农村建设，老屋全拆了，燕子没处安家了，就挤到我家这座老屋来了。”

“新屋不是一样能筑巢吗？”

“怎么垒窝啊？新屋前脸后腰是个四方块儿，屋顶悬空，全硬化了，不露梁，不露檩子，不露椽子，全封闭了，风都不透，燕子根本无法垒窝，即便垒窝了，光滑滑的也挂不住。”

我不语，觉得老人家说得在理儿。

“我们村之所以叫燕庄，是因为自古这里就是燕子的老家。早先，村里 70 户人家，有 60 户住着燕子，每年都有上千只燕子出生。燕子年年回来，吃害虫护庄稼，是功臣呢！可是，现在呢，全村的燕子就剩下我家这七窝了。”老人家越说越伤感，眼眶也湿润了，“如今，盖房子光考虑气派、洋气，人住着图舒服，根本不考虑燕子的垒窝问题。这是不对的。自古人燕同居，共存共荣。可是，人过上了好日子，却把燕子甩了。

老人家问我：“见过龙吗？”我摇头。“见过伏地龙吗？”我再摇头。

“我这老屋里好东西多着呢！我带你看看。”老人指着老屋的灶台，说，“喏，这底下就是。”

原来，乡村老屋的灶口，都是烧柴的。木柴、秸秆、蒿草等木本草本可燃物，均可当柴。柴烧出的东西叫火龙，火舞动，龙就是活的。火熄了，龙就伏于土了。

年头久远的老房子，灶台固然也就老。

老灶台灶底中心烧得最红的那一块土，就是伏龙肝。老人家说："这不是我说的，是李时珍说的。伏龙肝有什么用呢？伏龙肝是一味中药，专治腹痛、腹泻、便血，灵验得很，几剂就可治愈。"他长叹一声，"可是，如今呢？唉！"

是呀，乡村的灶口已经很少有烧薪柴的了，都改成烧天然气，啪，一点火，蓝色的火焰就燃起来了。省时省力，不用去搞柴了。

伏龙肝渐渐退却到药典词典里了，其物渐渐难寻了。

告别老人家，告别老屋，我的脑子一直想着一个问题——在现代化进程中，我们一路丢掉的东西，还少吗？恐怕远远不止燕子，不止伏龙肝吧。

倏忽间，两只燕子从空中飞过，呢呢喃喃，掠过大榆树的树梢，便落到了老屋屋脊的老瓦上了。它们明年还会回来吗？即便明年能够回来，老屋还会在吗？

走出很远了，我又回望了一眼老屋墙上那三个字——拆不得！

虎威

何谓虎威？这个问题不太好回答。

还是从虎说起吧。古人认为，虎一生只产一胎，生一子者为虎；生二子者为一虎一豹；生三子者为二虎一彪。彪，似虎非虎，比虎凶，比豹猛。彪，谁见过？

没见过也不要紧，世上有凤凰吗？但有凤凰牌自行车。世上有龙吗？但有龙的传人。

虎性格孤僻，独来独往。每只虎都有自己的疆域，以虎尿和"挂爪"留痕划定疆界。"一山不留二虎"——这里的虎，应该是指雄虎。雄虎疆域意识极强，绝对不许另一只雄虎侵入自己的疆域，否则将有一场恶斗。

虎是山林中的王。虎啸能使百兽胆寒。它行走时步履稳健，步态里充满底气和自信。或许，这种底气和自信，是源于它利齿利爪利尾的无比强悍吧。

昔时，长白山林区常有药商出没，收购虎骨。虎骨与牛骨放在一起，绝难区分。有猎户图高价，屡用牛骨充虎骨。然而，药商自有办法。什么办法呢？让狗来鉴别——将骨头抛给狗，狗叼起来就走，一准为牛骨。反之，狗不敢近前，且哀鸣不已，夹尾远遁。此骨，必是虎骨了。

也有驯马者，用虎肠做马缰的。虽为烈性桀骜之马，可一旦戴上虎肠马缰后，四腿乱抖，浑身虚汗，纵使再大的脾气，顿时尽消。

未见虎，威却在——此乃虎威也。

醒

某年农历正月初二，晴空万里。寂静的兴凯湖突然发出响声，轰隆隆如滚雷。接着，冰面出现裂缝，咔咔咔！接着，冰面断裂，咔咔咔！嘭嘭嘭！嘭嘭嘭！接着，冰块开始移动，挤压，翻滚，排山倒海。巨大冰块被看不见的强力野蛮推上岸，吞没了沙滩，吞没了草木，堆积成山。

当地老辈人曰："从没见过此种情况。"

也是某年农历正月初二。距武汉 60 公里处黄陂水域里的鱼，惶惶然，惊恐万状，跳跃之。鱼冲岸，僵挺挺，白花花，放眼无数。人拾鱼，弯腰即得。

将要发生什么事情呢？鱼知晓了什么？

该发过的水似乎都发过了。乾隆二年，也就是 1737 年，黄陂蛟起，大水冲堤。清道光二十九年，即 1849 年，长江发大水，黄陂县城被淹。舟入市，城墙坍塌，东西北面尤甚。1954 年，长江发大水，浪涛翻滚，鱼游屋顶，船行树梢，县城水深超两米，商贾不通。

还要发水吗？鱼，到底知晓了什么？

熊胆

如今，熊是国家保护动物，不可非法捕猎。在北方林区，黑熊都有冬眠的习惯——俗称“坐洞”或者“蹲仓”。

20世纪80年代，一位鄂伦春猎人告诉我，黑熊所蹲的“仓”有两种形式。一种是洞口在树干的顶端，即“天仓”；一种是洞口在树干的根部，即“地仓”。猎取洞中之熊，曰之“揣仓”。猎人弄清仓里情况以后，向仓里投掷木块，熊被惊醒后，就把木块垫坐在自己屁股底下。再投，再垫，逐渐增高。待到熊头部与洞口齐平的时候，用钢叉刺之。或者，用大木块塞住洞口，从旁侧钻孔，钢叉刺之。之后，伐倒洞树取熊。还有一种方法，猎人先用大斧猛击树干，震醒里面的熊，驱赶它从里面出来，此谓“叫仓”。待熊大半身子探出仓外，再及时射击，将其击毙。“叫仓”的关键是掌握时机。如射击过早，熊会退回仓里。若过迟呢，熊冲出洞外，猎者就会有被熊抓伤的危险。

当然，鄂伦春猎人讲述的猎熊的故事，都是从前的事情了。

不可思议的是，熊在冬眠时消耗了大量的脂肪，却没有任何排泄物，熊仓里干净得出奇。熊在冬眠时，不管膀胱里胀满了多少尿液，全部都被自己吸收回了体内。至今无法搞清，它的尿液回到体内，又是怎样处理的呢？

长期以来，人们认为熊身上最有价值的东西有两个：一个是熊胆，一个是熊掌。清代，熊胆和熊掌均被朝廷列入纳贡之物。据说，乾隆最爱吃熊掌，一顿能吃两个红烧熊掌。咯吱咯吱，有嚼头。

往前说，孟子那么有学问的人，当鱼与熊掌不可兼得的时候，宁可舍弃鱼，也要得到熊掌。熊掌好吃吗？没吃过，不得而知。今人莫要想这口了，吃是违法的。切记。

至于熊胆，主要在于它的药用价值。不同季节的熊胆，胆汁的成分不同，价值也就不同。早年，林区人常以“草胆”“铁胆”“铜胆”来划分熊胆的价值。

“草胆”是熊冬眠之前大量进食阶段的胆，胆汁成分交杂，呈绿色，药用价值是最低的。当大雪封山后，熊停止进食开始“蹲仓”，进入冬眠，胆汁慢慢变成铁青色——“草胆”转化成“铁胆”。熊的冬眠进入到三九天时，熊身上的能量消耗已经快到极限了，胆汁呈“红铜色”，品质达到最佳状态，此为熊胆极品——“铜胆”。

在《本草纲目》中，李时珍对熊胆的药用价值有过详尽描述，归结起来，无非是熊胆苦寒无毒，治恶疮，退热清心，平肝，明目去翳。估计当时李时珍预见到了日后熊会遭到大量捕猎，于是把熊胆替代品，也一并交代清楚了。替代品是什么呢——“粪坑底泥”——“发背诸恶疮。阴干为末，新汲水调服，其痛立止”。

瞧瞧，成本多低呀！无须去药铺抓药，自家有粪坑就解决问题了。只是气味可能不怎么好闻。当然，这都是从前的事情了。如今，不要说城镇，即便是乡村，粪坑也难找到了。

猞猁

吐痰成钉，撒尿成冰。

冬季，大兴安岭林区。天，嘎嘎冷。

一只饥肠辘辘的猞猁溜进林场职工老马家的鸡舍，叼起一只芦花鸡，就蹿到墙上，拟逃之。芦花鸡哀鸣不已，翅膀扑棱棱奋力挣扎。

老马出门一看，怒火满腔，抄起一根烧火棍，杀将过来。猞猁叼着芦花鸡腾地一跃，一条弧线就划向了后山。老马哪里肯放过呢，撒丫子就追。猞猁隐入一条石洞里，发出撕心裂肺的嚎叫。趴石洞口往里望，里面黑咕隆咚，什么也看不见。只是，里面有动物呼吸吐出的热气挂在石洞洞口成了白白的霜。

老马用烧火棍往里捅了捅，似有软乎乎的感觉，但烧火棍无论在里面怎样乱搅，那猞猁就是不出来。

这时，老马九岁的儿子闻讯，也呼哧呼哧赶来了。

老马把烧火棍往儿子面前一戳说：“往上撒尿！”儿子哈着气，就往烧火棍上撒了一泡尿，末了，还打了个激灵。老马把烧火棍迅速插到石洞里，用力拧。拧拧拧。在拧的过程中，烧火棍上的尿液已经结冰，并把里面猞猁的皮毛紧紧粘住了。最后，老马猛地一用力，把猞猁拉出了石洞。定睛一看，不是猞猁，是一只獾。不对啊！明明看到是猞猁叼着鸡钻进去了，怎么拉出来的是獾呢？老马忽然想起来了，獾有冬眠的习性，也许，獾早就在里面呼呼睡大觉呢。

老马往烧火棍与獾粘连的部位踹了一脚，烧火棍与獾就分离了。獾就颠颠跑了。

老马把烧火棍又戳到儿子面前："再撒！"儿子脸憋得通红，撒出几滴，再抖，就没了。无奈，老马只好背过身去，自己来，哗！一泡大尿出来了。老马迅速将烧火棍插到洞里，再拧，拧拧拧。再用力一拉，可拉出的又是一只獾。

到底有几只獾呀？老马有点蒙圈了。如此这般，这般如此，獾又放生了。

看来用"撒尿"法不行了——因为儿子没尿了，自己也没尿了。得换个法子了。他吩咐儿子说："去，回家取一条麻袋，一个麻雷子。"麻雷子就是一个响的爆竹。一入冬，林区家家都备这东西，时不时就放几个，让日子过得有点响动。也有鞭炮，也有"二踢脚"，也有烟花，也有"钻天猴"。

很快，儿子呼哧呼哧返回来了，将麻袋和麻雷子递到老马手上。"麻袋你先拿着，等一会儿捂洞口用。"老马一边说着，一边掏出火柴，嚓——就把麻雷子的捻点着了，顺手就投进洞里，然后，扯过儿子手里的麻袋，用麻袋口把洞口就捂上了。只听嗵一声闷响，麻雷子就在洞里爆炸了。啪啦啦！一个东西就钻进了麻袋里。

"可逮着你啦！"老马把麻袋口收紧，生怕里面的东西跑了。老马背起麻袋刚要转身，洞口又欻地蹿出一个东西，三两个跳跃，就钻进了后山的林子里——是那只猞猁。

麻袋里是什么呢？老马更蒙圈了。

不会又是獾吧？老马打开麻袋口一看——是瑟瑟乱抖的芦花鸡。好家伙！芦花鸡，居然还活着。

臭鼬

臭鼬以臭著名，臭是它的防身武器，也是它的生存本领。长着黑白斑纹的臭鼬，即便狮子、豹子也离它远远的，不惹麻烦。一般来说，臭鼬白天睡觉，晚上外出觅食。它吃昆虫，吃青蛙，也吃鸟和鸟蛋。

其实，臭鼬从不主动发起攻击。当它判定对方靠近自己有一定危险的时候，就会伏下身子低下头，竖起尾巴，用前爪跺地，啪啪！啪啪！发出警告。警告未被理睬，它就会很生气。接着，它就呼呼喘着粗气调转身子，翘起尾巴，喷出刺鼻的臭屁气液——噗！

此臭，可造成对方眼睛短时间失明，甚至昏厥。

好家伙，距离五米内，它的臭屁气液可以准确击中目标，从不失手。厉害！

恶臭可在一公里范围内弥漫，久久不散。

有一种说法认为，臭鼬只有前面双爪蹬地时，才能喷出臭屁气液，一旦前面双爪悬空，它就喷不出臭屁气液了。一位动物学家做了一个实验，他趁臭鼬不注意时，欻地一下把臭鼬倒提起来，使其前后四爪都处于悬空状态，可臭鼬照样噗的一声喷出臭屁气液。

一般来说，臭鼬只在森林、荒漠和草原活动。不过，饥饿难耐之时，臭鼬也会蹿上公路觅食，但后果往往是悲惨的。面对驶来的汽车，它也是用先警告后喷臭屁气液的套路，希望把汽车吓走。可是，蛮横的汽车哪里吃它这一套呢？一脚油门冲过去，它就成了肉饼。

臭，不是万能的。在所谓的现代文明面前，臭鼬的臭救不了自己。

然而，话说回来，把它碾成肉饼的汽车基本上也就不能要了。因为汽车前盖上是臭鼬的臭，前灯上是臭鼬的臭，车轮上是臭鼬的臭，挡风玻璃上是臭鼬的臭，后视镜上是臭鼬的臭，车门上是臭鼬的臭。

臭鼬的臭，瞬间吞噬了汽车的一切。洗不掉，漂不掉，擦不掉，刮不掉，剜不掉。

汽车成了臭车。

雁落

三江平原。天高地远，甩手无边。

风力发电机涡轮叶片，有气无力地转动着。似乎缺乏睡眠，不在状态，精神不饱满。也有的干脆不转，发呆。

然而，虽然有气无力，甚至发呆，但它却能创造出电。

远看，平原上的风力发电机群，像秋天收割后的高粱茬子，一垄垄，一排排，一座座。换个角度观之，也有点像古代军队的布阵，横一队，竖一队，横竖交叉又一队。刀枪剑戟，杀气腾腾。

风力发电的原理是什么？我哪里能说清楚呢。不过，不管什么原理，有一点可以肯定，那就是——抓住风，狠狠折磨风，狠狠压制风，然后，使风的野性子爆发出来，就转化成了电。风发出的电，即风电，还有一个优雅的名字——清洁能源。

地球腹腔里越凿越空了——煤凿出来了，石油凿出来了，矿石凿出来了，有用的东西，无用的东西，还有什么没凿出来呢？凿凿凿！如此这般地凿下去，地球腹腔迟早要塌瘪下去了。风电，对凿说不。风电的出现，带给我们意外和惊喜。

空气是空气，风是风。空气流动起来，就成了风。风，心情好的时候，就是微风；心情糟糕的时候，就是狂风；愤怒的时候，就是飓风，就是台风。风，是好东西，也是坏东西呀。风电呢？当然是好东西中的好东西。

然而，在风力发电机下，张田俯身拾起一只死去的大雁，看着血糊糊的翅膀和雁头，很是伤感。三年来，这是他在这座风力发电机下第 27 次拾起死去的鸟了——累计起来：33 只。不光是大雁，也有猫头鹰、游隼、海雕、野鸭、山雀、长嘴滨鹬、白天鹅。

一般来说，大雁总是飞得很高，而且飞行平和，无声无息。它怎么就被风力发电机涡轮叶片绞杀了呢？

群雁飞行井然有序，在动态中保持一种队形，舒缓向前。雁队排列成阵，可以减少空气的阻力，又可以减少飞行的疲劳。或者是“人”，或者是“一”。

头雁位于“人”的顶端，最先劈开空气，它是雁队的领袖。但头雁也不是固定的，若是体力不支，过于疲劳，就退后跟队休息，换上其他状态饱满的雁轮流在前面开道。

张田拾起的那只被涡轮叶片绞杀的雁，是雁队的头雁吗？还是掉队的孤雁？

张田是一位自然摄影爱好者，经常在这一带观鸟、拍摄。据他观察，风电基座附近一百米范围内，物种远低于更远一些地方。风力发电机涡轮叶片对鸟类的绞杀，主要是在大雾天、雨雪天以及狂风肆虐的天气里。这些糟糕的天气，很容易影响鸟飞行时的视线，造成误撞。这一带的风力发电机群，每年至少造成多少只鸟丧命呢？当然，张田是做过调查的，数字是多少呢？我想，我就不具体讲了吧。数字背后全是血糊糊的生命。

不过，我倒是掌握美国的数字。美国因风力发电机涡轮叶片绞杀而导致死亡的鸟类——每年 60 万只。有关人士多次到白宫门前抗议，但美国政府根本不予理睬。

“不要指望他们能够解决问题，他们本身就是问题。”我忽然想起了这句话。生态恶化与能源短缺之间，也许，没有必然联系。但是，在开发新能源的过程中，怎样尽量减少悲剧的发生，确实不能无视这个问题了。

张田告诉我，他小时候家里养鹅，有 25 只。有一天，放鹅回来，数数，26 只。搞错了吗？怎么多出了一只呢？他又数一遍，还是 26 只。他仔细一看，鹅群里多了一只黑嘴壳子的灰鹅。那只灰鹅翅膀受伤了，不知从何处何时混入了他家鹅群里。他的母亲给这只受伤的灰鹅上了药，还精心包扎了伤口。一段时间后，灰鹅的伤痊愈了。令人意外的是，灰鹅居然还悄悄产下了四枚蛋，接着，孵出了四只小灰鹅仔。小灰鹅仔毛茸茸的，头上没有肉瘤，脚蹼和腿部是乌黑的，嘴壳子也是乌黑的。特别是，在颈项的背侧有一处明显的灰褐色羽带，叫声敞亮。

“嘎！嘎！”某天，当灰鹅听到了空中的雁鸣，竟扇动翅膀腾空而起，飞上蓝天加入雁阵的队伍中，远去了。

原来，它不是家鹅，而是一只野生的大雁。

“碧云天，黄花地，西风紧，北雁南飞，晓来谁染霜林醉，总是离人泪。”王实甫的唱词写得总是那么哀婉。

当然，鸟被风力发电机涡轮叶片绞杀现象，离“物种毁灭”这样的词还相距甚远，中间隔着许多东西呢。然而，全球变暖、海平面上升、冰川解体、病毒肆虐、物种巨减等地球衰败的一些迹象却日渐显露，已是不争的事实了。全球约有1400万种生物，而因人类活动每天就有3种生物在地球上灭绝。当物种一个一个消逝的时候，人是多么孤独呀！该怎么办呢？

——能怎么办呢？

“嘎！嘎！”雁鸣提醒我们，又一个春天来了。天空中一会儿是“一”，一会儿是“人”。但愿它们能躲开那些风力发电机涡轮叶片，一路平安！

“天空没有留下翅膀的痕迹，但是，鸟已经飞过了。”

金粒

胭脂沟是一座金矿。

早年间，有金矿的地方必有商铺、钱庄、酒馆、客栈、妓院、澡堂子。宝贵是半分利酒馆里的伙计，长得白白净净的，深眼窝，高鼻梁，卷头发，留着长长的胡须。宝贵脖子上搭一条白手巾，手脚勤快，做事麻利，深得陈掌柜赏识。陈掌柜女儿招娣对宝贵也颇有好感。

有人问宝贵是不是有俄罗斯血统，他用搭在脖子上的手巾擦擦额头的汗，只是笑笑不言语。宝贵话很少，更不聊自己的私事。

来半分利酒馆吃酒的多半都是淘金人。那时，来酒馆消费的淘金人都有一个砂金袋，吃完了结账。一盘牛肉，一碟花生米，一壶烧酒，几样加起来基本上就是一捏砂金。满嘴酒气的淘金人打着酒嗝，解开砂金袋，宝贵的细长手指伸进去捏出一捏砂金，然后呢，宝贵再把砂金如数交给掌柜的就算妥了。每次捏完砂金，宝贵都要理理胡须，用手巾擦擦手，给淘金人鞠一躬。

晚上回到住处，宝贵都要用一脸盆的水，把胡须细细洗一遍，把手巾细细洗一遍。每次水倒掉之后，脸盆底部都能淘出几粒砂金。

一天傍晚，酒馆里来了几个哥萨克淘金人，吃酒后闹事，砸了两个酒坛子，掀翻一张桌子，碟碟碗碗搞了一地，不给酒钱不说，还对招娣动手动脚的。宝贵看不下去了，冲上去三拳两脚就把几个哥萨克人打得满地找牙。陈掌柜万万没想到，宝贵还有如此身手，问："在哪儿学的功夫？"宝贵笑笑，不言语。招娣水汪汪的大眼睛，一会儿瞟一眼宝贵，一会儿瞟一眼宝贵，跟以前更不一样了。

然而，宝贵跟从前一样，干活从不吝力气。金矿也有来订餐的，需要伙计拎着食盒送过去。这差事都是宝贵的。不过，每次去金矿之前，宝贵都要悄悄换上一双草鞋，回来把草鞋放到脸盆里用水细细洗一遍，盆底又能淘出几粒砂金。

这日，宝贵去金矿送餐回来，途中经过一片树林时，啪啦一下，一个东西掉落他的面前。他定睛一看，是一只翅膀受伤的喜鹊。宝贵把喜鹊抱回住处，找出接骨木捣成糊糊，涂在受伤的翅膀上，还缠上了绷带，每天从酒馆带回一些米粒喂养它。经过宝贵精心调理，喜鹊的伤三个月后痊愈了，翅膀又能扇动了。

终于，在某个早晨，喜鹊飞走后再也没有回来。宝贵有点怅然，不过，很快也就把这事忘了。可是，忽然有一天，屋外窗台上传来喳喳喳的叫声。宝贵睨了一眼，眼神里闪出一丝光。他知道，那只喜鹊回来了。于是，宝贵把一个碟子置于窗台，三天五日往里面放几粒米，偶尔，也放一点水。

有一天，宝贵听到喜鹊飞回来的叫声，随后又听到窗台上的碟子里咣当一声响。他出门一看，碟子里有个闪闪发亮的东西，不禁瞪大了眼睛。那是一粒金子，黄豆粒那么大。从此，三天五日，喜鹊就会衔回一粒"金豆"放在窗台上的碟子里。

一年后，宝贵跟掌柜说，不当伙计了。说完扭头就走。招娣追出来，哭着说："宝贵哥，你别走，你要我吗？"宝贵嘴角动了动，没说话。招娣说："你要我的话，这酒馆将来也是你的。"宝贵还是没说话，大步流星地走了。

于是，宝贵置房子置地，过上了深居简出的生活。然而，奇怪的是，宝贵终身未娶，一辈子孤身一人。72 岁那年，宝贵在家中静静离世。窗外的喜鹊喳喳喳叫了一天，沙哑的叫声里充满无尽的哀婉。

当人们给宝贵入殓时才发现，原来，他竟然是女儿身。人们惊愕不已——怎么会呢？怎么会呢？

招娣闻讯赶来，泪流满面。

褐马鸡

褐马鸡——国家一级重点保护野生动物，保护规格堪比大熊猫。

在中国，除了晋之管涔山、黑茶山、太岳山和中条山等狭长区域，其他地方从未见过褐马鸡的踪影。在古籍中，褐马鸡曰之“鹖”。《禽经》里，称其为“毅鸟也，毅而不知死”，也就是说褐马鸡有“斗死不怯”之习性。这真是奇怪的鸟，相争相斗时，没有输赢，只有一死。

古时候，帝王常常用它的羽翎做成“鹖冠”奖赏给打仗有功的武将。当然，不是帝王自己亲手做，而是“有关部门”做好后，搞个仪式，经帝王之手给武将亲自戴在头上。武将戴上后雄赳赳，气昂昂，威武凛然。

褐马鸡白天在林下觅食，沙棘果、橡子果等是它的最爱。它也能飞翔，但飞翔不是它的特长，距离超过一千米一准累得掉下来，飞一两百米刚刚好。它夜宿于树上，双爪紧紧抓住树枝，依然睡得很香。

它不会做巢。即便是巢，也无非是树下腐殖层或落叶层上胡乱刨出的一个坑，而这也只是为了产蛋和孵蛋用，并不是完整意义的家。我们该怎样理解这种奇怪的鸟呢？它的天敌很多，黄鼬、黑鼬，还有各种猛禽都可以把它和它的蛋吃掉。

可以说，它的生存格外艰难，时时处处都存在可能丧命的危险。

然而，褐马鸡并非温顺、乖巧的鸟。

褐马鸡脾气暴烈，生性好斗，具有同类相残的本性。如有一鸟受伤流血，群鸟不是同情它，照顾它，呵护它，而是围殴它，并置之于死地，不留活口。为何对流血的同类如此残忍呢？不得而知。据说，鲸鱼也有此类现象。

我在管涔山时，看见一个保护区鸟舍里有一铁笼，问之用途。当地朋友告诉我，铁笼是救助受伤褐马鸡的“安全屋”。褐马鸡争斗时，如有受伤流血者，饲养员便将其急置于笼中，与众鸟隔离，避险，确保安全。

褐马鸡是山西省省鸟，晋人皆知，非晋人知道的也不少。在管涔山、黑茶山、关帝山等林区，行人在路上常见走失的雏鸟，拾之，送救助站，每年都有多起，已经不是新闻了。

汽车在山间公路行驶时，见褐马鸡横过马路，司机便停车观之，为其让路。山西朋友尹福建告诉我，褐马鸡是管涔山林区标志性野生动物。这些年，褐马鸡数量呈逐年上升趋势。过去不足 1000 只，现在经红外线设备监测，种群数量应在 2800 只左右。

我说：“也许，这里是地球上褐马鸡种群最大的一支了。”

“嗯，差不多。还没听说哪里比这里更多。”

“对，其他地方只是零星的小群。”

尹福建说：“褐马鸡对生存环境要求非常苛刻，种群数量增多，意味着管涔山的生态系统越来越好了，生物多样性越来越丰富了。”

我问：“褐马鸡到底有什么价值呢？”

“就像大熊猫一样，大熊猫有什么价值呢？恐怕真是一下难说清楚。”尹福建沉思片刻说，“褐马鸡从不发生鸡瘟，这是科学至今无法解释的。”

“它的遗传基因一定很特殊吧？”

“是啊！科学家们正在对它进行研究，也许这需要很长时间。”尹福建说，“我们能做的就是先把物种保护下来，待科学发展到一定程度，褐马鸡身上更多的价值，自然会被发现。”

貉

在成语里，貉的形象不怎么光彩。比如，一丘之貉，就是贬义，释为，同一个山丘上的貉，彼此相同，没有差别，都是坏东西。

我小时候见过貉。村里人挖壕沟时，挖出了貉。貉的样貌既像狐，又像狗，面部有一块“海盗似的面罩”。眼神忧郁，叫声低沉，性情冷漠。可是，它怎么会是坏东西呢？它没有坏的劣迹呀！

貉还有一个别名，叫“土车子”。

看看这个别名就能知道，它挖土运土的本领超强。但令人不解的是，它从来不给自己造洞筑巢，而是借居而居。废弃的地窨子、野窝棚、土炕烟洞、空树洞、河坎下的裂缝、塔头草下的悬空处，等等，一些避风御寒的地方，都可能是它的借居场所。尽管不太雅观，不太讲究。

实在找不到借居的地方，它就寻找獾洞寄居。“借”与“寄”是不同的。借居至少还是有尊严的，而寄居基本上就没有什么尊严可言了，要看人家脸色的——“寄人篱下”——说的就是这个意思。哪有白白寄居的呢？哪有免费午餐呀？獾一看貉来了，好呀，就开始造洞吧，即便有洞了，还要往深里造，往豪华往高档搞。獾造洞，貉不能光看着吧，就帮忙打下手，呼哧呼哧出力气。

獾造洞时要清除杂物，要挖掘大量的土，而貉主要担任向外运土的任务。貉运土时往往先躺下，四脚朝天。貉的身上毛长茸厚，四肢伸直正好形成一个“槽”。獾将土抛到貉肚皮上的“槽”里，装得满满的。然后，獾把貉连同“槽”里装满的土推出洞外，貉再翻身把“槽”里的土卸掉。也许，“土车子”的别名就是这么来的吧。

如此反复，反复如此，直到把洞造好，貉才能入洞寄居。寄居，也只能是在洞口处，冬天要为里面的獾阻挡寒风。然而，貉并不计较，它已经很满足了。

正是由于这一特性，貉在城市里也找到了自己栖身之所。

上海某小区里野生的貉生活得自由自在，居民跟它们相处得和谐融洽，几年来，从未发生过貉伤人事件，也从未与居民养的狗和猫发生过冲突。居民遵循“三不”原则——“不靠近，不投食，不干扰”，各自相安无事。起初发现时，那个小区只有两只貉栖身在一栋旧楼的废弃通风口里，五年过去了，它们已经繁殖了 20 余只。它们昼伏夜出，从不惹是生非。常常是排队出小区，又排队回小区，讲规矩，讲谦让。它们吃垃圾桶里的食物，吃河道的鱼虾，也吃树丛里的昆虫。

有时，居民散步，也有貉跟着，但跟着跟着就不跟了。貉，另有自己的世界呀。

“居民小区，毕竟不是动物园呀。”防疫部门担心貉会传播病毒，欲诛之。居民知晓后，坚决反对，也有大爷大妈围堵居委会讨个说法的，也有通过微博和微信发出强烈抗议的。防疫部门无奈，只好不了了之。貉栖身通风口的那座旧楼本来应该维修了，但小区物业考虑到维修施工过程中的噪音可能惊扰了貉，维修时间只好推迟。

然而，这是个问题，那座楼总是要维修的呀。小区物业正在广泛征求居民意见——试图寻求一个两全其美的方案。

野生动物进入城市公园，进入居民小区，似乎已经不是什么新闻了。在北京，和平里东街十八号院里，我多次看到黄鼬在雪松树下觅食，也看到野兔在草坪上跳跃的情景。多年前，我在沈阳工作时，有一年冬天下大雪，一只野鸡飞进单位大院，到食堂门口觅食。几个小伙子意欲捉它，我摆摆手，示意他们不要。我们静静地看着它刨食土里的米粒、菜根、菜叶，它似乎也不在意门口的这些眼睛。那只野鸡吃饱后，振动着翅膀，飞出大院，飞到对面的北陵公园树林里去了。近年，城里那些圈起来尚未开工建设的园区，还有因种种原因停建的园区，更成了野生动物的乐园。狐狸、狼、猞猁、黄麂、狍子、野鸭、野鸡、鹌鹑等兽类和禽类野生动物，争相前来落户。夜晚，无数的萤火虫，如同星星般闪烁林间。我想，所有这一切绝不光是城市一些角落的生态变好了的缘故吧？

也许，城市变宽容了，善的灵魂醒来了。抑或，本来这里就是野生动物的家园，某个声音召唤它们，它们又回来了。

该怎样认识文明呢？也许，一个社会的文明程度如何，恰恰取决于我们对待野生动物的态度。

貉，改变了我们对野性的认识。

貉，改变了我们固有的思维和逻辑。

那个小区里树木葱茏，灌草繁盛，还有一个小水塘，一条小溪与外面的河道相通。水是活水，河里鱼虾蟹尽有，偶尔也有野鸭、水鸟光顾。小区本身就形成了一个小的生态系统。哦，生物多样性，不完全是美好。但是，也不全然是糟糕。貉在此处落脚自有一定道理。

可是，最早的那两只貉是从哪里来的呢？无人能说清楚。恐怕这永远是个谜了。

在我们的身边，在一些被我们忽略的角落，生存与竞争，以及融入与回归的故事，每天都在上演。

一切都是自然的合理安排。生命现象曲折而复杂，相互依赖，又相互制约。一种难以描述的神秘莫测的东西，渗透到地球的方方面面，将生命系统的各个部分，巧妙地贯穿在一起，组合在一起，从而使世界成为一个有机的充满活力的整体。

所有的生命形态都自成目的，并都渴望生长、发展和繁衍生息。正是因为那个神秘莫测的东西的存在，当空间与时间并置，刚刚消逝的生命现象却又重现，美好的事物在等待和期盼中如期而至。也正是因为那个神秘莫测的东西的存在，喧嚣与骚动，混沌与明朗，灾难与新生，糟糕与融洽，困惑与如意，卑微与崇高，毁灭与创造，总能在动荡不定中找到平衡。

那个神秘莫测的东西是什么呢？其实，只要你怀有一颗敬畏、真诚、善良和慈悲的心，你就已经有了自己的答案。也许，每个人的答案不尽相同，那也没关系。不过，我要提醒的是，无论何时，无论何处，无论那个答案是什么，那个答案的前面，一定应该还有四个字。因为，世界上，所有的法则，所有的定理，所有的发明，所有的科学，所有的智慧，都与那四个字相关。哪四个字呢？

——相信自然！

2020 年 2 月 25 日至 3 月 12 日　写于北京

后记

自然文学的境界

“极端的绝望与极端的幸福之间，只隔着一片震颤的叶子。”——这句话出自圣伯夫之口，圣伯夫是法国文学评论家。英国小说家毛姆曾在一本写南太平洋的故事里很庄重地引用过这句话。某个春天暖暖的正午时光中，我漫不经心地翻看那本绿皮封面的小册子时，突地一下被这句话击中了，有一种触电的感觉——那片震颤的叶子，分明就是希望啊！

由此，我想到了自然文学。自然文学或称生态文学，是以自觉的生态意识，反映人与自然关系的文学。它不仅反映人与自然的关系是怎样的，而且还反映人与自然的关系应该是怎样的。

今天的世界是平的，但世界不应该是平的。

人类在享受全球化带来的便捷和欢愉的同时，也不得不承受技术和资本所带来的灾难性恶果了。当人处于焦虑或者绝望的境地时，自然文学就是那片绿色的震颤的叶子。它意味着生命延续的可能，意味着危难也可能转化成生机，意味着那片叶子的背后还藏着希望和美好。因此，从这个意义上说，自然文学是关于美的文学。或许，也可以说，美是自然文学追求的至高境界。

美在哪里？自然里藏着美，生命及万物里生长着美。

美在美处等着，自然里的美无处不在。原生态的美一定在自然中。绘画也好，音乐也罢，那仅仅是艺术。艺术是什么？艺术就是看起来像自然，听起来像自然。然而，像自然，毕竟不是自然。庄子说，天地有大美而不言。从本质上说，真正的美是宁静的，不嚷嚷，不喧哗。美具有差异性，多样性。美没有新与旧，美没有尺度，没有标准，美更不能货币化。美从来不是孤立的存在，美是生生不息的活力，美是一种动态的平衡。美不需要证明，也不需要恭维和赞颂。美不可以排名，没有第一名第二名第三名。选美，把美进行排名，是一种滑稽愚蠢的行为。美是庄严的，甚至美的存在都是有仪式相伴的。

树摇，风动；花开，蜂舞；水阔，鱼跃；春来，雁归。

美即自然。

每一个存在着的生命，都有自己的尊严，都有自己独特的美。

对于自然文学来说，体会、体验、体察、体认这些词语是多么重要。让“体”置于自然其间，才能感受到阳光的爱意，土地的温暖，水流的清冽，空气的甘甜。让“体”置于自然其间，才能近距离地欣赏动物、植物以及菌类和微生物之间相牵相连的美妙。见形，见色，见影，见踪，见近，见远——是感受；闻声，闻味，闻虚，闻实，闻喜，闻忧——也是感受。

对自然文学作家的要求，也许更强调感受力。感受力是向内的，别人看不见的，你能看见；别人感受不到的，你能感受到。因此，从这个意义上说，自然文学作家，也许是世界上最快乐的人——他们在自然中能寻到趣味，能与自然对话，能体会到空灵与缥缈，能感受到种种神秘的力量。

自然文学拒绝道听途说，拒绝替代，它必须是自己的感受，自己的认识，自己的体察，自己的感悟，而不是“据说”，或者最大限度地减少“据说”。因为置身自然中的那种快乐、满足和幸福，是别人和“据说”无法替代的。

长期以来，自然文学存在的问题是，概念性的作品过多，描述性的作品过多，而那种触动心灵的能够让我们反复讲述的故事少之又少。譬如，梭罗《瓦尔登湖》，巴勒斯《醒来的森林》，奥尔森《低吟的荒野》，等等，这些堪称自然文学经典的作品对自然的描述非常详尽，对美的呈现也非常到位，但的确有故事性不够的问题。也许，这不是自然文学本身的问题，而是作家主观意识里，选择怎样的方式更好地表达的问题。

不必被所谓的散文随笔、报告文学、小说，等等，这些文体性的东西束缚了作家的思维和想象，自然文学或许本身就是一种文体。

自然文学作家，并非作家中的另类，也不是拒绝现代生活方式不合时宜的人。英国自然文学作家蒙比尔特说："我对人类的爱并不少，只是对自然的爱更多一些。"是的，无论哪个国家哪个民族的自然文学作家，也许语言和文化不同，但他们对自然的爱是共同的，对美的追求是共同的。

《相信自然》讲述的是人与自然的故事。这是新冠疫情居家其间，我创作的第二篇自然文学作品（另一篇是《哈拉哈河》，发表于2020年第五期《人民文学》），一天写几段，写的很慢，持续写了20余天。这些故事有点悬疑，有点奇异。然而，呈现悬疑和奇异并非我的本意，只是要通过这些故事说明一个道理——人活着，总应该有敬畏之心，感恩之心。知敬畏，才会懂得节制，收敛自己的欲望，约束自己的行为，才会不敢轻易冒犯自然。知感恩，才会有使命感和责任感，承担义务，做善事。

人，仅此一生，生命只有一次。一切生物概莫例外。

"天地有定律，四季有成规，万物有法则"。我们之所以要敬畏自然，是因为自然有定律，有成规，有法则。倘若我们蔑视它，鲁莽地对待它，或者逆向而为，甚至肆意砸碎定律，捣毁成规，破坏法则，那是必然要遭到自然的惩罚或者报复的。

事实上，敬畏不光是恐惧或者害怕，更有由敬而生的——尊重，尊崇，甚至是一种信仰。

然而，獠牙利爪的欲望世界，充斥着喧嚣和各种不确定性，在现代文明的进程中，全球化改变着一切，世界越来越单一，生物物种在急剧减少，荒野在迅速消失。物质主义，享乐主义，以及一系列前所未闻的新需求，让自然，乃至地球付出了沉重的代价。

人类，人，人人。他们，我们，你们。你，我，他。

每一个人，再也不能任性下去了。

人，生活在时间和空间的延续中。人，也生活在人与自然关系不断调整变化的过程中。一个人也好，一个民族也罢，如果不知敬畏，不懂感恩，那注定是可悲的。我要提醒的是，等待可悲的同义词，永远不会是美好，而是两个字。哪两个字呢？我真不想说出口，但还必须说出口。那两个字就是——毁灭。

幸运的是，我们已经醒来，并且正在努力修复和重建与自然的关系。当时间爬满了湿漉漉的苔藓，当空间鲜活灵动起来，我们的灵魂一定与美相遇。

因为，相信自然就是相信美。

美，不必远求。

美，就在我们的心里。

李青松

2020 年 5 月 13 日清晨　写于北京